山东大学儒学高等研究院科研成果
山东大学曾子研究所科研成果
曾子研究院科研成果
曾智明"曾子学术基金"科研成果

汉字中国
曾振宇 主编
Chinese Characters

诗

赵艳喜 著

华夏出版社
HUAXIA PUBLISHING HOUSE

图书在版编目（CIP）数据

诗 / 赵艳喜著 . -- 北京：华夏出版社有限公司，2024.6
（汉字中国 / 曾振宇主编）
ISBN 978-7-5222-0289-1

Ⅰ . ①诗… Ⅱ . ①赵… Ⅲ . ①汉字—通俗读物 ②中华文化—通俗读物 Ⅳ . ① H12 - 49 ② K203 - 49

中国版本图书馆 CIP 数据核字（2022）第 012026 号

诗

著　　者	赵艳喜
责任编辑	蔡姗姗
责任印制	周　然

出版发行	华夏出版社有限公司
经　　销	新华书店
印　　装	三河市万龙印装有限公司
版　　次	2024 年 6 月北京第 1 版 2024 年 6 月北京第 1 次印刷
开　　本	880 mm × 1230 mm　1/32
印　　张	10.25
字　　数	208 千字
定　　价	66.00 元

华夏出版社有限公司　地址：北京市东直门外香河园北里 4 号　邮编：100028
网址：www.hxph.com.cn　电话：（010）64663331（转）
若发现本版图书有印装质量问题，请与我社营销中心联系调换。

序

《汉字中国》丛书即将付梓，主编曾振宇教授嘱我在书耑写几句话。我认为"汉字中国"是个好题，丛书的出版是件好事，摆到读者面前的是一套好书，振宇教授美意岂能却之？遂谨献鄙意如下。

首先我想说，这是一套什么样的丛书。显然，它不是研究中国文字的学术丛书，而是在文字研究基础上通俗地讲述中国自有的文化哲学体系中一批重要概念的著作，是一套把汉字与它所承载的哲学概念如何紧密地融合起来这一独特的现象呈现出来的创新之作。

丛书的编著者们认为"中国本土哲学与文化形态中的概念、文字和词语是中国哲学与文化的'结晶体'"。这是一个含义很深邃又很形象的比喻。这就意味着《汉字中国》将对中国哲学与文化的概念进行深入解读，探索其内涵和外延，从而发掘、展现中华文化与其哲学的精神、品质、性格的独特性，消解中国哲学与文化之双足只穿西方哲学之鞋履所带来的误解、困惑与尴尬。反过来看，通过对中国哲学与文化的认知和体验，又可以明了并深化对这些汉字形音义的来龙去脉、衍生变异以及遗存、渗透在现代汉语词汇中的文化基因的认识。或许这也是本套丛书冠以"汉字中国"之名的用意所在吧。

诚然,《汉字中国》所分析、论列的,大多是日常所用的字词,有些即使是"专门"词语,也已经为越来越多的人所习见;但是,由于种种历史的、社会的原因,今人也常常与这些字词的深意若即若离。而如果忽略了汉字在数千年传承、延绵、孳乳、变异过程中沉淀于后世语言形式里的传统文化意义,就会冷淡了中华文化的特性,很可能语言/概念发生"漂移"现象,不得已时只好乞灵于异质文化,从而难以形成阐述中华文化的中国话语体系。

"结晶体"这样一个形象而很有意趣的比况,更会引发读者的遐想:在这个"结晶体"里面,有着丰富多样的微观世界,中国文化的种种现象和思想都在有序地存在着、排列着。由此可以想见,《汉字中国》的筹划、酝酿、研究,用心良苦矣!我不由得又想到,《汉字中国》的影响所及,可能并不仅限于人文社会科学、哲学领域,即使在构建科学技术伦理、自然语言处理、人机对话、中外语言互译,乃至人工智能等领域,似乎也可以参考一下吧。

话说得远了些,就此搁笔。
忝谓之"序"。

许嘉璐
2019 年 8 月 22 日

汉字中国
◆ 诗

目录

第一章

上古的吟唱——"诗"之源 …………………… 1
一、音之起,由人心生也 ………………………… 1
二、诗,志也 ……………………………………… 7

第二章

风与骚——先秦之"诗" …………………… 12
一、不学《诗》,无以言 ………………………… 12
二、奇文郁起,其《离骚》哉 …………………… 42

第三章

歌诗与诵诗——两汉之"诗" ……………… 61
一、诗言志 ………………………………………… 61
二、感于哀乐,缘事而发 ………………………… 67

第四章

缘情与声律——魏晋南北朝之"诗" ……………… **90**
    一、诗缘情而绮靡 …………………………………… 90
    二、诗体屡迁 ………………………………………… 97

第五章

巅峰与转向——隋唐五代之"诗" ……………… **139**
    一、别裁伪体亲风雅 ………………………………… 139
    二、诗至唐而众体悉备 ……………………………… 149

第六章

别开生面的宋调——两宋之"诗" ……………… **205**
    一、唯造平淡难 ……………………………………… 206
    二、自成一家始逼真 ………………………………… 215
    三、长短句之诗 ……………………………………… 242

第七章

因与变——元明清之"诗" ……………………… **264**
    一、先立门户而后作诗 ……………………………… 264
    二、茫茫诗海,手辟新洲 …………………………… 281

结语 …………………………………………………… **313**
参考文献 ……………………………………………… **318**

第一章
上古的吟唱——"诗"之源

中国是一个诗的国度,诗的传统源远流长。我国最古老的诗歌究竟产生在什么时代?"诗"字何时产生?何时用来指称诗歌?由于时代久远,史料湮灭,已难以具体考证。据文字产生的一般规律推断,"诗"作为一种概念,必然产生于诗歌活动发展到一定程度之后;而"诗"字被用来指称"诗"的概念,则又当在此之后了。因此,"诗"的起源包括"诗"作为艺术活动的起源与"诗"概念和"诗"字的起源,后两者是建立在前者的基础之上的。考察"诗"的起源,有必要先了解上古诗歌的产生。

一、音之起,由人心生也

诗是语言的艺术。人类有了语言,就有了创造诗歌的可能。从一定意义上可以说,诗歌的历史几乎同语言的历史一样久远。我国诗歌的产生,可一直上溯到文字产生以前。

1. 多元起源说

"诗"的活动是如何产生的呢？对此，中外文艺理论家曾经有过劳动说、模仿说、游戏说、巫术说等多种解释。在探究我国"诗"的起源时，劳动说一度占据主流。近些年来，随着人类学研究的深入，巫术说已逐渐为更多人认同。也有学者综合二说，提出我国"诗"的二重起源说，认为我国诗歌在萌生阶段有圣诗和俗诗之分。圣诗指服务于宗教信仰和礼仪活动的诗歌唱词，如祭祀歌词、咒词、祝祷之词、招魂曲词等，其起源与上古社会宗教活动密切相关；俗诗指与宗教信仰并无关联的民间歌谣、韵语唱词等，其起源与民间下层阶级的世俗生活密切相关。[1] 应该说，二重起源说比一元说更符合我国上古社会情况和诗歌发展规律。

古人是如何看待"诗"的发生的呢？《礼记·乐记》云：

> 音之起，由人心生也。人心之动，物使之然也。感于物而动，故形于声。声相应，故生变，变成方，谓之音。比音而乐之，及干戚羽旄，谓之乐。[2]

"乐"在当时指一种诗、乐、舞融为一体的艺术活动。"乐"的产生即意味着"诗"的产生。这里，古人认为诗歌是人的心灵受

---

[1] 叶舒宪著：《诗经的文化阐释》，陕西人民出版社2005年版，第33页。
[2] （清）阮元校刻：《十三经注疏》之《礼记正义》卷三十七，中华书局1980年版，第1527页。

外物感动的结果,外物触动心灵产生情绪和思想的波动,这种波动通过韵律化的语言表达出来就是诗歌。如此,诗歌是人心理情志外化的表现。显然,这是一种区别于西方模仿说的表现说,或者叫作感物说。它强调外物对内心的感发触动作用,更重视内心的外化表达,对我国"诗"的特质和"诗"学认识产生了巨大影响。

2.古老的"歌"与"辞"

早在上古时期,中华民族已经开始了诗的歌唱。这些早于文字而产生的诗歌,只有寥寥几首因某种机缘被后世用文字记录下来。如,《吴越春秋》中记载了一首《弹歌》:

> 断竹,续竹,飞土,逐宍(宍,古肉字)。[1]

这首只有八个字的古歌,语言质朴,且有韵律,一向被认作是上古逸歌。其中咏唱了从砍伐竹材、制作弹弓到发射土丸、追逐野兽的整个狩猎过程,颇符合上古时期黄河流域的生活情状。

再如《礼记·郊特牲》所载相传始于伊耆氏(一说即神农,一说为帝尧)时代的蜡祭之辞:

> 土反其宅。水归其壑。昆虫毋作。草木归其泽。[2]

---

[1] 逯钦立辑校:《先秦汉魏晋南北朝诗》,中华书局1983年版,第1页。
[2] 《十三经注疏》之《礼记正义》卷二十六,第1454页。

"蜡祭"是远古时代氏族社会年终合祭万物之神与宗庙的仪式。我们仿佛看见一位巫师在祝祷时喃喃自语,命令土、水、草、木各还其所,昆虫不要为害,感受到古人征服水患、虫灾、草木荒以获得农业丰收的强烈愿望。

古书中还记录了一些古歌辞,如《击壤歌》说是帝尧之时,八九十岁老人击壤而歌;《康衢谣》《尧戒》《卿云歌》《南风歌》等也都标明为尧帝或舜帝所作,但从内容和形式来看,应该都系后人伪托或窜改之作,不足凭信。

文字产生后,甲骨上的卜辞最早记录了我国诗歌的萌芽。甲骨卜辞主要是殷商时期用于占卜的文字。目前已出土的甲骨卜辞大多文简意晦,古奥艰深,篇幅短小。其中一些句法简单整齐,偶尔协韵的语句,已初具诗的韵味。如郭沫若识读的一首卜辞:

癸卯卜,今日雨。其自西来雨?其自东来雨?其自北来雨?其自南来雨?[1]

此片卜问风雨,大意是说:癸卯日占卜,当天要下雨,雨从何方来呢?后四句形成一组整齐的五字铺排句,读起来朗朗上口。

《周易》也保留了大量殷商时期的卦爻辞。一部分卦爻辞写得非常精炼,已经与诗无二了。如:

---

1 郭沫若著:《卜辞通纂》第 375 片,科学出版社 1983 年版。

> 鸣鹤在阴，其子和之。我有好爵，吾与尔靡之。[1]

> 鸿渐于干，小子厉，有言，无咎。……鸿渐于磐，饮食衎衎，吉。……鸿渐于陆，夫征不复，妇孕不育，凶。……鸿渐于木，或得其桷，无咎。……鸿渐于陵，妇三岁不孕，终莫之胜，吉。……鸿渐于陆，其羽可用为仪，吉。[2]

《周易》卦爻辞中类似的语句还有很多。相较于《弹歌》《蜡辞》以及甲骨卜辞等早期的诗歌萌芽，《周易》卦爻辞频频使用象征手法，用具体物象和事象来喻示所要表达的内容，甚至能给人以某种启发和联想，这就与诗擅长于形象、含蓄的表达非常相似了。不过，从全书来看，《周易》卦爻辞多晦涩难懂，虽然采用了某些"诗"所常用的象征手法，但却仍然不能算作真正成熟的"诗"。

我国真正成熟的"诗"出现在《诗经》中。这部大约成书于春秋中后期的诗集中收录了五篇《商颂》，其中《那》《烈祖》《玄鸟》三篇明显是祭歌，写歌舞娱神和赞颂祖先；《长发》《殷武》主要写商部族的历史传说和神话。如果《商颂》为商人所作，则它们的存在可以有力说明我国"诗"在商朝时期已经有了成熟的形式。不过，也有学者认为《商颂》为商人的后裔宋人

---

[1] 《十三经注疏》之《周易正义》卷六《中孚》，第71页。
[2] 《十三经注疏》之《周易正义》卷五《渐卦》，第63页。

所作,《诗经》中最早的诗应出现在西周初年,代表作为收录在《大雅》中的《生民》《公刘》《绵》《皇矣》《大明》五篇。西周开始于公元前1046年,因此,保守来说,我国最迟在公元前11世纪已经有了非常成熟的"诗"。我国"诗"至今已有了三千余年的信史。

3."诗""乐""舞"三位一体

上古"诗"是从谣、谚、歌等发展而来的,大都字数很少,以二、三、四字句为主,语法结构简单,内容多为描写劳动生活或祭祀。除了这些特点外,上古诗歌的最大特色是与音乐、舞蹈三位一体,不可分离。如《吕氏春秋》曾记载三皇时代,葛天氏部族手持牛尾,脚踏节拍,歌唱着《载民》《玄鸟》《遂草木》《奋五谷》《敬天常》《达帝功》《依地德》《总万物之极》八阕歌辞。当时诗、乐、舞是作为一种艺术活动来呈现的,还未能独立分化成各有特色的艺术样式。诗、乐、舞三位一体的状态,持续了很长时间。春秋时期以后,一部分诗歌才逐步从乐舞中独立出来,向文学意义和节奏韵律方向发展。

上古时代诗、乐、舞三体合一的状态,不仅使"诗"的创作未能独立,同样使"诗"的概念也未能创立。可以断定,中国人关于"诗"的概念是在相对较晚的时候形成的。如今,仅依靠可见的文献资料,我们已无法查考其具体时间,只有在爬梳"诗"字产生的历史中来理解"诗"的概念和内涵演变了。

二、诗，志也

1. "诗"字何时指称"诗"体？

在我们今天已发掘和译读的甲骨文和金文中，并没有发现"诗"字的存在。我国第一部文献典籍——《尚书》有两处出现了"诗"字。其一，在《尚书·舜典》中舜帝命令夔典乐时说："诗言志，歌永言，声依永，律和声。八音克谐，无相夺伦，神人以和。"[1]如果这种记载真实可信，那"诗"的概念和"诗"字的产生都可以推至上古时代。但可惜的是，经过学者考证，《尚书》中涉及西周以前的历史各篇，如《虞书》《夏书》《商书》，都是战国时候的拟作或著述。"诗言志"这段话产生在战国末期甚至秦汉之际。[2]其二，《尚书·金縢》中载："于后，（周）公乃为诗以诒（成）王，名之曰鸱鸮。"[3]《金縢》篇主要记载周成王从怀疑周公到信任周公的全过程，符合《史记》等史书的相关记载，尚属较可靠的西周文献。周公作《鸱鸮》诗献给周成王，目的是向怀疑自己的君王表明心志。这不仅说明西周时"诗"字已经出现，并且有了"献诗陈志"的做法。

---

[1] 《十三经注疏》之《尚书正义》卷二，第131页。
[2] 陈良运著：《中国诗学体系论》，中国社会科学出版社1992年版，第33—49页。
[3] 《十三经注疏》之《尚书正义》卷十三，第197页。

西周时期，"诗"字已经出现，但用"诗"字指称韵语形式呈现的"诗"，应该还未成常态。我国第一部诗歌总集《诗经》中"诗"字共出现了三次。《小雅·巷伯》："寺人孟子，作为此诗。"[1]《大雅·崧高》："吉甫作诵，其诗孔硕。"[2]《大雅·卷阿》："矢诗不多，维以遂歌。"[3]只有《巷伯》中的"诗"字真正指作诗，其他两处的"诗"更多是指"辞"，意思是说《崧高》篇幅很长，《卷阿》则篇幅很短。尤其值得注意的是，说到作诗本身时，《崧高》用的是"诵"，《卷阿》用的是"歌"。这种以"诵"或"歌"来指称"诗"的情况，在《诗经》中还有许多。闻一多推断诗之有韵及整齐的句法，都是为了便于记诵。所以诗又称作"诵"。最古的诗相当于后世的歌诀。因此，诗又称作"歌"。[4]

春秋末期，鲁国人左丘明据周朝和列国资料，依《春秋》纲目著成了记事详细、议论精辟的《左氏春秋传》(简称《左传》)。在这部春秋人写作的春秋史中，"诗"字多次出现，如："史为书，瞽为诗，工诵箴谏，大夫规诲。"[5]"祭公谋父作《祈招》之诗，以止王心。"[6]大约成书于战国初期或稍后的我国第一部国别体史书《国语》中也有"诗"的相关记载，如："故天子听政，使公卿

---

[1] 《十三经注疏》之《毛诗正义》卷十二，第456页。
[2] 《十三经注疏》之《毛诗正义》卷十八，第567页。
[3] 《十三经注疏》之《毛诗正义》卷十七，第547页。
[4] 闻一多著：《古诗神韵》，中国青年出版社2008年版，第201页。
[5] 《十三经注疏》之《春秋左传正义》卷三十二，第1958页。
[6] 《十三经注疏》之《春秋左传正义》卷四十五，第2064页。

至于列士献诗。"[1] "于是乎使工诵谏于朝,在列者献诗。"[2] 这些"诗"字的所指已非常一致。据此,至迟自春秋末年,"诗"字已与韵语形式呈现的"诗"联系在一起了。

从西周到春秋末年,"诗"字何以逐渐取代"诵""歌"等名词,用来专指韵语形式呈现的"诗"体?前人对"诗"所作的一些训释阐发,可以让我们找到一些答案。

2. "诗"即"志"说

古人关于"诗"的训释曾有"承""志""持"等多种说法。其中,"诗即志"说流传最广。《说文解字》:"诗,志也。从言,寺声。"[3] 这种将"诗"与"志"相联系的训释,来源于先秦时的"诗言志"说。如《左传》中赵文子对叔向说"诗以言志"[4],《尚书·金縢》记载周公献诗陈志,《尚书·舜典》有"诗言志"[5],《荀子·儒效》有"《诗》言是其志也"[6],《庄子·天下》有"《诗》以道志"[7]。先秦时代,"诗"与"志"有着密切关系。由此,"志"的意义成为我们理解"诗"的前提。

志从"㞢"从心,"㞢"本训停止,因此志的本义是停止在心

---

1 2 徐元诰集解,王树民、沈长云点校:《国语集解》,中华书局2002年版,第11页、第387页。

3 (汉)许慎撰,(宋)徐铉校订:《说文解字》卷三上,中华书局1963年版,第51页。

4 《十三经注疏》之《春秋左传正义》卷三十八,第1997页。

5 《十三经注疏》之《尚书正义》卷二,第131页。

6 (清)王先谦集解:《荀子集解》卷四,中华书局1988年版,第158页。

7 (清)郭庆藩撰,王孝鱼点校:《庄子集解》之《杂篇》,中华书局1961年版,第1067页。

上,即记忆的意思,所以志又训为记。文字产生以前,人们专凭记忆口耳相传。文字产生后,记忆发展成为记载,古时几乎一切文字记载皆曰志。随着文字发展到一定阶段,文字记载中逐渐有韵文和非韵文之分,非韵文承担起了记载之能,韵文则转而专用于抒发怀抱。此时,"志"开始指怀抱、思想、情感等意思。"志"的这三个所指,对应着我国"诗"的三个发展阶段。

第一个阶段,"志"指记。《礼记·哀公问篇》的"子志之心也"[1],将志与心连在一起说,显然有记于心之意。诗之称作"歌"和"诵",正是这一阶段的产物。

第二个阶段,"志"指文字记载。古书多名为"志"。如《左传·文公二年》:"《周志》有之。"《注》:"《周志》,《周书》也。"[2] 在散文产生前,我国曾经有过一段志即诗、诗即志、诗即史的阶段。散文产生后,"诗"即"史"的观念依然延续下来,集中体现在以《诗》为"史"。孟子曾说:"王者之迹熄而《诗》亡,《诗》亡然后《春秋》作。"[3] 只有将《诗》认作记载君王历史功绩的史书,才能更好地理解孟子这句话。

第三个阶段,"志"指怀抱。《左传·襄公二十七年》所记"诗以言志"和《尚书·舜典》中"诗言志"中的"志"都属此

---

[1] 《十三经注疏》之《礼记正义》卷五十,第1612页。
[2] 《十三经注疏》之《春秋左传正义》卷十八,第1838页。
[3] (宋)朱熹撰:《四书章句集注》之《孟子·离娄章句下》,中华书局1983年版,第295页。

义。在这一阶段中,"诗"原有的"记事""记载"功能已经多由散文来承担,着眼于言说怀抱的抒情功能转而得以强化。由此,我国"诗"也沿着"言志"的方向,开始了以抒情诗为主的发展历史。[1]

结合"志"的三个意义和早期"诗"体的发展阶段来理解,"诗"字取代"歌"和"诵"来指称韵文形式的"诗"体,应当与"诗"之为"史"和"诗"可"言志"有着直接联系。换言之,相比于"诵""歌"等称谓,"诗"字更能突出"诗"体"记事"的历史地位,彰显"诗"体可以"言志"的文化功能。

---

[1] 这里所说的诗言志,与先秦时普遍存在的以《诗》言志是不同的。"以《诗》言志"或"赋《诗》言志",主要指用《诗经》成句来言说怀抱,属于用诗的范畴;"诗言志"则强调创作"诗"来言说怀抱,属于作诗的范畴。

第二章
风与骚——先秦之"诗"

上古的吟唱开创了我国"诗"的先河,甲骨卜辞和《周易》卦爻辞中的韵语,仍属"诗"的涓涓细流。西周初年前后,我国"诗"的长河终于开始了真正的奔流。西周到东周时期,不仅出现了我国第一部诗歌总集《诗经》,还有我国第一位伟大诗人屈原及其创造的新诗体——楚辞。《诗经》与楚辞分别是先秦时期北方中原文化和南方楚文化的艺术结晶。它们开启了我国诗史的风骚传统,初步塑造出我国"诗"抒情言志的艺术特质。

一、不学《诗》,无以言

《诗》,因共有三百零五篇,又称"诗三百"和《诗经》。《诗》被称为经,始见于《庄子·天运》。汉代提倡儒术,将据说经过孔子整理的书都称为"经",意为常法和经典。自此,《诗经》之名沿用开来。《诗经》收录了西周初年至春秋中叶五百多年间的诗歌,标志着我国"诗"已经摆脱上古歌谣的古朴,成为真正的语言艺术。

1. 赋《诗》言志

《诗经》是周代礼乐文化的重要组成部分，周人对什么场合用什么诗有严格的规定。《左传·文公四年》记载：卫国宁武子去鲁国行聘礼，鲁文公要为他赋《湛露》。宁武子表示不敢接受，因为这是过去诸侯朝见周天子时才有的礼遇。这个故事很有意味，一方面，它告诉我们《湛露》原本是周天子接见诸侯时使用的诗，不得用于诸侯接见大夫。另一方面，春秋以后，《湛露》却被鲁国国君用来接见大夫。西周对用诗的礼制规定之严格，与春秋时期用诗之随意形成鲜明对比，表明东周以后礼崩乐坏的现实。

春秋以后，《诗经》被频频用于祭礼、朝聘、宴饮等场合中，在当时的政治、外交等活动中发挥了重要作用。《左传》中记载了大量赋引《诗经》的活动。其中，有用来进行外交致辞的，有用来表示惺惺相惜的，有用来烘托气氛的，有用来委婉表达情志的，有用来请求援助的，也有用来挖苦对方的，还有将诗句作为歇后语或谜语一样看待的，等等。这些赋引还常常根据语境对《诗经》诗句从语义上做些隐喻、暗示和象征之类的发挥。如《左传·襄公二十七年》记载郑简公在郑地垂陇设宴招待晋使赵武，子大叔赋《野有蔓草》：

野有蔓草，零露漙兮。有美一人，清扬婉兮。
邂逅相遇，适我愿兮。

野有蔓草，零露瀼瀼。有美一人，婉如清扬。邂逅相遇，与子偕臧。[1]

这首诗原意是写青年男女在田野间相遇相爱的喜悦。子大叔取其中"邂逅相遇，适我愿兮"两句，表达对赵武的悦慕，赵武也心领神会，故而表示感谢。至于原诗所表现的男女野合的内容，双方均搁置不顾。这种对"诗"的断章取义，很少顾及"诗"原有的情境和意义，却很好地扩大了"诗"的使用范围。孔子曾说："不学诗，无以言。"[2]"诵《诗》三百，授之以政，不达；使于四方，不能专对；虽多，亦奚以为？"[3]在孔子所处的春秋时期，灵活使用《诗经》是治理国家和外交活动的必备才能。《诗经》在当时的重要功用也可见一斑。"诗似乎也没有在第二个国度里，像它在这里发挥过的那样大的社会功能。在我们这里，一出世，它就是宗教、是政治、是教育、是社交，它是全面的生活。"[4]《诗经》在先秦时代充当着一部政治、伦理、道德、文化修养的百科全书，而不是一部诗集。这是先秦时期文学与历史、哲学还未独立的一种体现。

---

[1]《十三经注疏》之《毛诗正义》卷四，第346页。
[2]《四书章句集注》之《论语·季氏第十六》，第173页。
[3]《四书章句集注》之《论语·子路第十三》，第143页。
[4]《古诗神韵》，第201页。

2. 风、雅、颂

《诗经》共分《风》《雅》《颂》三个部分。《风》包括十五《国风》，有诗 160 篇；《雅》分《大雅》《小雅》，有诗 105 篇；《颂》分《周颂》《鲁颂》《商颂》，有诗 40 篇。《诗经》为何如此分类？历代解经者有多种解释。今人多认为风、雅、颂最初应是一种音乐上的分类，在流传过程中逐渐有了内容、风格上的区别。

从文献记载来看，《诗经》中的诗普遍可以入乐。《左传·襄公二十九年》记载吴国公子季札出使鲁国，提出希望观赏一下周乐，鲁国乐工便为其歌唱了《周南》《召南》《邶风》《鄘风》《卫风》《王风》《齐风》《豳风》《秦风》《魏风》《唐风》《陈风》《桧风》《小雅》《大雅》《颂》，季札一一进行了点评。这个故事表明《诗经》的诗篇是可以用来歌唱的，《国风》《雅》《颂》都被先秦人视为"周乐"的重要组成。此外，《墨子》曾说："诵诗三百，弦诗三百，歌诗三百，舞诗三百。"[1] 在墨子看来，《诗经》篇章不仅可以诵之，还可以弦之、歌之乃至舞之。这也说明，在《诗经》编集成书以及最初流传的时代里，尽管"诗"已开始以文字形式独立存在，但仍与乐、舞有密切联系。秦汉以后，古乐失传，后人只能从文字上诵诗与解诗。《诗经》之诗才由"乐歌"转变为地道的语言艺术，文字意义和音韵之美逐渐得以凸显。

《诗经》表现的内容非常广泛，有祭祀祖先的祭祖诗，有描写农业生产生活的农事诗，有以君臣、亲朋欢聚宴饮为主要内容的

---

[1] 吴毓江撰，孙启治点校：《墨子校注》卷十二《公孟》，中华书局 1993 年版，第 705 页。

燕飨诗，有针砭时政和感叹身世的怨刺诗，有表现军威武功的战争诗，有厌战思家的徭役诗，有思念远戍丈夫的思妇诗，有描写男女相思爱恋的爱情诗，有反映家庭生活的婚姻家庭诗，还有表现不幸婚姻的弃妇诗，等等。《诗经》犹如徐徐展开的巨幅写实画卷，生动呈现出先秦时期的社会风貌和世态人情。

祭祖诗。这类诗基本见于《大雅》和《颂》中，主要用于祭祀祖先，内容为歌颂祖先丰功伟绩。其中一部分诗篇因比较详细地描绘了部族发生、发展的历史，具有"史诗"的性质。史诗是叙述英雄传说或重大历史事件的古代叙事长诗。黑格尔曾武断地认为"中国人没有民族史诗"[1]。现在我国的蒙古族、藏族、彝族、苗族等少数民族中已经发现了多篇口头流传的长篇创世史诗和英雄史诗，但汉族有史诗吗？愈来愈多的学者认为《大雅》中的《生民》《公刘》《绵》《皇矣》《大明》即是汉族保存下来的伟大史诗。这五首诗赞颂了周人先祖后稷、公刘、太王、王季、文王、武王的业绩，表现了周部族成长壮大直至建立周朝的历史。由于诗的篇幅较长，在此仅选取其中一首《生民》来略窥其貌。

> 厥初生民，时维姜嫄。生民如何？克禋克祀，以弗无子。履帝武敏歆，攸介攸止，载震载夙，载生载育，时维后稷。
>
> 诞弥厥月，先生如达。不坼不副，无菑无害。以赫

---

[1] [德]黑格尔著，朱光潜译：《美学》第三卷下册，商务印书馆1981年版，第170页。

厥灵,上帝不宁。不康禋祀,居然生子。

诞置之隘巷,牛羊腓字之。诞置之平林,会伐平林。诞置之寒冰,鸟覆翼之。鸟乃去矣,后稷呱矣。实覃实讦,厥声载路。

诞实匍匐,克岐克嶷,以就口食。蓺之荏菽,荏菽旆旆,禾役穟穟,麻麦幪幪,瓜瓞唪唪。

诞后稷之穑,有相之道。茀厥丰草,种之黄茂。实方实苞,实种实褎,实发实秀,实坚实好,实颖实栗。即有邰家室。

诞降嘉种,维秬维秠,维穈维芑。恒之秬秠,是获是亩;恒之穈芑,是任是负。以归肇祀。

诞我祀如何?或舂或揄,或簸或蹂;释之叟叟,烝之浮浮;载谋载惟,取萧祭脂,取羝以軷;载燔载烈,以兴嗣岁。

卬盛于豆,于豆于登。其香始升,上帝居歆。胡臭亶时。后稷肇祀,庶无罪悔,以迄于今。[1]

这首诗共八章,第一章写姜嫄履迹感孕的神异;第二章写后稷诞生时的灵异;第三章写后稷被弃而不死的灵迹;第四章写后稷自幼年起就显示出与众不同的天赋,种植的农作物茂盛繁多;第五章写后稷用人为的方法使农作物长得丰硕,并定居邰地(今陕西

---

[1] 《十三经注疏》之《毛诗正义》卷十七,第 528—532 页。

武功）；第六章写后稷赐给人们很多好的谷类品种，使人们获得了谷物的丰收；第七章写后稷用谷物祭祀上帝，祈祷来年的丰收；第八章归功后稷，总结全诗。整首诗记述了周人始祖后稷一生的事迹，其中对其神异诞生的描写充满了神话色彩，反映出周人对先祖的敬畏和膜拜，也透露出周人对人类繁衍的基本认识和相关习俗。诗中对后稷被弃而不死、谷物的生长和祭祀场面的描写都非常生动。第四章"荏菽旆旆，禾役穟穟，麻麦幪幪，瓜瓞唪唪"，连用四个叠音词语描摹不同农作物的茂盛状貌；第五章"实方实苞，实种实褎，实发实秀，实坚实好，实颖实栗"用五个相同的句式叙述谷物播种、生苗、苗长、结穗、穗满、丰收的全过程。这些细致摹写让我们感受到禾苗谷物欣欣向荣的喜人景象，身临其境般体会到周人丰收的喜悦。叠音词和排比句的使用增添了诗歌语言的音韵美和声律美，体现出诗作者驾驭语言的娴熟。

农事诗。农业是周朝社会的主要生产方式和社会生活内容，《豳风·七月》和《小雅》中的《楚茨》《信南山》《甫田》《大田》，《周颂》中的《臣工》《噫嘻》《丰年》《载芟》《良耜》等，都有对农业生产生活和相关的政治、宗教活动的描写，有"农事诗"之称。其中，《豳风·七月》最脍炙人口：

七月流火，九月授衣。一之日觱发，二之日栗烈。无衣无褐，何以卒岁？三之日于耜，四之日举趾。同我妇子，馌彼南亩，田畯至喜。

七月流火，九月授衣。春日载阳，有鸣仓庚。女执懿筐，遵彼微行，爰求柔桑。春日迟迟，采蘩祁祁。女心伤悲，殆及公子同归。

七月流火，八月萑苇。蚕月条桑，取彼斧斨，以伐远扬。猗彼女桑。七月鸣鵙，八月载绩。载玄载黄，我朱孔阳，为公子裳。

四月秀葽，五月鸣蜩。八月其获，十月陨萚。一之日于貉，取彼狐狸，为公子裘。二之日其同，载缵武功。言私其豵，献豜于公。

五月斯螽动股，六月莎鸡振羽。七月在野，八月在宇，九月在户，十月蟋蟀入我床下。穹窒熏鼠，塞向墐户。嗟我妇子，曰为改岁，入此室处。

六月食郁及薁，七月亨葵及菽。八月剥枣，十月获稻。为此春酒，以介眉寿。七月食瓜，八月断壶。九月叔苴，采荼薪樗，食我农夫。

九月筑场圃，十月纳禾稼。黍稷重穋，禾麻菽麦。嗟我农夫，我稼既同，上入执宫功。昼尔于茅，宵尔索绹。亟其乘屋，其始播百谷。

二之日凿冰冲冲，三之日纳于凌阴。四之日其蚤，献羔祭韭。九月肃霜，十月涤场。朋酒斯飨，曰杀羔羊。跻彼公堂，称彼兕觥，万寿无疆！[1]

---

[1] 《十三经注疏》之《毛诗正义》卷八，第388—392页。

这首诗共八章,三百八十多个字,是《国风》中最长的一篇。诗中使用的是周历。周历以夏历(今之农历,一称阴历)的十一月为正月,"一之日""二之日""三之日""四之日",即夏历的十一月、十二月、一月、二月,"蚕月",即夏历的三月。其他月份与夏历相同。第一章从岁寒授衣写到春耕生产,总括全诗;第二章写妇女们的采桑劳动;第三章写妇女们的蚕桑纺织之事;第四章写农事既毕,农夫们为贵族猎取野兽;第五章写一年将尽,农夫们为自己收拾屋子准备过冬;第六章写农夫们农桑之余,从事各种副业劳动,以供贵族享用;第七章写农夫们农事完毕,为贵族修盖房屋;第八章从凿冰写到贵族年终的宴饮,颂祝贵族万寿无疆。全诗从七月写起,按农事活动的时序,以平铺直叙的手法,逐月展开各个画面,不仅记述了农夫的农事生产,还刻画了农夫悲苦穷困的日常生活和一年到头为贵族辛苦劳动的情状,表达出

图:(南宋)马和之《豳风图》(局部),绢本,设色,纵 25.7 厘米,横 55.7 厘米,北京故宫博物院藏。马和之《豳风图》卷,根据《豳风》诗意而作。全卷共分七段,依次为《七月》《鸱鸮》《东山》《破斧》《伐柯》《九罭》《狼跋》,每段画前书《豳风》原文

农夫的不幸和痛苦。这完全是一幅描绘西周农业劳作和社会生活的生动画卷!

燕飨诗。这是一种表现嘉礼中飨礼、燕礼等礼仪活动的诗。嘉礼是周代的"五礼"(吉礼、凶礼、军礼、宾礼、嘉礼)之一,包括饮食、婚冠、宾射、飨燕、脤膰、贺庆等礼,涉及日常生活、王位承袭、宴请宾朋等多方面内容。《小雅》中的燕飨诗最多,如《鹿鸣》:

> 呦呦鹿鸣,食野之苹。我有嘉宾,鼓瑟吹笙。
> 吹笙鼓簧,承筐是将。人之好我,示我周行。
> 呦呦鹿鸣,食野之蒿。我有嘉宾,德音孔昭。
> 视民不恌,君子是则是效。我有旨酒,嘉宾式燕以敖。
> 呦呦鹿鸣,食野之芩。我有嘉宾,鼓瑟鼓琴。
> 鼓瑟鼓琴,和乐且湛。我有旨酒,以燕乐嘉宾之心。[1]

此诗共三章,每章八句,开头都以鹿鸣起兴,"呦呦鹿鸣"营造出一种轻松、愉快和祥和的氛围。首章写君王称赞群臣嘉宾奉上礼品和治国之道;二章写君王夸赞群臣嘉宾道德高尚,要做好君子的榜样,并拿出美酒让大家尽情欢饮;三章写君王欣慰于君臣宴饮的欢乐融洽。诗中展现出周代燕飨活动和谐欢快的气氛,也表现了君臣间相敬以礼、相爱以德、其乐融融的关系。这是古人向

---

[1] 《十三经注疏》之《毛诗正义》卷九,第405—406页。

往的理想君臣关系。东汉末年曹操在《短歌行》中就直接引用此诗前四句,表达渴求贤才的愿望。

图:(南宋)马和之《鹿鸣之什图》之《鹿鸣》段,绢本,设色,纵28厘米,横864厘米,北京故宫博物院藏。马和之《鹿鸣之什图》全卷书、画共十段,每段前小楷书《诗经》原文,文后为图

政治美刺诗。这类诗主要表达对政治、贵族人物的颂美或批判,包括颂美诗和怨刺诗两类。颂美诗主要赞美贵族阶级及其代表人物的政绩、美德和容仪,怨刺诗主要悯时伤乱和针砭时弊。

颂美诗如《大雅·烝民》:

　　天生烝民,有物有则。民之秉彝,好是懿德。
　　天监有周,昭假于下。保兹天子,生仲山甫。
　　仲山甫之德,柔嘉维则。令仪令色,小心翼翼。
　　古训是式,威仪是力。天子是若,明命使赋。
　　王命仲山甫,式是百辟。缵戎祖考,王躬是保。
　　出纳王命,王之喉舌。赋政于外,四方爰发。
　　肃肃王命,仲山甫将之。邦国若否,仲山甫明之。
　　既明且哲,以保其身。夙夜匪解,以事一人。
　　人亦有言,柔则茹之,刚则吐之。维仲山甫,柔亦不茹，刚亦不吐。不侮矜寡，不畏强御。

人亦有言，德輶如毛，民鲜克举之。我仪图之，维仲山甫举之，爱莫助之。衮职有阙，维仲山甫补之。

仲山甫出祖，四牡业业，征夫捷捷，每怀靡及。四牡彭彭，八鸾锵锵。王命仲山甫，城彼东方。

四牡骙骙，八鸾喈喈。仲山甫徂齐，式遄其归。吉甫作诵，穆如清风。仲山甫永怀，以慰其心。[1]

此诗末章标明由吉甫创作，这在《诗经》中并不常见。"吉甫"即周宣王大臣尹吉甫。仲山甫为周宣王卿士樊仲。此诗是尹吉甫为仲山甫受周宣王之命赴齐筑城之事而作。全诗八章，每章八句，赞美了仲山甫的赫赫功绩，成功塑造了一个德性完美、勤于政事的政治家形象。首章赞美上天佑护周朝而生仲山甫；二章赞美仲山甫具有美好的德行和容仪，遵从古训，深得天子的信赖；三章描写仲山甫恭谨地执行王命，同时负责传达王命让四方施行；四章描写仲山甫洞悉国事，明哲忠贞，勤政报国；五章赞美仲山甫个性刚柔相济，为人处世不卑不亢；六章写仲山甫受人爱戴和尊敬，能够承担国家要职；七、八两章写仲山甫受命到东方筑城，诗人作诗相赠，表达依依惜别之情，"四牡""八鸾"句铺排写出仲山甫离京时的车马威仪，场面热烈而隆重。整首诗前六章反复称颂仲山甫的德性之美和政绩之大，最后两章才写送别之事，点

---

[1]《十三经注疏》之《毛诗正义》卷十八，第568—569页。

出赠别主题。然而前六章正是为后两章的依依惜别进行铺垫，诗人通过对仲山甫德才兼备的颂扬，表达对仲山甫顺利完成此次任务的信任，也抒发对仲山甫的崇敬与思怀之心。由此，后世也视此诗为送别诗之祖。不仅如此，诗人颂扬仲山甫美德与政绩，用了很多夹叙夹议的表达，导致诗中说理成分浓厚，一定程度上开启了后代"以理为诗"的源头。

怨刺诗如《小雅·十月之交》：

十月之交，朔月辛卯，日有食之，亦孔之丑。
彼月而微，此日而微。今此下民，亦孔之哀。
日月告凶，不用其行。四国无政，不用其良。
彼月而食，则维其常，此日而食，于何不臧。
烨烨震电，不宁不令。百川沸腾，山冢崒崩。
高岸为谷，深谷为陵。哀今之人，胡憯莫惩？
皇父卿士，番维司徒，家伯维宰，仲允膳夫，
聚子内史，蹶维趣马，楀维师氏，艳妻煽方处。
抑此皇父，岂曰不时？胡为我作，不即我谋？
彻我墙屋，田卒汙莱。曰予不戕，礼则然矣。
皇父孔圣，作都于向。择三有事，亶侯多藏。
不慭遗一老，俾守我王。择有车马，以居徂向。
黾勉从事，不敢告劳。无罪无辜，谗口嚣嚣。
下民之孽，匪降自天。噂沓背憎，职竞由人。

> 悠悠我里，亦孔之痗。四方有羡，我独居忧。
> 民莫不逸，我独不敢休。天命不彻，我不敢效我友自逸。[1]

据天文学家考订，诗中记载的日食发生在公元前 776 年 9 月 6 日（周幽王六年夏历十月初一），这也是世界上最早的日食记录。全诗共八章，每章八句，对周幽王时佞臣当政进行了直言不讳的大胆批判。前三章将日食、月食和地震的发生，同当朝政治的颓败联系起来，认为天灾是人祸的反映，天降大灾即是天在警示当政者，而当政者却并没有引以为戒；第四章点名指责皇父、番维、家伯、仲允、聚子、蹶维、楀维七位大臣同幽王宠妃勾结在一起，倒行逆施；五、六章重点揭露皇父的罪恶，说他毁坏诗人的田地房屋，聚敛财富为己所用，还远建向都避祸，带走了大量的人才和财富；七、八两章申说自己任劳任怨却受谗言所伤，然而即使如此，诗人也没有逃身远害，仍然兢兢业业，为国操劳。诗中表达了诗人对政治腐败、黑暗的深切痛恨，对个人遭遇不公的长长哀叹，更多还是对朝廷命运的深深担忧，传递出一种勇于批判、敢于担当、系心国家的爱国情怀和人格魅力。"烨烨震电，不宁不令。百川沸腾，山冢崒崩。高岸为谷，深谷为陵"六句，描绘地震带来的巨大灾难，高度概括又栩栩如生，使地震的巨大破坏力如在目前；"曰予不戕，礼则然矣"两句，则以直录皇父说辞的方

---

[1] 《十三经注疏》之《毛诗正义》卷十二，第 445—447 页。

式，刻画出皇父欺瞒百姓时的强词夺理和蛮横霸道的嘴脸，显示出诗人高超的笔力。

图：《诗经·小雅·节南山之什图》之《十月之交》（局部）。《诗经·小雅·节南山之什图》卷，绢本，设色，纵26.2厘米，横857.6厘米，北京故宫博物院藏。此卷取《诗经·小雅》中《节南山》等十篇之大意描绘成图，每段前书《诗经》原文，依次为《节南山》《正月》《十月之交》《雨无正》《小旻》《小宛》《小弁》《巧言》《何人斯》《巷伯》。书画均无款印，旧传宋高宗赵构书文，马和之作画

战争徭役诗。因战争会带来徭役，一些描写徭役的诗有时会同时写到战争。《诗经》中这类诗有三十余篇，既有正面颂扬天子、诸侯的军事武功的，如《大雅·江汉》《大雅·常武》《小雅·出车》《小雅·六月》《小雅·采芑》等；也有表现同仇敌忾、共御外侮的爱国豪情的，如《秦风·无衣》《秦风·小戎》；还有表现对战争和徭役的厌倦愤懑之情，抒发思乡之意的，如《小雅·采薇》《豳风·东山》《唐风·鸨羽》等。以下各举一首：

小雅·六月

六月栖栖，戎车既饬。四牡骙骙，载是常服。
狁孔炽，我是用急。王于出征，以匡王国。

比物四骊，闲之维则。维此六月，既成我服。
我服既成，于三十里。王于出征，以佐天子。

四牡修广，其大有颙。薄伐狁，以奏肤公。
有严有翼，共武之服。共武之服，以定王国。

狁匪茹，整居焦获，侵镐及方，至于泾阳。
织文鸟章，白旆央央。元戎十乘，以先启行。

戎车既安，如轾如轩。四牡既佶，既佶且闲。
薄伐狁，至于大原。文武吉甫，万邦为宪。

吉甫燕喜，既多受祉。来归自镐，我行永久。
饮御诸友，炰鳖脍鲤。侯谁在矣，张仲孝友。[1]

全诗六章，每章八句，描写了周宣王大臣尹吉甫北伐战胜狁的功绩。首章写尹吉甫六月受命出征的缘由；二、三章描写周军军容盛大，训练有素，应变迅速；第四章写敌军来势凶猛和周军先锋部队的军威；第五章写周军迅速克敌制胜；第六章写尹吉甫回到镐京摆宴庆功。整首诗赞扬了尹吉甫治军有方和指挥若定，洋溢着取得胜利的喜悦感和自豪感。

---

1 《十三经注疏》之《毛诗正义》卷十，第 424—425 页。

秦风·无衣

岂曰无衣，与子同袍。王于兴师，修我戈矛，与子同仇。

岂曰无衣，与子同泽。王于兴师，修我矛戟，与子偕作。

岂曰无衣，与子同裳。王于兴师，修我甲兵，与子偕行。[1]

秦地民风自古尚武好勇，诗中表达了秦人团结友爱、同仇敌忾、共御强敌的斗志和爱国精神。全诗共三章，结构上重叠复沓，内容和情绪层层递进，诗人的感情在反复咏唱和铺陈中不断升华。整首诗音节短促，声调激昂，感情激荡，气势非凡，极像一首战士进行曲。

唐风·鸨羽

肃肃鸨羽，集于苞栩。王事靡盬，不能艺稷黍。

父母何怙？悠悠苍天，曷其有所？

肃肃鸨翼，集于苞棘。王事靡盬，不能艺黍稷。

父母何食？悠悠苍天，曷其有极？

肃肃鸨行，集于苞桑。王事靡盬，不能艺稻粱。

父母何尝？悠悠苍天，曷其有常？[2]

全诗三章，每章七句，开头都以鸨鸟聚集于树上起兴。鸨鸟是一种似雁般大的鸟，爪间有蹼而没有后趾，所以在树上不能稳定地

1　2　《十三经注疏》之《毛诗正义》卷六，第 373—374 页、第 365 页。

栖息。诗人以此比喻自己苦于劳役而不得休息,悲愤地控诉没完没了的徭役让自己根本无法正常耕种。父母依靠什么生活呢?什么时候才能停止这种生活安顿下来呢?呼天怨地般的发问中蕴含着诗人无限的痛苦和怨恨。

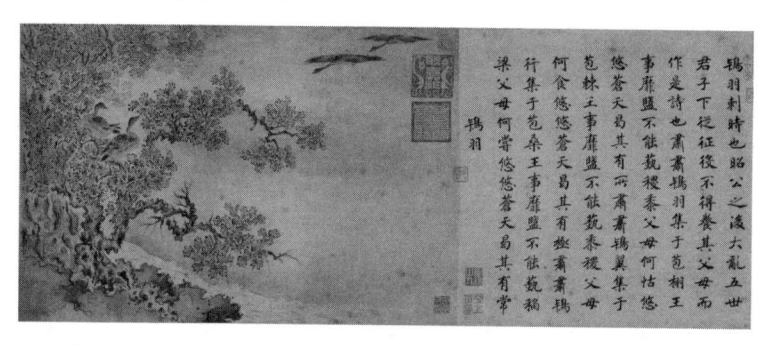

图:(南宋)马和之《唐风图》之《鸨羽》。《唐风图》卷,绢本,纵28.5厘米,横803.8厘米,书、画《毛诗·唐风》十二篇,右书左图,共十二段,辽宁省博物馆藏

婚姻爱情诗。这是一类主要抒发男女相思、相恋等各种情感的诗篇,在《诗经》中占有很大比重,也是《诗经》中最精彩动人的一部分。尽管都围绕男女感情来抒写,诗篇表现的内容却十分丰富,有表现青年男女互相悦慕、爱恋、思念的爱情诗,有描写婚嫁场面和家庭生活的婚姻家庭诗,有表现夫妻离散的思妇诗,还有表现婚姻破裂的弃妇诗。诗中描绘出男女交往的矜持、坚贞、翘首以盼、情投意合、怀疑、挑逗、决绝等种种情状,表现了或羞涩,或喜悦,或欢欣,或埋怨,或疑虑,或孤独,或惆怅,或痛苦,或哀伤,或怨恨等不同情绪,形象再现了还未受到礼教过多束缚的人类最本真的情感世界。这些诗或活泼,或缠绵,或热

烈，或喜庆，或深情款款，或迷离怅惘，或如泣如诉，或幽默有趣，将周代婚恋生活中的青年男女形象刻画得栩栩如生。诗中塑造的一个个少男、少女、少妇、思妇、弃妇也成为《诗经》中最有血有肉、可亲可爱的人物形象。

爱情诗如《郑风·子衿》：

> 青青子衿，悠悠我心。纵我不往，子宁不嗣音？
> 青青子佩，悠悠我思。纵我不往，子宁不来？
> 挑兮达兮，在城阙兮。一日不见，如三月兮。[1]

全诗三章，写女子在城楼上久候恋人不至的所思所感。前两章是主人公自述对恋人的怀念，"青青子衿"和"青青子佩"，以恋人的衣饰借代恋人。"纵我"与"子宁"对举，写尽对恋人的嗔怪与幽怨。最后一章描写主人公的动作与心理感觉。"一日不见，如三月兮"，通过夸张修辞技巧，造成主观时间与客观时间的反差，抒发了女子强烈的思念之情。诗中大量运用心理描写，女子等待恋人焦灼万分的情状跃然纸上，如在目前。

婚姻家庭诗如《郑风·女曰鸡鸣》：

> 女曰鸡鸣，士曰昧旦。子兴视夜，明星有烂。将

---

1 《十三经注疏》之《毛诗正义》卷四，第345页。

翱将翔,弋凫与雁。

弋言加之,与子宜之。宜言饮酒,与子偕老。琴瑟在御,莫不静好。

知子之来之,杂佩以赠之。知子之顺之,杂佩以问之。知子之好之,杂佩以报之。[1]

全诗三章,每章六句,赞美夫妻间和谐的家庭生活和诚笃感情。首章写勤劳的妻子催丈夫早起,丈夫以天还没亮为借口想多睡会儿,妻子只好再度提醒丈夫应去打猎了。貌似寻常的日常对话,蕴含脉脉温情,让人体会到夫妻间融洽的感情。二章写妻子祈愿丈夫打猎顺利,祈愿与丈夫情投意合,幸福生活。三章写丈夫赠佩与妻子,复沓式的句子一唱三叹,传递出夫妻间的恩爱和美。

思妇诗如《卫风·伯兮》:

伯兮朅兮,邦之桀兮。伯也执殳,为王前驱。
自伯之东,首如飞蓬。岂无膏沐,谁适为容?
其雨其雨,杲杲出日。愿言思伯,甘心首疾。
焉得谖草,言树之背。愿言思伯,使我心痗。[2]

---

1 《十三经注疏》之《毛诗正义》卷四,第340页。
2 《十三经注疏》之《毛诗正义》卷三,第327页。

这是一首妇人思念远征丈夫的诗。全诗四章，每章四句，首章点明丈夫在外出征，二章写妇人因思念丈夫而无心妆饰，三、四章写妇人因思念丈夫而产生的期待、失望与难以排遣的痛苦。诗中对妇人思念丈夫时的心理状态描写得真实而细微。先是根据"女为悦己者容"这一心理进行反面刻画，以无心装扮表达妇人对丈夫感情的忠贞；继而以"其雨其雨，杲杲出日"这种自然中原本要下雨却出太阳的状态来拟写妇人盼夫夫却未归的失落心理；最后用"甘心首疾""使我心痗"来写出思念之情的强烈。"首如飞蓬""谁适为容"这种通过无心装扮来描写思念心理的手法，也被后代诗人所习用，成为思妇诗、离别诗中常见的一种表达方法。

弃妇诗如《卫风·氓》：

氓之蚩蚩，抱布贸丝。匪来贸丝，来即我谋。
送子涉淇，至于顿丘。匪我愆期，子无良媒。
将子无怒，秋以为期。

乘彼垝垣，以望复关。不见复关，泣涕涟涟。
既见复关，载笑载言。尔卜尔筮，体无咎言。
以尔车来，以我贿迁。

桑之未落，其叶沃若。于嗟鸠兮，无食桑葚。
于嗟女兮，无与士耽。士之耽兮，犹可说也。
女之耽兮，不可说也。

桑之落矣，其黄而陨。自我徂尔，三岁食贫。

淇水汤汤，渐车帷裳。女也不爽，士贰其行。
士也罔极，二三其德。

　　三岁为妇，靡室劳矣。夙兴夜寐，靡有朝矣。
言既遂矣，至于暴矣。兄弟不知，咥其笑矣。
静言思之，躬自悼矣。

　　及尔偕老，老使我怨。淇则有岸，隰则有泮。
总角之宴，言笑晏晏。信誓旦旦，不思其反。
反是不思，亦已焉哉。[1]

全诗六章，每章十句，以女子第一人称口吻叙写了主人公从求婚、结婚到被弃的遭遇，表达了女子对负心丈夫的强烈指责和自怨自艾之情。一、二章女子追述丈夫向自己求婚与结婚的经过，"不见复关，泣涕涟涟。既见复关，载笑载言"写出定情后女子对丈夫的痴情；第三章写女子追悔自己太过于沉迷于爱情；第四章写女子被抛弃后回到娘家，指责丈夫变心；第五、六章写女子追述婚后辛苦，又受到娘家弟兄们的耻笑，斥责丈夫的欺骗，哀叹自己的不幸。诗人在写女子悲惨命运时，成功地运用了比兴手法。"桑之未落，其叶沃若"，用桑叶的繁茂比喻初婚的幸福。"桑之落矣，其黄而陨"，用桑叶的凋落比喻弃妇面容憔悴与被弃的痛苦。诗中用桑叶由盛而衰的变化来形象地比附女子从出嫁到被弃的全过程，生动刻画了女子既悔又恨的痛苦心情。

---

1 《十三经注疏》之《毛诗正义》卷三，第324—325页。

除了上述这些主题的诗歌外,《诗经》中还有一些抒写亲情、爱国以及人生态度等内容的诗篇,如《邶风·凯风》哀叹七子不能供养母亲;《小雅·蓼莪》抒发不能孝养父母的痛苦;《王风·黍离》悲悼故国,表达故国之思;《鄘风·载驰》吊唁祖国危亡,表达爱国之情;《唐风·山有枢》感叹人生短暂,及时行乐;等等。《诗经》三百零五篇诗歌,内容涉及周代的政治、军事、社会、经济以及世风人情等各个方面,丰富而精彩,立体而丰满,塑造了周代上至王公贵族下至底层奴隶的各色人物形象,他们的喜怒哀乐,时隔数千年仍仿佛历历在目。《诗经》用"诗"著就了一部周代的"百科全书",用"诗"摹绘了一幅幅栩栩如生的周代社会画卷。

《诗经》在内容抒写上表现出强烈的人性色彩和现实主义精神,开创了我国"诗"所崇尚的"风雅"精神。"风"即《国风》,"雅"即《大雅》和《小雅》。《诗经》中这部分诗歌抒写社会百态,既不掩饰矛盾,也不夸张问题,更没有逃避到虚幻万能的神灵世界中,而是始终立足于现实进行忠实描写。尤其是一些怨刺诗悯时伤乱,大胆揭露和批判周代的种种社会不公和政治乱象,表现出诗歌针砭时弊的强大功能和诗人忧国忧民的积极态度。诗人对统治者是否遵守礼仪和仁德等行为或褒扬或批评;诗中的各种男女之情也或隐或显地体现着道德礼俗的约束,由此,《诗经》在立足现实描写社会百态和抒写各种情感时,表现出守礼修德的思想倾向。正所谓"《国风》好色而不淫,《小雅》怨诽而不乱"[1]。

---

1 (汉)司马迁撰:《史记·屈原贾生列传》,中华书局1959年版,第2482页。

《诗经》中表现主题的广泛深刻和严肃的思想性,被历代诗人所推崇和继承,成为我国"诗"表现内容的最高标的。

《诗经》还奠定了我国以抒情诗为主的诗歌创作传统。尽管《诗经》中也有诸如记述周族祖先伟大事迹的"史诗",有《七月》这样叙写农民劳作过程的农事诗,但一则这些诗在数量上并不多,二则这些诗在记述和叙写中仍然夹杂着诗人强烈的感情,叙事与抒情并重,甚至是叙事为抒情服务。可以说,《诗经》虽然描绘出周代的社会百态,但一篇篇诗中最根本的内容却是诗人之"志"的言说。言志即抒写志向、思想等主体怀抱,本质是抒情。《诗经》的祭祖诗中寄寓着对祖先的膜拜和敬仰之情;政治颂美诗抒发对政治人物的崇敬和赞扬之情;农事诗中抒写着丰收的喜悦和对常年辛苦的不满;燕飨诗中表达出宴饮的欢乐和人与人间的脉脉温情;怨刺诗传递出或怨恨,或悲愤,或痛心,或伤感,或无可奈何等多种感情;战争徭役诗表现出或同仇敌忾,或自豪乐观,或厌倦怀思等感情;至于婚姻爱情诗中的感情就更为丰富了。因此,《诗经》堪称一部周人的抒情诗集。《诗经》中保存了从王公贵族到普通男女的情感吟唱,其内容之丰富、情感之动人、艺术之优美为我国"诗"的发展树立了经典和范本。

3. 赋、比、兴

《诗经》不仅内容上呈现百科全书式的丰富,开拓出我国"诗"巨大的容纳能力和表现疆域,还具有成熟的体裁形式和高超的艺术技巧,表明我国"诗"艺术形态的全面发展。

上古歌谣以二、三、四字句为主，语法结构尚简单。《诗经》的句式发展为以四言为主，其间杂有二言至八言不等，结构形式已较为复杂。既有十八字的短篇《周颂·维清》，也有长达三百八十多字的《豳风·七月》。最常用的结构形式是叠字、叠句与重章。叠字如《卫风·硕人》中"河水洋洋，北流活活，施罛濊濊，鱣鲔发发，葭菼揭揭。庶姜孽孽，庶士有朅"。六句中竟然连用了六个叠字。叠句如《周南·桃夭》三章首句均用"桃之夭夭"发端；《周南·汉广》三章都以"汉之广矣，不可泳思。江之永矣，不可方思"结尾。重章如《周南·芣苢》：

采采芣苢，薄言采之。采采芣苢，薄言有之。
采采芣苢，薄言掇之。采采芣苢，薄言捋之。
采采芣苢，薄言袺之。采采芣苢，薄言襭之。[1]

诗中三章句型完全一致，只在关键处更换了采、有、掇、捋、袺、襭六个动词，就已描述出采芣苢的整个过程。这种综合使用叠字、叠句和重章的现象，在《诗经》中极为常见。它们形成了诗篇结构上的复沓回环和音节上的舒缓悠扬，赋予诗一种音乐上的节奏美。

《诗经》中已有较为成熟的押韵形式。常见隔句押韵，韵脚在偶句上，这是我国后世诗歌最习用的押韵方式。如《周南·卷

---

[1] 《十三经注疏》之《毛诗正义》卷一，第281页。

耳》首章:"采采卷耳,不盈顷筐。嗟我怀人,置彼周行。"二句"筐"和四句"行"押韵。有首句、次句和第四句押韵的,如《周南·关雎》:"关关雎鸠,在河之洲。窈窕淑女,君子好逑。""鸠""洲"和"逑"押韵。也有句句押韵的,如《卫风·考槃》:"考槃在涧,硕人之宽。独寤寐言,永矢弗谖。"这些都说明《诗经》押韵已形成一定模式,不仅其"韵式多种多样为后来历代所不及",用韵"密度也是后代所没有的"。[1] 相比较于上古歌谣,周代的"诗"在语言形式上已十分讲究了。

《诗经》在语言结构和韵律上的雕琢和讲究,说明"诗"已经从原始歌谣、卦爻卜辞发展到一种完整体裁。除了体裁的成熟外,《诗经》中还运用了一些艺术技巧,让"诗"的艺术审美得到跨越式发展。谈及《诗经》的艺术技巧,最具代表性的当数赋、比、兴。

"赋"即铺陈直叙,是诗人平铺直叙表达思想感情的方法。《诗经》中几乎每首诗都用"赋"法。"赋"法可以用来叙事描写,如《卫风·氓》中"氓之蚩蚩,抱布贸丝。匪来贸丝,来即我谋。送子涉淇,至于顿丘。匪我愆期,子无良媒。将子无怒,秋以为期",即运用"赋"法,详细叙写了"氓"在集市上借买卖布丝向女子求婚,女子先是犹豫后又同意的故事。"赋"法也可以用来议论抒情,如《唐风·鸨羽》中"父母何怙?悠悠苍天,曷其有所?""父母何食?悠悠苍天,曷其有极?""父母何尝?悠悠苍

---

[1] 王力著:《诗经韵读 楚辞韵读》,中华书局2014年版,第45页。

天,曷其有常?",用"赋"法直接抒发父母无所养、有家不能回的彻骨长痛!

"比"即运用比喻巧妙形容或表达的艺术手法。"比"法中本体和喻体间存在某些相似性。如《卫风·硕人》中"手如柔荑,肤如凝脂,领如蝤蛴,齿如瓠犀,螓首蛾眉",连用五个比喻来形容女子的美貌。《诗经》中还有三首通篇用"比"的比体诗,分别是《周南·螽斯》《魏风·硕鼠》和《豳风·鸱鸮》。如:

魏风·硕鼠

硕鼠硕鼠,无食我黍。三岁贯女,莫我肯顾。
逝将去女,适彼乐土。乐土乐土,爰得我所。
硕鼠硕鼠,无食我麦。三岁贯女,莫我肯德。
逝将去女,适彼乐国。乐国乐国,爰得我直。
硕鼠硕鼠,无食我苗。三岁贯女,莫我肯劳。
逝将去女,适彼乐郊。乐郊乐郊,谁之永号。[1]

诗中以贪吃的大老鼠来比喻剥削者,指责大老鼠无情、贪吃,实际是控诉剥削者的贪婪。这种运用比喻的方式含蓄又形象,更容易激发人的想象和联想,赋予诗更多的艺术美感。

"兴"即借物起兴,诗人受客观事物触发而吟咏出诗篇。《诗经》中"兴"法大多用在诗歌的发端。有的兴句与下文内容并

---

[1]《十三经注疏》之《毛诗正义》卷五,第359页。

无关联，只有调节韵律、唤起情绪的作用。如《小雅·采菽》："采菽采菽，筐之筥之。君子来朝，何锡予之？"前两句与后面所咏在意义上没有多少关联，只有起韵的作用。有的则与下文有着或隐或显的联系，尤其有些兴句还与下文形成一种象征或比附的关系，通过艺术的联想前后相承创造出一种耐人寻味的艺术美感。如：

周南·桃夭

　　桃之夭夭，灼灼其华。之子于归，宜其室家。
　　桃之夭夭，有蕡其实。之子于归，宜其家室。
　　桃之夭夭，其叶蓁蓁。之子于归，宜其家人。[1]

诗中"夭夭"指美丽而繁华的样子。蕡指草木结实且很多的样子，形容桃树果实累累。蓁指草木繁密的样子，形容桃叶茂盛。诗中每章都以"桃之夭夭"作为发端，以桃树的繁花盛开渲染喜庆热闹、吉祥美好的情境；"灼灼其华"用艳丽桃花比喻新娘子娇艳貌美；"有蕡其实"用桃树结实象征新娘婚后多子多孙；"其叶蓁蓁"用桃叶茂密成荫象征新娘婚后家庭兴旺美满。因此，此诗每章都先以桃起兴，继以花、果、叶兼做比喻，可谓兴中有比，比兴兼用。

　　赋、比、兴手法在《诗经》中往往交相使用，互相联系，互

---

[1] 《十三经注疏》之《毛诗正义》卷一，第279页。

为补充。其中，赋法作为一种平铺直叙的表现手法可以用于多种文体。比和兴却属于诗所专擅的表现手法。因此，《诗经》中的比兴尤为后人所重。比是以物作比，兴是借物起兴，两者都是借助自然外物的描写来予以表现，都以间接的形象表达感情，这就为诗创造了一个个可供想象或联想的物象或情境，极大增强了诗的艺术独立性和感染力。《诗经》中的一部分诗篇已经达到情景交融、物我和谐的艺术境界，初具后世诗歌意境的风貌。如：

秦风·蒹葭

蒹葭苍苍，白露为霜。所谓伊人，在水一方。
溯洄从之，道阻且长。溯游从之，宛在水中央。
蒹葭萋萋，白露未晞。所谓伊人，在水之湄。
溯洄从之，道阻且跻。溯游从之，宛在水中坻。
蒹葭采采，白露未已。所谓伊人，在水之涘。
溯洄从之，道阻且右。溯游从之，宛在水中沚。[1]

这是一首怀人之作。蒹葭即芦苇。首章写河边的芦苇一片苍苍，晶莹的露水凝结成白霜，诗人的心上人仿佛就在河对岸，然而不管诗人逆流而上还是顺流而下，她都可望而不可即；二章、三章分别描写白露尚未晒干（未晞）和尚未蒸发完毕（未已）的变化，点出时间的推移，道出诗人追索伊人之恒心和追索过程之辛苦。

---

[1]《十三经注疏》之《毛诗正义》卷六，第372页。

苍苍芦苇、湛湛白露、静静流淌的河水与凄冷的深秋清晨,共同营造出凄清、迷茫、飘渺的氛围。它与诗人上下追索伊人而未得的惆怅心情互相映衬,浑然一体,情中有景,景中有情,情景相生相融,构成了凄迷恍惚、耐人寻味的艺术境界。

除了赋、比、兴外,《诗经》中也出现了后世常用的修辞技巧,如夸张、对比、对偶、代指等。以夸张来说,既有扩大化的夸张方式,如《王风·采葛》以"一日不见,如三月兮""如三秋兮""如三岁兮"的夸张手法表达深切的思念之情;也有缩小化的夸张方式,如《卫风·河广》的"谁谓河广?一苇杭之。谁谓宋远?跂予望之。谁谓河广?曾不容刀。谁谓宋远?曾不崇朝",诗人不说河流的宽阔和宋国的辽远,反而以"一苇杭之"和"曾不容刀"来夸张形容河流的窄狭和渡河之易,以"跂予望之""曾不崇朝"来说明宋国距离之近和归国之易,然而如此背景下却不得归,更衬托出其思乡之切和实际归去之难。

《诗经》以高超的艺术手法成功地运用语言叙写社会百态,表达万千情怀,成就了一首首有思想、有感染力的诗篇佳作。作为我国第一部诗歌总集,《诗经》以其丰富的思想内容和高度的艺术成就成为我国诗歌发展史上的第一座高峰,对后世产生了深远影响:

《诗经》关注现实的风雅精神成为后代诗歌思想内容的标的;其比、兴手法成为后代诗歌表现手法的典范;其语言成为后代诗歌创作取用不竭的典故和意象。

总之,《诗经》堪称我国"诗"真正意义上的艺术开端,奠定了我国诗歌艺术创作的优良传统,肇启了我国诗歌艺术的民族特色。

二、奇文郁起,其《离骚》哉

屈原是我国战国末期的一位政治家,也是我国第一位伟大的爱国诗人。他创作的《离骚》等楚辞作品,以其忧愤深广的爱国情怀、浪漫奇绝的抒写方式和更富变化的诗体形式,创立了一种与《诗经》迥然不同的骚体诗。《诗经》与楚辞合称"诗骚"或"风骚",犹如双峰并峙,深刻影响了我国"诗"的发展。

1. 不有屈原,岂见《离骚》

与战国时众多彪炳史册的历史人物不同,屈原以爱国诗人的身份被后人所悼念,以其具有巨大文学价值和高度审美价值的伟大诗篇而被后人所推崇。屈原不是我国第一位诗人,早在《诗经》中就已出现了许许多多知名或不知名的诗人。然而堪称伟大诗人的,却非屈原莫属。

屈原是第一位用整个生命吟唱的诗人。除了被楚怀王短暂重用的一段时间外,屈原大多数时间都处于被诋毁、排挤、冷落、放逐的状态中。他矢志报效国家,辅佐君王建功立业,却每每无法施展满腔抱负;他被流放却仍眷念祖国,心系君王,时刻期盼着君王能回心转意,自己再受重用。但被无情的现实一次次打击后,他将满怀的爱国之思和哀怨之情一股脑通过诗篇抒发出来，写就了一首首悲伤怨愤、凄绝迷离的诗篇佳作。国势的日微，朝廷的昏庸，政治的失意，四处的流放，造就了屈原悲剧的一生，却也促成了伟大诗人的长成。屈原的作品，除早年所写的《橘颂》以外，《离骚》《九章》《九歌》《天问》都是在他被楚怀王疏远后以及流放江南期间所作。这些作品缠绵悱恻，感情强烈奔放，尤其是《离骚》中，诗人上下求索而不得的大篇幅描写，表现了屈原在绝望中对政治理想虽九死而犹未悔的苦苦坚持和不倦追求，抒发了屈原忧愤深广的爱国情怀和忠贞高洁的道德志向。屈原将自己的生命熔铸诗中，其作品是其人生经历、理想抱负和道德人格的全面体现，具有鲜明的个人风格。这标志着我国"诗"正式进入了个体创作时代。

屈原的创作对"诗"有开辟之功。《诗经》305篇诗大部分没有标记作者，多属集体性创作。在少数已知的作者中，最著名的当数尹吉甫，现在能确认由他创作的诗篇有《大雅·烝民》《大雅·江汉》《大雅·崧高》《大雅·韩奕》数篇。屈原的诗作不仅在数量上远超尹吉甫等人，在艺术创造力和艺术感染力等方面也独树一帜，达到了新的艺术境

图：（明）陈洪绶《九歌图》十二开之《屈子行吟》，版画

界。《离骚》等诗篇中多用"兮"等语助词，以杂言为主的句式，更富变化的结构，创立了一种有别于《诗经》四言体诗的新诗体——骚体诗。屈原在诗中并未直言君王对自己的冷落和放逐，而是擅用香草比附忠贞、恶禽臭物比附小人、美人鸾凤譬喻君子贤臣，以弃妇来自比等，以极富征性的意象表达君臣关系、政治斗争等内容，形成了我国香草美人式的诗歌表现传统。屈原还大量引入楚地神话传说，抒发感情的热烈奔放，追求理想的锲而不舍，想象的奇幻壮丽，使诗篇呈现出一种与《诗经》截然不同的奔放、热烈、奇幻、恢宏风格，开创了我国诗歌浪漫主义表现传统。屈原立足于楚地文化，以一己高洁的个人品质、丰沛的内在情感和卓异的艺术创造力创作出了可以媲美《诗经》的诗歌作品，进一步开拓了"诗"的表现疆域和艺术境界，对我国"诗"史发展产生了深刻影响。从这个意义上说，我国第一位伟大诗人的桂冠，屈原当之无愧！

2. 逸响伟辞，卓绝一世

《离骚》全诗共三百七十多句，两千四百多字，是屈原最具代表性的作品。这首诗大约作于屈原被楚怀王疏远之后的一段时间里，是屈原遭受政治打击后的发愤抒怀之作。因此，这是一首长篇政治抒情诗，因诗中同时叙写到了诗人的身世、思想和境遇，也被视作屈原的自传诗。

离骚

屈 原

　　帝高阳之苗裔兮，朕皇考曰伯庸。摄提贞于孟陬兮，惟庚寅吾以降。皇览揆余于初度兮，肇锡余以嘉名。名余曰正则兮，字余曰灵均。纷吾既有此内美兮，又重之以修能。扈江离与辟芷兮，纫秋兰以为佩。汨余若将不及兮，恐年岁之不吾与。朝搴阰之木兰兮，夕揽中洲之宿莽。日月忽其不淹兮，春与秋其代序。惟草木之零落兮，恐美人之迟暮。不抚壮而弃秽兮，何不改乎此度也？乘骐骥以驰骋兮，来！吾道夫先路也。

首先自叙世系皇考、生辰名字与及时自修、辅佐楚君之志。诗人强调自己与楚王本属同宗之亲，有着奇异的生辰时刻和父亲赋予的美名，表现出自己出身的高贵和品性的优秀。"江离"（川芎）、"辟芷"（白芷）、"秋兰"（秋天的兰草），皆为香草，诗人以香草为饰来形容自己博采众善。紧接着，又以草木之零落和美人之迟暮形容时不我待，表达出急于建功立业的迫切心情。

　　昔三后之纯粹兮，固众芳之所在。杂申椒与菌桂兮，岂维纫夫蕙茝。彼尧舜之耿介兮，既遵道而得路。何桀纣之猖披兮，夫唯捷径以窘步。惟党人之偷乐兮，路幽昧以险隘。岂余身之惮殃兮，恐皇舆之败绩。忽奔走以

> 先后兮，及前王之踵武。荃不察余之中情兮，反信谗而齌怒。余固知謇謇之为患兮，余忍而不能舍也。指九天以为正兮，夫唯灵修之故也。曰黄昏以为期，羌中道而改路。初既与余成言兮，后悔遁而有他。余既不难夫离别兮，伤灵修之数化。

诗人抒发竭尽全力辅佐君王、重振楚国国威的志向。然而一片忠心却被小人诋毁，诗人对"灵修"忠心耿耿，"灵修"却反复无常，不可依靠。

> 余既滋兰之九畹兮，又树蕙之百亩。畦留夷与揭车兮，杂杜衡与芳芷。冀枝叶之峻茂兮，愿俟时乎吾将刈。虽萎绝其亦何伤兮，哀众芳之芜秽。众皆竞进而贪婪兮，凭不厌乎求索。羌内恕己以量人兮，各兴心而嫉妒。忽驰骛以追逐兮，非余心之所急。老冉冉其将至兮，恐修名之不立。朝饮木兰之坠露兮，夕餐秋菊之落英。苟余情其信姱以练要兮，长顑颔亦何伤。擥木根以结茝兮，贯薜荔之落蕊。矫菌桂以纫蕙兮，索胡绳之纚纚。謇吾法夫前修兮，非世俗之所服。虽不周于今之人兮，愿依彭咸之遗则。

诗人描写遭到群贤背叛，与奸佞的党人道不同不相与谋。诗中用

"滋兰""树蕙""畦留夷与揭车""杂杜衡与芳芷"叙写种植众多香草,比喻辛苦培植了众多贤能之人。然而,他们却都变节求荣,追名逐利,贪得无厌。诗人为此感到痛心,不愿与其同流合污,坚持以古代贤人为榜样,秉持仁义道德。

> 长太息以掩涕兮,哀民生之多艰。余虽好修姱以鞿羁兮,謇朝谇而夕替。既替余以蕙纕兮,又申之以揽茝。亦余心之所善兮,虽九死其犹未悔。怨灵修之浩荡兮,终不察夫民心。众女嫉余之蛾眉兮,谣诼谓余以善淫。固时俗之工巧兮,偭规矩而改错。背绳墨以追曲兮,竞周容以为度。忳郁邑余侘傺兮,吾独穷困乎此时也?宁溘死以流亡兮,余不忍为此态也。鸷鸟之不群兮,自前世而固然。何方圜之能周兮,夫孰异道而相安?屈心而抑志兮,忍尤而攘诟。伏清白以死直兮,固前圣之所厚。

诗人以美人自比,以众女比身边小人,抒发被排挤诽谤的痛苦。然而不管诗人内心多么痛苦,现实处境多么困顿,他也坚决不背弃理想和信念,矢志不屈,坚守清白。

> 悔相道之不察兮,延伫乎吾将反。回朕车以复路兮,及行迷之未远。步余马于兰皋兮,驰椒丘且焉止息?进不入以离尤兮,退将复修吾初服。制芰荷以为衣兮,集

芙蓉以为裳。不吾知其亦已兮,苟余情其信芳。高余冠之岌岌兮,长余佩之陆离。芳与泽其杂糅兮,唯昭质其犹未亏。忽反顾以游目兮,将往观乎四荒。佩缤纷其繁饰兮,芳菲菲其弥章。民生各有所乐兮,余独好修以为常。虽体解吾犹未变兮,岂余心之可惩。

诗人先以行路为喻,表达自己思想的转变,既然不被君王所理解,那就不如退而修身养志。继而,诗人形象地描述了如何精心地装扮自己,以芰荷、芙蓉等香草加身,象征着以美德修身。诗人着力突出佩饰装扮的繁复和芬芳,以此强调自己品质的高洁和志向的卓尔不群。

女媭之婵媛兮,申申其詈予。曰:"鲧婞直以亡身兮,终然殀乎羽之野。汝何博謇而好修兮,纷独有此姱节。薋菉葹以盈室兮,判独离而不服。众不可户说兮,孰云察余之中情。世并举而好朋兮,夫何茕独而不予听。"

描写女媭(姐姐)用大禹父亲鲧死在羽山的历史来规劝诗人,让他放弃执守,明哲保身。

依前圣以节中兮,喟凭心而历兹。济沅湘以南征兮,就重华而陈词。启《九辩》与《九歌》兮,夏康娱以自纵。不顾难以图后兮，五子用失乎家巷。羿淫游以佚畋兮，又好射夫封狐。国乱流其鲜终兮，浞又贪夫厥家。浇身被于强圉兮，纵欲杀而不忍。日康娱以自忘兮，厥首用夫颠陨。夏桀之常违兮，乃遂焉而逢殃。后辛之菹醢兮，殷宗用之不长。汤禹俨而祗敬兮，周论道而莫差。举贤而授能兮，修绳墨而不颇。皇天无私阿兮，览民德焉错辅。夫维圣哲以茂行兮，苟得用此下土。瞻前而顾后兮，相观民之计极。夫孰非义而可用兮，孰非善而可服？阽余身而危死节兮，览余初其犹未悔。不量凿而正枘兮，固前修以菹醢。曾歔欷余郁邑兮，哀朕时之不当。揽茹蕙以掩涕兮，沾余襟之浪浪。

针对女媭的劝说，诗人申说自己以前世的圣人为法则。诗人到"重华"（舜）那里陈说自己的困惑，先后列举了夏启、后羿、夏桀、后辛（商纣王）亡国之事和汤、禹、周文王、周武王等贤圣之君兴国之事，以此说明自古有道则兴、失道则亡的道理，坚定了坚守理想信念的信心和宁死不悔的决心。

跪敷衽以陈辞兮，耿吾既得此中正。驷玉虬以乘鹥兮，溘埃风余上征。朝发轫于苍梧兮，夕余至乎县圃。欲少留此灵琐兮，日忽忽其将暮。吾令羲和弭节兮，望崦嵫而勿迫。路曼曼其修远兮，吾将上下而求索。饮余马于咸池兮,总余辔乎扶桑。折若木以拂日兮,聊逍遥以相羊。前望舒使先驱兮,后飞廉使奔属。鸾皇为余前戒兮,雷师告余以未具。吾令凤凰飞腾兮,继之以日夜。飘风屯其相离兮,帅云霓而来御。纷总总其离合兮,斑陆离其上下。吾令帝阍开关兮,倚阊阖而望予。时暧暧其将罢兮,结幽兰而延伫。世溷浊而不分兮,好蔽美而嫉妒。

描写坚定信念后的诗人开始上下求索,追求新的理想。诗人以玉虬(飞龙)为马,以鹥鸟(凤凰一类的鸟)为车,乘着尘风向天上飞,早晨从南方的苍梧出发,黄昏时到了北方的县圃。天快黑了,诗人就让给太阳驾车的羲和走得慢点,好让他在咸池饮马,把马拴在扶桑树上休息一会;天黑下来,诗人就让给月神驾车的望舒在前面引路,让风神飞廉在后面跟着奔跑。诗人日夜兼程,终于来到了天帝的门前,然而守门的人却倚着门不开。诗人在天门外徘徊,叹息天上也一样混浊黑暗。求见天帝以表心迹的行动失败,象征着楚王已被奸邪所包围,屈原想见楚王却已不能的现实。

朝吾将济于白水兮,登阆风而绁马。忽反顾以流涕兮,哀高丘之无女。溘吾游此春宫兮,折琼枝以继佩。及荣华之未落兮,相下女之可诒。吾令丰隆乘云兮,求宓妃之所在。解佩纕以结言兮,吾令謇修以为理。纷总总其离合兮,忽纬繣其难迁。夕归次于穷石兮,朝濯发乎洧盘。保厥美以骄傲兮,日康娱以淫游。虽信美而无礼兮,来!违弃而改求。览相观于四极兮,周流乎天余乃下。望瑶台之偃蹇兮,见有娀之佚女。吾令鸩为媒兮,鸩告余以不好。雄鸠之鸣逝兮,余犹恶其佻巧。心犹豫而狐疑兮,欲自适而不可。凤皇既受诒兮,恐高辛之先我。欲远集而无所止兮,聊浮游以逍遥。及少康之未家兮,留有虞之二姚。理弱而媒拙兮,恐导言之不固。世溷浊而嫉贤兮,好蔽善而称恶。闺中既以邃远兮,哲王又不寤。怀朕情而不发兮,余焉能忍而与此终古。

描写诗人转而来到人间求娶宓妃、有娀氏女和有虞之二姚,以便上通天帝。诗人渡白水,登阆风,来到高丘求娶神女却未得。诗人到东方的春宫里折取玉树的琼枝作为信物,转而到人间求娶美女。他令雷师丰隆乘云寻找宓妃所在之处,愿解佩带相盟,然而宓妃忽然变卦。诗人于是来到瑶台求娶有娀之佚女,想让鸩鸟为媒,鸩鸟却说起她的坏话。诗人又去求娶有虞的两个女儿,却担心自己派去的媒人口才笨拙。诗中的"求女",象征着诗人欲寻求可以通君侧的人,请为其代为言说,以唤醒楚王,使之能够理解自己。求女不成,君王不悟,诗人再度受到打击,陷入绝望的悲哀中。

> 索琼茅以筳篿兮，命灵氛为余占之。曰："两美其必合兮，孰信修而慕之？思九州之博大兮，岂唯是其有女？"曰："勉远逝而无狐疑兮，孰求美而释女？何所独无芳草兮，尔何怀乎故宇？世幽昧以眩曜兮，孰云察余之善恶？民好恶其不同兮，惟此党人其独异。户服艾以盈要兮，谓幽兰其不可佩。览察草木其犹未得兮，岂珵美之能当！苏粪壤以充帏兮，谓申椒其不芳。"

描写诗人去找灵氛占卜，灵氛劝他不要纠结求女不成的失败，天涯何处无芳草，可以到楚国之外的地方去寻找机会。诗中再度批判当时楚国党人不辨贤愚，颠倒是非。

> 欲从灵氛之吉占兮，心犹豫而狐疑。巫咸将夕降兮，怀椒糈而要之。百神翳其备降兮，九疑缤其并迎。皇剡剡其扬灵兮，告余以吉故。曰："勉升降以上下兮，求矩矱之所同。汤禹严而求合兮，挚咎繇而能调。苟中情其好修兮，又何必用夫行媒？说操筑于傅岩兮，武丁用而不疑。吕望之鼓刀兮，遭周文而得举。宁戚之讴歌兮，齐桓闻以该辅。及年岁之未晏兮，时亦犹其未央。恐鹈鴂之先鸣兮，使夫百草为之不芳。"

描写犹豫不决的诗人去找巫咸问策。巫咸降下百神，他们为诗人列举了汤与伊尹、禹与皋陶、武丁与傅说、周文王与吕望、齐桓公与宁戚等前代君臣遇合的故事，说明君臣相知相合并非一定要托于媒使，劝说诗人应趁年纪未老，寻找贤君而辅之。

> 何琼佩之偃蹇兮，众薆然而蔽之。惟此党人之不谅兮，恐嫉妒而折之。时缤纷以变易兮，又何可以淹留？兰芷变而不芳兮，荃蕙化而为茅。何昔日之芳草兮，今直为此萧艾也。岂其有他故兮，莫好修之害也。余以兰为可恃兮，羌无实而容长。委厥美以从俗兮，苟得列乎众芳。椒专佞以慢慆兮，樧又欲充夫佩帏。既干进而务入兮，又何芳之能祗？固时俗之流从兮，又孰能无变化？览椒兰其若兹兮，又况揭车与江离？惟兹佩其可贵兮，委厥美而历兹。芳菲菲而难亏兮，芬至今犹未沬。和调度以自娱兮，聊浮游而求女。及余饰之方壮兮，周流观乎上下。

描写诗人感到时世已乱，不能再久留于故国。"兰芷""荃蕙"这些芳草都已变质为"萧艾"一类的恶草；"兰"也自弃美质，苟且地忝居众芳之列；原本为香草的"椒"变得专权而逸佞，傲慢而狂妄；原本为恶草的"樧"却置身于所佩戴的香囊之中。显然，诗人这里是以芳草象征君子，以恶草象征佞臣，以此形容君子的变节和佞臣的钻营。面对这种世风日下的现实，诗人固守己志，不随波逐流，保有高尚的品质和清白的言行。他决定到远方继续寻找自己的知音。

> 灵氛既告余以吉占兮，历吉日乎吾将行。折琼枝以为羞兮，精琼爢以为粻。为余驾飞龙兮，杂瑶象以为车。何离心之可同兮，吾将远逝以自疏。邅吾道夫昆仑兮，路修远以周流。扬云霓之晻蔼兮，鸣玉鸾之啾啾。朝发轫于天津兮，夕余至乎西极。凤皇翼其承旗兮，高翱翔之翼翼。忽吾行此流沙兮，遵赤水而容与。麾蛟龙使梁津兮，诏西皇使涉予。路修远以多艰兮，腾众车使径待。路不周以左转兮，指西海以为期。屯余车其千乘兮，齐玉轪而并驰。驾八龙之婉婉兮，载云旗之委蛇。抑志而弭节兮，神高驰之邈邈。奏《九歌》而舞《韶》兮，聊假日以媮乐。陟升皇之赫戏兮，忽临睨夫旧乡。仆夫悲余马怀兮，蜷局顾而不行。

描写诗人选了一个良辰吉日准备远行。他以琼枝为脯，以琼爢为粻，以飞龙为马，坐着用玉石和象牙装饰的车子，将要离开这个不重用自己的国家。他转道昆仑山，从天津（天河）走到西极，很快到了流沙和赤水，走过不周山，奔赴西海。一路上车队浩浩荡荡，驾车的八龙蜿蜒前行，车上的旗子随风飘飘，诗人载歌载舞，何其欢乐！就在此时，诗人突然看到了故乡，"仆夫悲余马怀兮,蜷局顾而不行",侧面描写随从之人和马因悲伤而停止不前,突显诗人自己对故国的不舍与眷恋。

> 乱曰:已矣哉,国无人莫我知兮,又何怀乎故都?
> 既莫足与为美政兮,吾将从彭咸之所居。[1]

收束全诗,诗人表达出决心向前贤学习,用死来殉其"美政"的理想。

《离骚》通篇未有一个"诗"字,也未有《诗经》一般规整的句式结构和韵律。但它的确是一首"诗",一首堪称前无古人后无来者的"奇诗"。它耸立于战国,惊艳于诗史,以远超《诗经》诗篇的长度和奇特想象,以一种与《诗经》迥然不同的面貌和气质,从一个崭新的角度开辟了我国"诗"的内涵、手法和艺术审美境界。

作为最能代表《楚辞》特色和艺术成就的一篇,《离骚》虽然没有刻意展现楚地的风貌,但深受楚地文化熏陶的屈原还是不自觉地为

图:(清)萧云从原绘,(清)门应兆补绘《钦定补绘离骚全图》之《鸷鸟之不群兮,自前世而固然》,文渊阁四库全书本

---

[1] 蒋天枢校释:《楚辞校释》,上海古籍出版社1989年版,第1—74页。

其打上了深深的楚地文化烙印。如果说《诗经》是中原文化的结晶，《离骚》则属楚地文化结出的硕果。与中原文化崇尚礼乐相比，楚地巫风盛行，从上至下，莫不崇鬼信巫。现今出土的大量战国楚地竹简，多为楚国贵族祭祀和占卜之事的记录，佐证了楚地信巫的史实。楚地这种文化特质在《离骚》中有鲜明体现。诗中描写诗人自己向重华陈辞，上扣天阍，浮游求女，问卜灵氛和巫咸，此时诗人已不是普通的凡人，诗人一次次上天入地的求索带有鲜明的巫事活动色彩。诗中描写的羲和（日神）、望舒（月神）、飞廉（风神）、丰隆（雷师）等大量神话人物和玉虬、苍梧、县圃、咸池、若木、不周等神话意象，增添了诗人上下求索的神妙和奇幻。可以想象，如果没有楚地浓郁的巫风习尚，就很难有《离骚》整个如梦如幻、迷离惝恍的艺术想象和构思。在语言表现上，《离骚》受楚地民歌的影响，喜用带"兮"字的参差不齐的句式。《离骚》中二言、三言、五言、六言、七言、八言、九言、十言等长短不同的句子错杂交织在一起，每两句或三句必用"兮"字来表情或调整节奏。与《诗经》多用四字句、句式上整齐划一相比，《离骚》这种句式和语言结构无疑更为灵活和富于变化，音调曼长、情致婉转，诗的艺术感染力也更加显著。楚地文化深深影响了屈原的创作，《离骚》以极具特色的楚地文化特质区别于《诗经》，成为又一个"诗"的创作高峰。

《离骚》抒发了屈原绵绵不绝的满腔忧愤和爱国之思，再度强化了我国"诗"长于抒情的特质。《离骚》中有大量文字叙述了诗人的身世和政治遭遇,也多次表明诗人的政治理想,带有诗人自传的意味。尽管如此,我们仍说《离骚》首先是一首抒情诗。诗中的自叙身世和政治经历等多以比附、象征等含蓄方式道出,这些叙述中饱含着诗人强烈的喜怒爱憎。整首诗是在叙述中抒情,叙述根本上仍是服务于抒情的。因此,《离骚》是屈原"言志"的作品,是其表达自身政治志向和忠贞高洁理想的表现,更是其抒发内心忧愤、痛苦、伤心、绝望等情绪的体现。司马迁说:"屈平正道直行,竭忠尽智以事其君,谗人间之,可谓穷矣。信而见疑,忠而被谤,能无怨乎?屈平之作《离骚》,盖自怨生也。"[1] 屈原这种"怨而为诗"的创作方式影响了后代无数诗人,让他们用诗来抒发心中郁结的各种不平,进一步增强了我国"诗"长于抒情的特色。

《离骚》创立的香草美人传统,对我国"诗"的意象生成产生了重要影响。屈原在《离骚》中大量运用象征比喻手法来叙说理想与遭遇。诗人以采摘香草喻加强自身修养,佩戴香草喻保持品德的修洁,如:"扈江离与辟芷兮,纫秋兰以为佩。""朝搴阰之木兰兮,夕揽中洲之宿莽。""朝饮木兰之坠露兮,夕餐秋菊之落英。""擥木根以结茝兮,贯薜荔之落蕊。矫菌桂以纫蕙兮,索胡绳之纚纚。""制芰荷以为衣兮,集芙蓉以为裳。"诗人以香草来比喻贤才,以种植香草来形容培育贤才,以收获香草来形容使用贤才,如:"余既滋兰之九畹兮,又树蕙之百亩。畦留夷与揭车兮,

---

[1] 《史记·屈原贾生列传》,第2482页。

杂杜衡与芳芷。冀枝叶之峻茂兮，愿俟时乎吾将刈。"诗人以"众芳"来形容先王的美政，如："昔三后之纯粹兮，固众芳之所在。杂申椒与菌桂兮，岂维纫夫蕙茝！"诗人还用与香草相对的恶草来比附小人和奸佞，以香草变为恶草形容人才之变节求荣，如："兰芷变而不芳兮，荃蕙化而为茅。何昔日之芳草兮，今直为此萧艾也？岂其有他故兮，莫好修之害也。"种类繁多、绚丽多彩、芬芳的花花草草在诗人笔下蕴生出一种象征意味，成为人间美好、高洁、清白、正直等品质的代名词。诗人也以这些人们更容易感知的自然物形象地描绘了自己内心深处对道德、理想的追求和坚持。除了喜欢使用花草比附外，诗人还常以美人自比，如："惟草木之零落兮，恐美人之迟暮。""众女嫉余之蛾眉兮，谣诼谓余以善淫。"以男女关系来比附君臣关系，如："曰黄昏以为期，羌中道而改路！初既与余成言兮，后悔遁而有他。余既不难夫离别兮，伤灵修之数化。""闺中既以邃远兮，哲王又不寤。""苟中情其好修兮，又何必用夫行媒？"在君王关系中，屈原自比弃妇，以夫君比君王，他将对君王的忠诚与眷恋哀怨等种种情感，通过弃妇对夫君的忠贞、期冀、不舍、埋怨、失望等心理变化委婉细腻地表现出来。与直白毫无凭借地表白自己多么高洁、忠贞、不幸、伤心相比，这种借用香草美人来委婉形容无疑在艺术表现上更加巧妙，也更加蕴藉。

《离骚》香草美人式的创作方法，与《诗经》的比兴手法一脉相承，同时又有发展。《诗经》中的比是以彼物比此物，兴是触物以起兴，还仅限于以一个或数个物象来比喻或联想，物象和主人公的情感很少产生深度交融。《离骚》中香草美人的某些特质已经与人的思想感情、道德品质和理想追求有机结合在一起，香草不再仅是自然界中一棵棵植物，而已成为世间象征着美好的物体；美人也不再仅是世间的美貌女性，而是成为具有美好品质，同时处于弱势的人的象征。香草美人已经由一般物象升华成具有一定文化内涵的意象。屈原以香草美人意象构建了一个复杂而巧妙的象征比喻系统，寓情于物，以物知人，极大强化了诗歌的艺术表现力。

屈原开启了我国源远流长的香草美人文学传统：诗人寄情于花花草草，以美人自比或比附他人，以夫妻或男女爱情关系比拟君臣、朋友、师生等其他社会关系，借此委婉含蓄地表达心中的复杂情志。唐代诗人朱庆余曾呈送给时任水部郎中张籍一首诗："洞房昨夜停红烛，待晓堂前拜舅姑。妆罢低声问夫婿，画眉深浅入时无？"诗中朱庆余以新妇自比，以新郎比张籍，向张籍询问自己文章的水平。张籍以诗作答："越女新妆出镜心，自知明艳更沉吟。齐纨未足时人贵，一曲菱歌敌万金。"[1]把朱庆余比作越州镜湖的采菱女，相貌既美，歌喉又好。朱庆余以新妇自比和张籍以越女比朱，继承的正是屈原开创的香草美人文学传统。

《离骚》中表现了诗人对理想孜孜不倦的追求，塑造了一个感

---

[1] （宋）尤袤著：《全唐诗话》卷三，载（清）何文焕辑《历代诗话》，中华书局1981年版，第151页。

情热烈奔放、忠贞爱国、不惜以死捍卫理想的抒情主人公形象。诗中满腔热情、怀抱崇高理想的诗人，为了实现政治追求一次次受挫。他不断地求索，却又不断地碰壁，在无情的打击中积郁下满腔的不满、伤心乃至绝望等情绪，毫无保留地用诗歌宣泄出来。《离骚》是带有屈原强烈个性的诗，是为理想不懈追求的诗，是充满激情的诗，还是充满想象和夸张的诗。诗中那一次次壮观的天界之游，驾飞龙，乘凤车，御风而行，羲和驻日，望舒先驱，飞廉奔属，等等，神话传说中的人物和事物都以诗人为中心，由其驱遣，受其指挥，构成了一幅幅奇幻、壮观、伟丽的画面，让人叹为观止。这些奇绝的想象和夸张的表现手法并非都由屈原创造，应该受到了上古神话和楚地巫风的影响，但屈原无疑是首先成功在"诗"中发扬光大了这些表现手法的人。

可以说《诗经》与以《离骚》为代表的楚辞是我国"诗"史中的两个典范、"诗"河中的两大源头、"诗"国中的两座丰碑。我国"诗"的抒情本质自此确立，表现手法日渐丰富，审美典范开始形成，"诗"开启了异彩纷呈、绚烂多姿而又精彩无比的创造发展历程！

第三章

歌诗与诵诗——两汉之"诗"

汉朝,分为西汉(前206—25)与东汉(25—220)两个历史时期,合称两汉。两汉是继秦朝之后,我国真正意义上实现大一统的繁盛朝代,是我国"汉文化"真正定型的时期。两汉时期,"诗"的内容进一步丰富。一方面,汉代人在传习、训解《诗经》过程中,对诗教和诗言志命题做了进一步阐发。另一方面,从刘邦《大风歌》为代表的楚歌到配乐演唱的乐府歌诗,从贾谊等人的骚体抒情诗到古诗十九首等文人诗,两汉诗歌有四言体、五言体、七言体、杂言等多种样式,为我国诗歌长河的不断奔流、壮大贡献着自己的力量。

一、诗言志

1. 从《诗》到诗

两汉时期,尤其是西汉初年文献中出现的"诗",首先指《诗经》。汉元朔五年(前124),汉武帝采纳了董仲舒的建议,"罢黜百家，独尊儒术"，将经过董仲舒改造的儒家思想作为官方认可的统治思想。《诗经》作为被官方认定的"五经"之一和"六艺"之首，成为官学和私学教育的主要教材，得到了广泛传播。以"诗"概指《诗经》，在儒家话语体系中尤为习用。如董仲舒说："诗、书序其志，礼、乐纯其美，易、春秋明其知。"[1]其中的"诗"显然是指作为典籍的《诗经》，而非作为文体的"诗"。伴随着儒家思想成为汉代之后历代官方统治思想，"诗"的这一所指也一直延续下来，成为有别于"诗"文学意义的一种重要内涵。

除了指《诗经》外，汉代人文献中频频出现的"诗"，开始更多指一种文体。如："赋者，古诗之流也"[2]"古有采诗之官"[3]。这两处"诗"字所指显然不是《诗经》，而是诗体。在汉代的图书分类上，也体现出"诗"已被视作一种独立体裁。《汉书·艺文志》是我国现存最早的一部文献目录，其中的《诗赋略》分列"歌诗"与"赋"两类文献，并且将赋视作"诗"发展的结果。说明汉代诗赋不仅已经与经传、诸子等相分离，而且"诗"和"赋"也被视作两种截然不同的文学体类。然而，汉代人眼中的"诗"范围是十分狭小的，仅将一些从《诗经》中直接继承而来的四言体诗、以抒情为主的骚体诗、不入乐的五言诗、七言诗等称为

---

[1] （汉）董仲舒撰，（清）凌曙注：《春秋繁露》卷一《玉杯》，中华书局1975年版，第34页。

[2] （汉）班固著：《两都赋》，载（梁）萧统编，（唐）李善注《文选》卷一，中华书局1979年版，第21页。

[3] （汉）班固撰，（唐）颜师古注：《汉书》卷三十，中华书局1962年版，第1708页。

"诗",而后人极为称道的乐府诗、楚歌等诗体,汉代人则称之为"歌""谣""辞"等。这也说明,汉代人关于"诗"的认识承自先秦,深受《诗经》传统影响,虽有一定发展变化,但仍未成熟。

诗的所指从典籍向诗体的这种演变,在"诗言志"说上也有鲜明体现。《左传》明确提出"《诗》以言志"[1],即赋《诗》言志,借用或引申《诗经》中的诗句来表达某种思想感情。这种语境下的"诗言志"所指是《诗经》这一典籍,不是泛指意义上的诗体。目前传世文献中,在《尚书·舜典》中首次出现了"诗言志":

> 帝曰:"夔,命汝典乐,教胄子。直而温,宽而栗,刚而无虐,简而无傲。诗言志,歌永言,声依永,律和声。八音克谐,无相夺伦,神人以和。"[2]

这是舜帝对乐官夔所说的一段话。今人对这段话是否真为舜帝所言大多持怀疑态度,倾向于是汉初人所补。诗言志,歌永言,声依永,律和声,高度概括了诗、歌、声、律的不同特点及相互关系。"诗言志"显然是就诗体而言。"诗言志"说提出后,被儒家纳入了道德教化和文艺批评体系,成为一个经典文艺命题。

2. 第一篇诗歌专论——《诗大序》

"诗"言何"志","诗"如何言"志",汉代人在《诗大序》中

---

1 《十三经注疏》之《春秋左传正义》卷三十八,第1997页。
2 《十三经注疏》之《尚书正义》卷二,第131页。

给出了具体答案。

汉初传授《诗经》学的共有四家，鲁之申培，齐之辕固生，燕之韩婴，赵之毛亨、毛苌，简称齐诗、鲁诗、韩诗、毛诗。鲁、齐、韩三家属今文经学，用当时通行的隶书（时称今文或今字）记录，是官方承认的学派，均有众多弟子，声势显赫，影响很大。孔安国、司马迁、刘向、班彪、班固、扬雄、张衡等都尊奉鲁、齐、韩三家诗。

毛诗学派传授的《诗经》是用古代文字写成的，又称古文学派。毛诗在西汉末年才被列于学官，东汉后期取代其他三家，成为传授《诗经》的主流学派。齐诗、鲁诗和韩诗三家则逐渐衰落，到南宋就完全失传了。今天我们看到的《诗经》就是毛诗的传本。毛诗分"序"和"传"两部分。"序"是附于每首诗题后面的题解，称《毛诗序》；"传"是对每首诗句进行训诂释义，称《毛诗故训传》，简称《毛传》。《毛诗序》又有大序、小序之分。小序是指《毛诗》三百零五篇中每篇的题解，位于各篇诗题之后、诗句之前，旨在解说题旨或本事，有时还指明写作年代或作者；大序则是在首篇《关雎》小序之后的一篇序言，因整体论及诗的特征和功能，并概括说明了《诗经》的分类和表现手法，往往被视为全部《诗经》的序言，习称《诗大序》。这篇数百字的序言大致应作于西汉前期。《诗大序》不仅备受历代经学家的重视，而且还是我国现存的第一篇诗歌专论，在我国"诗"学发展史上占有重要地位，是我们认识了解汉朝"诗"的重要文献。

《诗大序》云:

> 诗者,志之所之也,在心为志,发言为诗。情动于中而形于言,言之不足故嗟叹之,嗟叹之不足故永歌之,永歌之不足,不知手之舞之,足之蹈之也。
>
> 情发于声,声成文谓之音。治世之音安以乐,其政和;乱世之音怨以怒,其政乖;亡国之音哀以思,其民困。故正得失,动天地,感鬼神,莫近于诗。先王以是经夫妇,成孝敬,厚人伦,美教化,移风俗。
>
> 故诗有六义焉:一曰风,二曰赋,三曰比,四曰兴,五曰雅,六曰颂。上以风化下,下以风刺上,主文而谲谏,言之者无罪,闻之者足以戒,故曰风。至于王道衰,礼义废,政教失,国异政,家殊俗,而变风、变雅作矣。国史明乎得失之迹,伤人伦之废,哀刑政之苛,吟咏情性,以风其上,达于事变而怀其旧俗者也。故变风发乎情,止乎礼义。发乎情,民之性也;止乎礼义,先王之泽也。是以一国之事,系一人之本,谓之风。言天下之事,形四方之风,谓之雅。雅者,正也,言王政之所由废兴也。政有小大,故有小雅焉,有大雅焉。颂者,美盛德之形容,以其成功告于神明者也。是谓四始,诗之至也。[1]

---

[1]《十三经注疏》之《毛诗正义》卷一,第 269—272 页。

序文旗帜鲜明地提出"诗者,志之所之",这里的"诗"显然不是指作为典籍的《诗经》,而是概指诗体。诗是志的表达,是一个由志而言、由内到外的表达过程。那么,什么是"志"?序文指出"在心为志"源于"情动于中","志"与"情"是密切相关的,"志"偏重于指向一种心理状态,而且具有情感内容。诗不仅是心志、怀抱等理性表现,而且也是情感表达。诗是人内心情志自然抒发的结果。这无疑是对"诗言志"观念的重大发展,也是对诗歌情感特质开创性的论述,初步确立了我国"诗"抒情言志的艺术属性。

接着,《诗大序》又论及"诗"和时代、政治的关系,指出诗具"正得失,动天地,感鬼神"的艺术感染力和"经夫妇,成孝敬,厚人伦,美教化,移风俗"的社会功能。这是继孔子论及《诗经》"可以兴,可以观,可以群,可以怨"功能之后,汉代人对《诗经》和"诗"功能的又一次强调,对象无疑已经从《诗经》扩展至"诗",更突出其政治、教化的功能。

随后,《诗大序》提出了诗的"六义"说,即风、赋、比、兴、雅、颂。在对"六义"进行阐述中,"发乎情,止乎礼义",间接回答了"诗"如何言"志"的问题。这应该是汉代儒家为孔子删定《诗经》却仍保留大量"可以怨"诗篇所寻找到的一种合理解释,也是汉代儒家对"诗"所应表达内容的一种理解和规定。"发乎情,止乎礼义"的原则,承袭孔子"尽善"和"兴观群怨"思想,主张诗歌可以表达各种情感,但一定要符合儒家的礼义规范，这就为"诗"所表现的内容设定了一个比较好把握的框架。

《诗大序》认为"志"缘于"情动"，肯定"诗"宣导情志的正当性，同时又规定"诗言志"要"发乎情，止乎礼义"，强调思想内容纯正。这些观点在后代一直被视为诗学正统，左右着我国"诗"发展的主流方向。

二、感于哀乐，缘事而发

汉代人关于"诗"的认识与汉代诗歌（以下简称"汉诗"）的发展不是完全同步的。相比于汉代人狭窄的"诗"的认识，汉诗的发展无疑要更为丰富。汉代上自朝廷君臣，下至黎民百姓都有诗歌创作。在现存可见的汉诗中，有承袭《诗经》的四言体诗，有承袭《楚辞》的骚体诗，有已十分成熟的五言诗，也不乏整齐的七言诗，诗歌体式已十分丰富；有可以入乐演唱的乐府歌诗，也有以诵读为主的文人五言诗，均在艺术上有所创新和突破。"诗"到汉代，出现了歌诗与诵诗的区别。"从中国诗歌发展的历史进程来看，我们可以把先秦时代看成是诗与歌合一的时代，而汉代以后则是诗与歌逐渐分离的时代。"[1]汉代歌诗的代表作是乐府

---

[1] 赵敏俐著：《中国诗歌通史》（汉代卷）之《绪论》，人民文学出版社2012年版，第8页。文中"歌诗"与"诵诗"的区分也采用此书中的观点，歌诗即为可以歌唱的诗，诵诗即为以诵读为主的诗。

诗，诵诗的代表作是文人五言诗，它们也被视作汉诗的最高成就。下面，我们分别来了解一下它们在"诗"史上的价值吧。

1. 歌诗的繁盛——汉乐府诗

在汉代，诗的主流是配乐的乐府诗。汉乐府诗是我国诗歌史上继《诗经》《楚辞》之后的又一座高峰。

乐府本是负责管理音乐的机构，自秦代开始设立，汉武帝时进行了大规模扩建和发展。汉成帝末年，乐府人员已多达八百余人，成为一个规模庞大的音乐机构。汉哀帝时，下诏罢乐府官，大量裁减乐府人员，所留部分划归太乐令统辖。此后，汉代再没有乐府建制。但乐府的影响却一直存在。[1] 现存汉乐府诗多出自东汉时期，大都收录在宋代郭茂倩所编《乐府诗集》中，主要有郊庙歌辞、鼓吹曲辞、相和歌辞和杂歌歌辞，而以相和歌辞数量最多。从其作者来看，既有汉高祖刘邦、汉武帝刘彻等帝王，有乌孙公主刘细君、汉成帝嫔妃班婕妤等贵族，也有张衡、辛延年等文人，还有大量专业艺人和普通百姓。就其内容来说，有《孤儿行》《妇病行》《东门行》等表达百姓疾苦、社会苦乐不均的诗；有《鸡鸣》《相逢行》《长安有狭斜行》等表现富贵之家气象的诗；有《上邪》《有所思》《孔雀东南行》等表现爱情婚姻的诗；有《安世房中歌》《郊祀歌》等用于朝廷祭祀的乐歌；有《战城南》《上之回》等描写战争武功的诗；有《江南》等描写自然风光情致

---

[1] 赵敏俐：《汉代乐府官署兴废考论》，《文献》2009年第3期。

的诗;有《薤露》《蒿里》等挽歌;有《董逃行》《善哉行》《王子乔》等游仙诗;等等。主题十分丰富,呈现出汉代广阔多样的社会生活和汉代人丰富复杂的人生感思。班固《汉书·艺文志》云:"自孝武立乐府而采歌谣,于是有代、赵之讴,秦、楚之风,皆感于哀乐,缘事而发,亦可以观风俗,知薄厚云。"[1] "感于哀乐,缘事而发",汉乐府诗在写作精神上与《诗经》一脉相承。

与《诗经》一样,汉乐府诗也可以配乐演唱。汉乐府诗的乐曲主要是楚声和来自民间的各种新声俗乐,也有来自胡地的横吹曲和鼓吹曲。不同乐曲的特质会直接影响歌诗的语言形式和表达方式。如鼓吹乐融汇了大量北方少数民族的音乐元素,乐器以鸣笳、箫、胡角为主,乐调慷慨激昂、热烈奔放,与中原地区产生的以丝竹为主的相和乐曲有着显著不同。现存汉鼓吹铙歌十八曲是配鼓吹乐而歌的诗,相和歌辞则是配相和乐曲而歌的诗,两者的风格和形式迥然不同。如下面两首乐府诗:

上邪

上邪,我欲与君相知,长命无绝衰。山无陵,江水为竭,冬雷震震,夏雨雪,天地合,乃敢与君绝。[2]

---

1 《汉书》卷三十,第1756页。
2 (宋)郭茂倩编:《乐府诗集》卷十六,中华书局1979年版,第231页。

江南

江南可采莲,莲叶何田田。鱼戏莲叶间,鱼戏莲叶东,鱼戏莲叶西,鱼戏莲叶南,鱼戏莲叶北。[1]

《上邪》属汉鼓吹铙歌十八曲,为女子所发的相爱誓言,感情的表达热烈而奔放。《江南》属相和歌辞,描写江南采莲时的热闹情景。"莲"谐"怜",鱼戏莲叶抒发青年男女间相互爱恋的情愫,感情表达婉约含蓄。与此相呼应,《上邪》为集二、三、四、五、六、七言为一体的杂言诗,《江南》为整齐的五言诗。两首诗内容表达和表现形式的不同,应与其所配之乐有密切关联。

音乐影响下的汉乐府诗,在诗体和艺术表现上都有较大发展。《上邪》一类的汉鼓吹铙歌十八曲,句式变化多端,体现出我国杂言体诗的巨大发展。相和歌辞、杂曲歌辞中则出现了大量五言诗,不仅有《江南》一类五言体短诗,还有如《陌上桑》《孔雀东南飞》一类五言体长诗。其中《孔雀东南飞》通篇为五言体,长达357句,共1785字,属我国诗歌中罕见的长篇叙事诗。从《诗经》中零星的一些五言句子,发展到《孔雀东南飞》这样的五言长诗,我国五言体诗在汉代已经成熟。汉乐府诗是我国诗体从四言向杂言和五言嬗变中的重要一环。

汉乐府诗擅于叙事。我国诗歌的两大源头《诗经》和《楚辞》,都以抒情为主。《诗经》除《大雅》的《生民》《公刘》等小

---

[1]《乐府诗集》卷二十六,第384页。

型史诗以及《国风》的《七月》《氓》等少数有较强叙事性的作品外，多数是抒情诗。《楚辞》中尽管也叙写了诗人的身世、思想和境遇，但多以比附、象征等含蓄方式道出，叙述中饱含着诗人强烈的喜怒爱憎，根本上仍是服务于抒情的。汉乐府诗中出现了大量叙事性描写，如《妇病行》《孤儿行》《东门行》《艳歌行》《上山采蘼芜》《二五从军征》《陇西行》《相逢行》《长安有狭斜行》《长歌行》《艳歌》《步出夏门行》等。最具代表性的当数《陌上桑》和《孔雀东南飞》两诗：

陌上桑

　　日出东南隅，照我秦氏楼。秦氏有好女，自名为罗敷。罗敷喜蚕桑，采桑城南隅。青丝为笼系，桂枝为笼钩。头上倭堕髻，耳中明月珠。缃绮为下裙，紫绮为上襦。行者见罗敷，下担捋髭须；少年见罗敷，脱帽著帩头。耕者忘其犁，锄者忘其锄。来归相怨怒，但坐观罗敷。

　　使君从南来，五马立踟蹰。使君遣吏往，问是谁家姝？"秦氏有好女，自名为罗敷。""罗敷年几何？""二十尚不足，十五颇有余。"使君谢罗敷："宁可共载不？"罗敷前置辞："使君一何愚。使君自有妇，罗敷自有夫。"

　　"东方千余骑，夫婿居上头。何用识夫婿？白马从骊驹。青丝系马尾，黄金络马头，腰中鹿卢剑，可值千万余。十五府小吏，二十朝大夫，三十侍中郎，四十专城居。为人洁白皙，鬑鬑颇有须。盈盈公府步，冉冉府中趋。坐中数千人，皆言夫婿殊。"[1]

《陌上桑》一名《艳歌罗敷行》，见于《宋书·乐志》；又名《日出东南隅行》，见于南朝徐陵的《玉台新咏》；郭茂倩《乐府诗集》将其列入"相和歌辞"。此诗讲述了一个美貌女子机智应对使君的故事，重在叙事而鲜少抒情，呈现出与抒情诗迥然有别的故事性、情境感和画面感。诗人写罗敷之美，不做正面直接刻画，而是形象描绘行者、少年、耕者等旁观者忘形失态的情状，侧面烘托罗敷容貌之美，别具一种鲜活传神的情致。诗中叙写罗敷与使君一问一答的机智对话，罗敷对夫婿的夸耀，都不吝笔墨，细致详实，让一位美貌、聪慧、活泼的女子形象跃然纸上。人物形象的成功塑造正是基于诗中叙事手法的巧妙运用，罗敷自此成为古代美女的一个代表，屡屡被后代诗人所吟咏。

孔雀东南飞

汉末建安中，庐江府小吏焦仲卿妻刘氏，为仲卿母所遣，自誓不嫁，其家逼之，乃投水而死。仲卿闻之，亦自缢于庭树。时人伤之，为诗云尔。

孔雀东南飞，五里一徘徊。"十三能织素，十四学裁衣。

---

[1] 《乐府诗集》卷二十八，第 410—411 页。

第三章
歌诗与诵诗——两汉之"诗"

十五弹箜篌,十六诵诗书。十七为君妇,心中常苦悲。君既为府吏,守节情不移。贱妾留空房,相见常日稀。鸡鸣入机织,夜夜不得息。三日断五匹,大人故嫌迟。非为织作迟,君家妇难为。妾不堪驱使,徒留无所施。便可白公姥,及时相遣归。"

府吏得闻之,堂上启阿母:"儿已薄禄相,幸复得此妇。结发同枕席,黄泉共为友。共事三二年,始尔未为久。女行无偏斜,何意致不厚?"阿母谓府吏:"何乃太区区!此妇无礼节,举动自专由。吾意久怀忿,汝岂得自由!东家有贤女,自名秦罗敷。可怜体无比,阿母为汝求。便可速遣之,遣去慎莫留。"府吏长跪告:"伏惟启阿母,今若遣此妇,终老不复取。"阿母得闻之,槌床便大怒:"小子无所畏,何敢助妇语!吾已失恩义,会不相从许。"

府吏默无声,再拜还入户。举言谓新妇,哽咽不能语:"我自不驱卿,逼迫有阿母。卿但暂还家,吾今且报府。不久当归还,还必相迎取。以此下心意,慎勿违吾语。"新妇谓府吏:"勿复重纷纭!往昔初阳岁,谢家来贵门。奉事循公姥,进止敢自专?昼夜勤作息,伶俜萦苦辛。谓言无罪过,供养卒大恩。仍更被驱遣,何言复来还?妾有绣腰襦,葳蕤自生光。红罗复斗帐,四角垂香囊。箱帘六七十,绿碧青丝绳。物物各自异,种种在其中。人贱物亦鄙,不足迎后人。留待作遗施,于今无会因。时时为安慰,久久莫相忘。"

鸡鸣外欲曙,新妇起严妆。著我绣袷裙,事事四五通。足下蹑丝履,头上玳瑁光。腰若流纨素,耳著明月珰。指如削葱根,口如含朱丹。纤纤作细步,精妙世无双。上堂拜阿母,阿母怒不止。"昔作女儿时,生小出野里。本自无教训,兼愧贵家子。受母钱帛多,不堪母驱使。今日还家去,念母劳家里。"却与小姑别,泪落连珠子。"新妇初来时,小姑始扶床。今日被驱遣,小姑如我长。勤心养公姥,好自相扶将。初七及下九,嬉戏莫相忘。"出门登车去,涕落百余行。

府吏马在前,新妇车在后。隐隐何甸甸,俱会大道口。下马入车中,低头共耳语:"誓不相隔卿,且暂还家去。吾今且赴府,不久当还归,誓天不相负。"新妇谓府吏:"感君区区怀。君既若见录,不久望君来。君当作磐石,妾当作蒲苇。蒲苇纫如丝,磐石无转移。我有亲父兄,性行暴如雷。恐不任我意,逆以煎我怀。"举手长劳劳,二情同依依。

入门上家堂,进退无颜仪。阿母大拊掌:"不图子自归!十三教汝织,十四能裁衣。十五弹箜篌,十六知礼仪。十七遣汝嫁,谓言无誓违。汝今何罪过,不迎而自归?"兰芝惭阿母:"儿实无罪过。"阿母大悲摧。

第三章
歌诗与诵诗——两汉之"诗"

还家十余日,县令遣媒来。云"有第三郎,窈窕世无双。年始十八九,便言多令才"。阿母谓阿女:"汝可去应之。"阿女含泪答:"兰芝初还时,府吏见丁宁,结誓不别离。今日违情义,恐此事非奇。自可断来信,徐徐更谓之。"阿母白媒人:"贫贱有此女,始适还家门。不堪吏人妇,岂合令郎君?幸可广问讯,不得便相许。"

媒人去数日,寻遣丞请还。说"有兰家女,丞籍有宦官"。云"有第五郎,娇逸未有婚。遣丞为媒人,主簿通语言"。直说"太守家,有此令郎君。既欲结大义,故遣来贵门"。阿母谢媒人:"女子先有誓,老姥岂敢言?"阿兄得闻之,怅然心中烦。举言谓阿妹:"作计何不量!先嫁得府吏,后嫁得郎君。否泰如天地,足以荣汝身。不嫁义郎体,其往欲何云?"兰芝仰头答:"理实如兄言。谢家事夫婿,中道还兄门。处分适兄意,那得自任专!虽与府吏要,渠会永无缘。登即相许和,便可作婚姻。"媒人下床去,诺诺复尔尔。还部白府君:"下官奉使命,言谈大有缘。"府君得闻之,心中大欢喜。视历复开书,便利此月内,六合正相应。"良吉三十日,今已二十七,卿可去成婚。"交语速装束,络绎如浮云。青雀白鹄舫,四角龙子幡。婀娜随风转,金车玉作轮。踯躅青骢马,流苏金镂鞍。赍钱三百万,皆用青丝穿。杂彩三百匹,交广市鲑珍。从人四五百,郁郁登郡门。

阿母谓阿女："适得府君书，明日来迎汝。何不作衣裳？莫令事不举！"阿女默无声，手巾掩口啼，泪落便如泻。移我琉璃榻，出置前窗下。左手持刀尺，右手执绫罗。朝成绣裌裙，晚成单罗衫。晻晻日欲暝，愁思出门啼。府吏闻此变，因求假暂归。未至二三里，摧藏马悲哀。新妇识马声，蹑履相逢迎。怅然遥相望，知是故人来。举手拍马鞍，嗟叹使心伤。"自君别我后，人事不可量。果不如先愿，又非君所详。我有亲父母，逼迫兼弟兄。以我应他人，君还何所望！"府吏谓新妇："贺卿得高迁！磐石方且厚，可以卒千年；蒲苇一时纫，便作旦夕间。卿当日胜贵，吾独向黄泉。"新妇谓府吏："何意出此言？同是被逼迫，君尔妾亦然。黄泉下相见，勿违今日言！"执手分道去，各各还家门。生人作死别，恨恨那可论！念与世间辞，千万不复全。

府吏还家去，上堂拜阿母："今日大风寒，寒风摧树木，严霜结庭兰。儿今日冥冥，令母在后单。故作不良计，勿复怨鬼神！命如南山石，四体康且直。"阿母得闻之，零泪应声落。"汝是大家子，仕宦于台阁。慎勿为妇死，贵贱情何薄。东家有贤女，窈窕艳城郭。阿母为汝求，便复在旦夕。"府吏再拜还，长叹空房中，作计乃尔立。转头向户里，渐见愁煎迫。

其日牛马嘶，新妇入青庐。奄奄黄昏后，寂寂人定初。"我命绝今日,魂去尸长留。"揽裙脱丝履,举身赴清池。府吏闻此事,心知长别离。徘徊顾树下,自挂东南枝。

两家求合葬,合葬华山傍。东西植松柏,左右种梧桐。枝枝相覆盖,叶叶相交通。中有双飞鸟,自名为鸳鸯。仰头相向鸣,夜夜达五更。行人驻足听,寡妇起彷徨。多谢后世人,戒之慎勿忘。[1]

这首诗最早见于南朝徐陵所编《玉台新咏》,题为《古诗为焦仲卿妻作》。宋代郭茂倩《乐府诗集》中将其列入"杂曲歌辞"中,题为《焦仲卿妻》。后人取其首句为题称之《孔雀东南飞》。此诗作于东汉建安时期,属于汉乐府诗中产生时间较晚的诗篇,也一向被视作汉乐府中最成熟的叙事长诗。诗中完整记述了一起家庭婚姻悲剧,先后叙写了刘兰芝自请遣归、焦仲卿向母求情、焦母逼儿休妻、夫妻依依离别、媒人上门提亲、阿兄逼嫁、兰芝仲卿约定殉情等一系列情节,故事脉络清晰连贯,矛盾冲突扣人心弦。全诗三百五十多句,有二百多句是人物对话。诗人借助大量富有个性的人物对话完成了叙事。清人沈德潜赞道:"淋淋漓漓,反反复复,杂述十数人口中语,而各肖其声音面目,岂非化工之笔!"[2]

---

[1] 吴冠文、谈蓓芳、章培恒汇校:《玉台新咏汇校》,上海古籍出版社2011年版,第80—91页。

[2] (清)沈德潜选:《古诗源》卷四,中华书局1963年版,第87页。

刘兰芝勤劳、善良、美丽、刚烈、忠贞，焦仲卿温良、恭顺、是非分明又忠于爱情，焦母蛮横无理，刘兄暴烈势利，刘母慈爱明理，诗中人物形象的鲜明性格通过惟妙惟肖的对话一一凸显出来。

作为一首长篇叙事诗，《孔雀东南飞》对故事所作的详略不同的合理剪裁和情节上前后呼应的精妙安排也特别让人称道。"作诗贵剪裁。入手若叙两家家世，末端若叙两家如何悲恸，岂不冗慢拖沓？故竟以一二语了之，极长诗中具有剪裁也。"[1]的确，诗中先是描写刘兰芝内心的郁结，紧接着抓住焦母不满兰芝、兰芝与仲卿被迫分离、两人双双殉情等情节进行详写，而对两人死后仅以"两家求合葬，合葬华山傍"两句一带而过，详处极详，略处极略，尽显叙事剪裁之巧妙。可以说，《孔雀东南飞》叙事手法之高超是空前的，成为我国叙事诗走向成熟的重要标志。

作为一首动人心弦的诗作，《孔雀东南飞》的成功也离不开赋、比、兴手法的巧妙运用。开篇以"孔雀东南飞，五里一徘徊"起兴，形容出刘兰芝、焦仲卿二人的彼此顾恋，奠定了全诗的哀婉情调；中间，磐石和蒲苇的比喻两次出现，一次由刘兰芝说出，一次由焦仲卿说出，但内容有别，正反两面表现了刘、焦二人的态度，形象生动；结尾，松柏、梧桐的枝枝覆盖和叶叶相交，鸳鸯双双和鸣，不乏虚构的想象笔法中寄寓人们的美好愿望，也使

---

[1]《古诗源》卷四，第87页。

刘、焦二人的爱情得到了升华。诗中运用排比式句法形容刘兰芝才艺俱佳，运用铺叙手法细致描写刘兰芝的精心装扮和太守聘礼的丰厚，不仅让诗增添了画面的美感，而且穿插于人物对话中，还有调节叙事节奏、增添诗歌情韵的妙用。整首诗因此也具有了流丽宛转、摇曳生姿的审美韵味。

与先秦时期的《诗经》和《楚辞》相比，汉乐府诗在叙事的表现内容、繁复程度以及叙事手法上都有了长足发展。魏晋以后，汉乐府诗的叙事精神和叙事技巧逐渐成为一种"乐府传统"，对我国"诗"的发展产生了重要影响。

2. 诵诗的兴起——文人五言诗

与乐府诗可以配乐而歌不同，一部分汉代"诗"或者因年代久远音乐消亡，或者本就没有配乐歌唱，成为一种脱离音乐而存在的"徒诗"。这部分只适用于诵读的徒诗即为"诵诗"。

汉代的诵诗包括已经不能歌唱的四言体诗、一部分以抒情为主的骚体诗和文人五言诗、七言诗等。这些诵诗的主要作者是汉代文人。文人是汉代开始出现的一个群体和阶层。他们是在先秦"士"阶层的基础上发展而来的，受过各种私学或官学教育，博览多闻，能撰述各类文章。从汉代开始，文人成为"诗"的主要作者群体。汉代文人不仅创作四言诗、骚体诗，也创作了大量五言诗、七言诗；除了参与乐府歌诗的创作外，更创作了大量诵诗。文人的加入，极大提高了"诗"的思想性、技巧性和艺术性。

汉代诵诗中成就最高的是以《古诗十九首》为代表的文人五言诗。《古诗十九首》是十九首无法考证作者的汉代五言诗，每篇均以首句为题，最早由南朝梁萧统编入《文选》"杂诗"类，统一名之为"古诗十九首"。其作者大都是失意的文人，创作时间约在东汉中晚期。刘勰《文心雕龙·明诗》赞其为"五言之冠冕"[1]，钟嵘《诗品》赞其"惊心动魄，可谓几乎一字千金"[2]，明王世贞更称其为"千古五言之祖"[3]。

行行重行行

行行重行行，与君生别离。
相去万余里，各在天一涯。
道路阻且长，会面安可知？
胡马依北风，越鸟巢南枝。
相去日已远，衣带日已缓。
浮云蔽白日，游子不顾反。
思君令人老，岁月忽已晚。
弃捐勿复道，努力加餐饭。

青青河畔草

青青河畔草，郁郁园中柳。
盈盈楼上女，皎皎当窗牖。
娥娥红粉妆，纤纤出素手。
昔为倡家女，今为荡子妇。
荡子行不归，空床难独守。

---

1 （梁）刘勰著，范文澜注：《文心雕龙》，人民文学出版社1958年版，第66页。
2 （梁）钟嵘著，陈延杰注：《诗品注》卷上，人民文学出版社1961年版，第17页。
3 （明）王世贞著：《艺苑卮言》卷二，载丁福保辑《历代诗话续编》，中华书局1983年版，第978页。

青青陵上柏

青青陵上柏,磊磊涧中石。
人生天地间,忽如远行客。
斗酒相娱乐,聊厚不为薄。
驱车策驽马,游戏宛与洛。
洛中何郁郁,冠带自相索。
长衢罗夹巷,王侯多第宅。
两宫遥相望,双阙百余尺。
极宴娱心意,戚戚何所迫?

今日良宴会

今日良宴会,欢乐难具陈。
弹筝奋逸响,新声妙入神。
令德唱高言,识曲听其真。
齐心同所愿,含意俱未申。
人生寄一世,奄忽若飙尘。
何不策高足,先据要路津?
无为守穷贱,轗轲长苦辛。

西北有高楼

西北有高楼,上与浮云齐。
交疏结绮窗,阿阁三重阶。
上有弦歌声,音响一何悲!
谁能为此曲?无乃杞梁妻。
清商随风发,中曲正徘徊。
一弹再三叹,慷慨有余哀。
不惜歌者苦,但伤知音稀。
愿为双鸿鹄,奋翅起高飞。

涉江采芙蓉

涉江采芙蓉,兰泽多芳草。
采之欲遗谁?所思在远道。
还顾望旧乡,长路漫浩浩。
同心而离居,忧伤以终老。

明月皎夜光

明月皎夜光，促织鸣东壁。
玉衡指孟冬，众星何历历。
白露沾野草，时节忽复易。
秋蝉鸣树间，玄鸟逝安适？
昔我同门友，高举振六翮。
不念携手好，弃我如遗迹。
南箕北有斗，牵牛不负轭。
良无盘石固，虚名复何益？

庭中有奇树

庭中有奇树，绿叶发华滋。
攀条折其荣，将以遗所思。
馨香盈怀袖，路远莫致之。
此物何足贡？但感别经时。

冉冉孤生竹

冉冉孤生竹，结根泰山阿。
与君为新婚，兔丝附女萝。
兔丝生有时，夫妇会有宜。
千里远结婚，悠悠隔山陂。
思君令人老，轩车来何迟。
伤彼蕙兰花，含英扬光辉。
过时而不采，将随秋草萎。
君亮执高节，贱妾亦何为？

迢迢牵牛星

迢迢牵牛星，皎皎河汉女。
纤纤擢素手，札札弄机杼。
终日不成章，泣涕零如雨。
河汉清且浅，相去复几许？
盈盈一水间，脉脉不得语。

回车驾言迈

回车驾言迈，悠悠涉长道。

四顾何茫茫，东风摇百草。

所遇无故物，焉得不速老？

盛衰各有时，立身苦不早。

人生非金石，岂能长寿考？

奄忽随物化，荣名以为宝。

驱车上东门

驱车上东门，遥望郭北墓。

白杨何萧萧，松柏夹广路。

下有陈死人，杳杳即长暮。

潜寐黄泉下，千载永不寤。

浩浩阴阳移，年命如朝露。

人生忽如寄，寿无金石固。

万岁更相送，贤圣莫能度。

服食求神仙，多为药所误。

不如饮美酒，被服纨与素。

东城高且长

东城高且长，逶迤自相属。

回风动地起，秋草萋已绿。

四时更变化，岁暮一何速。

晨风怀苦心，蟋蟀伤局促。

荡涤放情志，何为自结束？

燕赵多佳人，美者颜如玉。

被服罗裳衣，当户理清曲。

音响一何悲，弦急知柱促。

驰情整中带，沉吟聊踯躅。

思为双飞燕，衔泥巢君屋。

去者日以疏

去者日以疏，生者日以亲。

出郭门直视，但见丘与坟。

古墓犁为田，松柏摧为薪。

白杨多悲风，萧萧愁杀人。

思还故里闾，欲归道无因。

生年不满百

生年不满百,常怀千岁忧。
昼短苦夜长,何不秉烛游?
为乐当及时,何能待来兹?
愚者爱惜费,但为后世嗤。
仙人王子乔,难可与等期。

孟冬寒气至

孟冬寒气至,北风何惨栗。
愁多知夜长,仰观众星列。
三五明月满,四五詹兔缺。
客从远方来,遗我一书札。
上言长相思,下言久离别。
置书怀袖中,三岁字不灭。
一心抱区区,惧君不识察。

凛凛岁云暮

凛凛岁云暮,蝼蛄夕鸣悲。
凉风率已厉,游子寒无衣。
锦衾遗洛浦,同袍与我违。
独宿累长夜,梦想见容辉。
良人惟古欢,枉驾惠前绥。
愿得常巧笑,携手同车归。
既来不须臾,又不处重闱。
亮无晨风翼,焉能凌风飞?
眄睐以适意,引领遥相睎。
徙倚怀感伤,垂涕沾双扉。

客从远方来

客从远方来,遗我一端绮。
相去万余里,故人心尚尔。
文彩双鸳鸯,裁为合欢被。
著以长相思,缘以结不解。
以胶投漆中,谁能别离此。

明月何皎皎

明月何皎皎，照我罗床帏。

忧愁不能寐，揽衣起徘徊。

客行虽云乐，不如早旋归。

出户独彷徨，愁思当告谁。

引领还入房，泪下沾裳衣。[1]

从内容上看，《古诗十九首》主要表现了游子思妇的离愁别怨和游子的失志伤时、及时行乐、世态炎凉、人生无常等世俗情感，其中又以抒发游子思妇情思最为集中。如《行行重行行》《青青河畔草》《涉江采芙蓉》《冉冉孤生竹》《庭中有奇树》《迢迢牵牛星》《凛凛岁云暮》《孟冬寒气至》《客从远方来》《明月何皎皎》，写的都是相思之情，而且多以女子口吻来写对游子的思念。《诗经》中就已出现了游子思妇题材，如《卫风·伯兮》《王风·君子于役》都是脍炙人口的思妇诗。《古诗十九首》集中抒发游子思妇的离愁别怨，所写情感之强烈、所用手法之多样和艺术感染力之强都较《诗经》有了很大发展。如《孟冬寒气至》一诗，开篇六句摹写初冬气候和愁观天象，"愁多知夜长，仰观众星列。三五明月满，四五詹兔缺"四句，主人公因愁而观景，

---

1 《文选》卷二九，第409—412页。

所观之"景"中也带有了深深的"愁"。主人公所为何愁？引发读者想象。中间四句叙写游子寄来家书，道出游子与主人公的长久分离和游子对主人公的深刻思念。最后四句叙事兼抒情，摹写主人公对游子家书的珍爱，含蓄表达思妇对游子的深沉感情。整首诗因事生情，以情观景，景中带情，景、事、情融为一体，形成了一个浑然完融的艺术世界。值得注意的是，《孟冬寒气至》与《客从远方来》都写思妇对游子所寄之物（一为书札，一为绮）的反应；《孟冬寒气至》与《明月何皎皎》共同摹写思妇深夜因相思而忧愁不寐。相似的情节却并未有雷同之感，反而因表现手法的多样和表达情感的细腻给人以不同的审美感受。《古诗十九首》中思妇的离愁别怨是多层次的，有对音讯不通的游子的牵挂、担忧和思念，有因游子所寄音讯、信物而产生的激动、欣喜、珍爱，有与游子相亲相敬、白头偕老的期冀、畅想与欢欣，有因忧心游子变心的不安、烦恼，有独守空房的孤单、愁苦，等等，生动表现了思妇的百转千愁。《古诗十九首》这种对游子思妇离愁别怨的多样抒写，将我国同主题诗的思想性和艺术性大大向前推进了一步，对后世爱情诗、思妇诗产生了深刻影响。

图：(明)陈道复《陈道复草书〈古诗十九首〉卷》(局部)，草书，纸本，全卷纵30.5厘米，横711.7厘米，北京故宫博物院藏

《古诗十九首》中还流露出强烈的生命意识。如《驱车上东门》："浩浩阴阳移，年命如朝露。人生忽如寄，寿无金石固。"《青青陵上柏》："人生天地间，忽如远行客。"《今日良宴会》："人生寄一世，奄忽若飙尘。"《冉冉孤生竹》："伤彼蕙兰花，含英扬光辉。过时而不采，将随秋草萎。"《回车驾言迈》："人生非金石，岂能长寿考。"这些都是对生命短促的感叹。这种感叹在《诗经》

和《楚辞》中虽已出现，但显然没有这组诗表现得集中和强烈。汉代文人已敏锐感受到生命在天地之间的脆弱与短暂，品味到命运的无常与无情。他们内心郁郁，充满无力感和紧迫感，做出了或及时行乐，或时不我待、建功立业的不同选择。他们将这些生命感受和人生感悟毫不掩饰地在诗中表现出来，在情感上打动人的同时，赋予诗浓郁的哲思意味。《古诗十九首》中流露的这种人生意识，在魏晋南北朝时期被进一步发扬，成为"诗"的中心题旨之一。

　　《古诗十九首》承继了《诗经》《楚辞》的抒情传统。整组诗以抒情为主，巧妙地将叙事和摹景融合在一起，因事生情，触景生情，以事达理，以景传情，创造出事（景）、情、理交融的艺术境界。如《回车驾言迈》，诗人由漫漫路途中万物欣欣向荣的景象生出人生短暂、无所成就的怅惘，进而发出只有美名能令生命不朽的感喟。诗前四句以景物起兴，"摇"字生动传达了风中春草之神。"所遇"二句由景入情，是一篇之枢纽。此后诗人以二句一层，感慨功名未成、人生无常，应及早建功立业，层层转进地表达了思想感情的逐渐深入。整首诗在情景交融以及谋篇布局方面，颇为用心，体现出与汉乐府民歌不同的文人诗特色。又如《今日良宴会》一诗，诗人由一场宴会而触发郁积心中的不平之气，发出了深沉感叹。这种感叹建立于生命短暂和命运不公的体悟上，凝结着诗人期冀建功立业与现实碰壁的痛苦。情由事发，理由情生，情与理的抒发都水到渠成，不矫揉，不造作，直达读者心扉。《古诗十九首》创造的这种艺术境界，使"诗"摆脱了简单的抒情、叙事和摹景，带给人深刻的审美感受。《古诗十九首》以其艺术水准当之无愧地成为汉代文人诗的卓越代表。

《古诗十九首》在我国五言诗发展史上具有重要地位。五言诗相较于四言诗，每句只多了一个字，却带来音律节奏和语言结构的巨大变化，让"诗"的内容表现更为丰富饱满，艺术手段更为复杂多样。四言诗每句四字，一般以两个字为一节奏，通篇节奏一致。如《诗经·秦风·无衣》首章节奏："岂曰//无衣，与子//同袍。王于//兴师，修我//戈矛，与子//同仇。"五言诗每句五个字，较四字的节奏多了许多变化。如《迢迢牵牛星》中"迢迢//牵牛//星，皎皎//河汉//女"两句的句子节奏就同"纤纤//擢//素手，札札//弄//机杼"两句不同。五言诗这种节奏上的丰富变化能够带来更多样的声音美感，极大提高了"诗"的音律之美。五言较四言还大幅度扩大了句子所能表达的内容容量。有时，一句五言可以表达的意思，换作四言就需要两句才能完整表达。如《行行重行行》中"越鸟巢南枝"一句，就相当于《诗经·周南·葛覃》中的"黄鸟于飞，集于灌木"两句。因此，同样篇幅的五言诗比四言诗所能表现的内容要丰富和复杂得多。《古诗十九首》体现了五言相较于四言的这些优势。它的语言浅近自然，却又极为精炼准确，具有高度的概括性和丰富的表现力；它的节奏不再板滞，更多流动和变化之美；它可以自如地进行多样表达，章法结构整体浑融。由此可见，五言诗取代四言诗，成为我国"诗"的主流诗体，实属顺理成章。

第四章

缘情与声律——魏晋南北朝之"诗"

魏晋南北朝，上承两汉，下接隋唐，是一个朝代更替频繁、社会动荡不安的时期。此时，"诗"的内涵较两汉时期有了巨大发展："诗缘情"说强调诗的抒情功能；诗的形式美和声律美得以凸显；"诗体"意识自觉而深入；"诗史"观见识深刻。诗在士人间得到广泛普及。一时间四言中兴，五言腾踊，七言成熟，诗体屡迁的同时，逐渐由古体向近体过渡；咏怀、咏史、游仙、玄言、田园、山水、悼亡等各种题材的诗歌门类纷纷成熟，诗的艺术表现力得到巨大开掘。魏晋南北朝诗迈出了攀向艺术高峰的坚实步伐，为唐代诗的繁盛储备好了充足营养！

一、诗缘情而绮靡

"诗缘情而绮靡"出自陆机《文赋》，这里用来概括魏晋南北朝时期"诗"的转向，即高扬"情"的内容表达；重视诗体特有的艺术美；有关"诗体"和"诗史"的认识进一步深化。

1. "诗言志"到"诗缘情"

东汉末年,战乱频仍,大一统格局被打破,儒学的官方正统思想地位受到冲击。魏晋士大夫转而崇尚老子和庄子,醉心于论辩,甚至援引老、庄思想注解儒家经义,形成了一种融合儒、道两家思想的玄学思潮。玄学提倡自然人道,反对礼乐对人情志的制约。人的自然之"情"受到了前所未有的高度认可。受此影响,士人对"诗"的认识也发生了一定转变。标举"诗"的抒情本质是其中一个具体表现。

陆机"诗缘情"说是在魏晋时期儒学衰微和玄学兴起背景下出现的。陆机(261—303),字士衡,西晋著名文学家和书法家,与弟陆云合称"二陆",被誉为"太康之英"。其所作《平复帖》,是古代存世最早的名人法书真迹,有"法帖之祖"的美誉。陆机所作《文赋》专论文章创作,是历代公认的文艺理论名篇。陆机在《文赋》中首次提出"诗缘情而绮靡,赋体物而浏亮",将

图:(晋)陆机《平复帖》卷,纸本,手卷,纵23.7厘米,横20.6厘米,北京故宫博物院藏

图：(唐)陆柬之书《文赋》(局部)，行书，纸本墨迹，台北故宫博物院藏

"诗"与"赋"对举，明确区分了两者在文体上的不同。"诗"为"缘情"，而"赋"为"体物"，亦即"诗"是抒发诗人内心感情的，而"赋"是描写外在事物的。"诗缘情"说肯定"诗"与"情"的本质关联，确立了"诗"这一文体与其他文体的根本区别。"缘情"的"缘"指"凭借，依靠"，"情"虽与"志"有密切关联，但毕竟不同于"志"。《礼记·礼运》："何谓人情？喜、怒、哀、惧、爱、恶、欲，七者弗学而能。"[1] "情"是人作为生命体的主观感受，既包括人的生物本能反应，也包含一定的道德、理想、志向等精神活动。因此，"情"的范围比"志"更加丰富和复杂。应该说，"诗言志"说并非完全否定情感的抒发，但以《诗大序》为代表的儒家正统观点主张"发乎情，止乎礼义"，即情感的抒发一定要符合儒家的伦理道德规范。陆机"诗缘情"说大力标举"情"而不提"礼义"，实际上有使诗的抒情摆脱"止乎礼义"束缚的巨大作用，为"诗"开辟了更广阔的发展空间。

陆机之后，"诗"的抒情本质愈发深入人心。刘勰《文心雕

---

[1] 《十三经注疏》之《礼记正义》卷二十二，第1422页。

第四章
缘情与声律——魏晋南北朝之"诗"

龙》"昔诗人什篇，为情而造文"[1]，单独拈出"情"在"诗"创作中的重要性。钟嵘《诗品》为我国现存的第一部诗论专著，其序文云：

> 若乃春风春鸟，秋月秋蝉，夏云暑雨，冬月祁寒，斯四候之感诸诗者也。嘉会寄诗以亲，离群托诗以怨。至于楚臣去境，汉妾辞官，或骨横朔野，或魂逐飞蓬；或负戈外戍，杀气雄边；塞客衣单，孀闺泪尽；或士有解佩出朝，一去忘返；女有扬蛾入宠，再盼倾国；凡斯种种，感荡心灵，非陈诗何以展其义？非长歌何以骋其情？[2]

这段话用诗一样的语言描述了"诗"缘情而生和"诗"在抒发情感方面的巨大作用。无论是春夏秋冬四季的自然物候之感，还是楚臣、汉妾、塞客、孀闺、贬官、宠妃等各色人等的人事之情，都要用"诗"才能得以抒发和排解。钟嵘摒弃《诗大序》"经夫妇、成孝敬、厚人伦、美教化、移风俗"的"诗教"观，专门强调"诗"感天动力的审美力量。钟嵘以"情"观"诗"，倡导因"情"作"诗"、"诗"以"情"动人，从根本上确立了"诗"的抒情本质。

---

1 《文心雕龙》，第538页。
2 《诗品注》，第2—3页。

2. "诗体"与"诗史"观

汉代，诗赋已经与经传、诸子等相分离，独立为一类。汉代人已初具"诗体"意识。魏晋以后，士人的文体意识更加自觉而深入，出现了众多论及"诗体"特色和"诗史"发展的文章。

魏文帝曹丕《典论·论文》认为"夫文本同而末异，盖奏议宜雅，书论宜理，铭诔尚实，诗赋欲丽"[1]，指出了八种文体的不同特点，并首次用"丽"来概括"诗"的审美特征。

陆机《文赋》将"诗"与赋、碑、诔、铭、箴、颂、论、奏、说等文体并列，并在曹丕"诗赋欲丽"基础上区分出"诗缘情而绮靡，赋体物而浏亮"的不同文体特征。"绮靡"指华丽、浮艳，比"丽"在内涵上更加具体。《文赋》中还指出"其为物也多姿，其为体也屡迁"，表明陆机已有明确的文体流变意识。

晋人挚虞编纂了我国第一部文章总集《文章流别集》。此书早已亡佚，仅有《文章流别志论》部分残存。在这些残存文字中，挚虞论述到的文体有颂、赋、诗、七、箴、铭、诔、哀辞、哀策、对问、碑铭诸类，除说明各体文章的性质和起源外，还很注意各体文章的发展变化。在论"诗"时，挚虞说："诗之流也，有三言、四言、五言、六言、七言、九言。"[2]并对各体"诗"进行举例说明。显然，挚虞不仅清晰地认识到"诗"作为文体的独立存

---

1 《文选》卷五二，第720页。
2 （唐）欧阳询撰，汪绍楹校：《艺文类聚》五十六《诗赋》，上海古籍出版社1965年版，第1018页。

在，还指出了"诗"体内部句式的变化，对诗歌体式进行了初步讨论。

作为我国第一部有严密体系的文学理论专著，齐梁时期刘勰的《文心雕龙》论及骚、诗、乐府、诠、赋等33类文体，在历史上第一次系统梳理了众文体的名义、源流、代表作家作品和作法等，体现出清晰的文体意识。刘勰在承继"诗言志"说的同时，沿用汉代《诗纬·含神雾》将"诗"训为"持"的说法，强调其"持人情性"的作用。紧接着，刘勰追溯诗的起源，梳理了先秦、汉代直至建安、晋、南朝宋时期诗的创作发展变化。其中，详细论述四言诗到五言诗的发展历史，对各个朝代代表作家的创作特色进行了总结概括。文中特别指出："若夫四言正体，则雅润为本；五言流调，则清丽居宗，华实异用，惟才所安。"[1] 尊四言诗为正体，视五言诗为流调，表现出刘勰诗学思想保守的一面；但他以"雅润""清丽"分别概括四言和五言的风格特色，比曹丕、陆机的论"诗"无疑更加深入细致。

钟嵘《诗品》比《文心雕龙》的写作稍晚数年。在此书序文中，钟嵘除了充分肯定"情"对于"诗"的重要性，还指出四言诗"文繁意少"，五言诗则"指事造形，穷情写物，最为详切"，[2] 五言诗的艺术表现力高于四言诗，明确肯定了五言诗的诗体主体地位。这比《文心雕龙》的相关见解更具历史发展的眼光。钟嵘

---

[1] 《文心雕龙》，第67页。
[2] 《诗品注》，第2页。

已有明晰的诗史意识，他把"诗"分为源出《国风》、源出《小雅》、源出《楚辞》三系，体现出以《诗经》《楚辞》为"诗"之源头的见解。评论每位诗人时，钟嵘常指出其诗源出某家，有何特色。如评谢灵运指出："其源出于陈思（曹植）。杂有景阳（张协）之体，故尚巧似，而逸荡过之，颇以繁富为累。"[1] "景阳之体"外，《诗品》中还提到了"仲宣（王粲）之体""永嘉平淡之体"等。显然，此处的"诗体"不再是"诗"作为文学体类的区分，也不再是句式不同所形成的体裁之"体"，而是基于诗作形貌特征所区分的风格之"体"。这表明，钟嵘在注意到"诗"之作为独立体类的同时，开始以诗人和时代来区分诗体，对"诗"的认识已大大深化和系统化。

《文心雕龙》和《诗品》之后，梁朝太子萧统召集文士编选了《文选》。这是我国现存最早的一部诗文总集，其中将文体区分为赋、诗、骚等38个类别（还有39类一说），赋和诗又再分若干小类，如"诗"具体分为补亡、述德、劝励、献诗、公宴、祖饯、咏史、百一、游仙、招隐、反招隐、游览、咏怀、哀伤、赠答、行旅、军戎、郊庙、乐府、挽歌、杂歌、杂诗、杂拟等23类。《文选》对"诗"所进行的题材分类空前细致和全面，既显示出南北朝时期"诗"所表达内容的丰富性，也说明以太子萧统为代表的南朝官方对"诗"体的肯定和褒扬。

---

1 《诗品注》，第29页。

魏晋南北朝时，士人对"诗"的认识空前深化。南北朝论"诗"又比魏晋时期更为系统和深入。不仅已明确将"诗"视作一种独立存在且擅长抒发情志的文体，还从体裁、题材和风格等方面对"诗"进行分类，贯穿一种历史发展的眼光。至此，"诗体"认识日益深入人心，"诗史"意识日渐清晰，我国古代论"诗"的架构基本确立。

二、诗体屡迁

魏晋南北朝关于"诗"的深入认识是建立在先秦两汉诗歌的丰富积累和魏晋南北朝诗歌的高度繁盛基础上的。《隋书·文学》云："自汉、魏以来，迄乎晋、宋，其体屡变。"[1]魏晋南北朝是诗体屡迁的枢纽期。从诗的体裁来说，四言、五言、七言、杂言多种形式并存，但又以五言最为兴盛；从诗的题材来说，从玄言诗、咏史诗、咏怀诗、赠答诗、游仙诗、田园诗到山水诗和宫体诗，涌现了众多诗篇佳作；从诗的创作主体来说，三曹父子、建安七子、阮籍、嵇康、陆机、潘岳、左思、陶渊明、谢灵运、鲍照、沈约、谢朓、庾信等人，以各具特色的诗歌创作为诗的发展做出了巨大贡献。下面，我们从诗歌体裁和题材两方面，大体梳理魏晋南北朝在"诗"领域所做出的开掘和拓展。

---

1 （唐）魏征等撰：《隋书》卷七十六，中华书局1973年版，第1729页。

1. 体裁的发展

（1）四言中兴

《诗经》树立了四言体诗的典范。两汉时期，虽不断有人仿作，但所作四言诗形式上呆板僵化，艺术上乏善可陈。建安时期，曹操以富有强烈个性色彩的创作，为已经板滞的四言诗注入活力。魏晋玄学兴起后，四言诗成为表达玄言理趣的主要载体。据学者统计：魏晋时期共有四言诗作者102人，作品432篇。四言诗作者数量占魏晋时期210位诗人的近半数，作品数量不仅超过了《诗经》三百篇和两汉85篇的数量总和，而且也大大超过了宋、齐、梁、陈、隋五朝四言诗327篇的总数。[1] 魏晋四言诗在作品数量和质量方面均大大超越汉代，一度形成中兴之势。这里列举曹操、嵇康、陶渊明的三首四言诗，以窥其貌。

短歌行

曹　操

对酒当歌，人生几何？

譬如朝露，去日苦多。

慨当以慷，忧思难忘。

何以解忧？唯有杜康。

青青子衿，悠悠我心。

---

[1] 高华平：《玄学清谈与魏晋四言诗的复兴》，《中国社会科学》1993年第2期。

但为君故,沉吟至今。

呦呦鹿鸣,食野之苹。

我有嘉宾,鼓瑟吹笙。

明明如月,何时可掇?

忧从中来,不可断绝。

越陌度阡,枉用相存。

契阔谈宴,心念旧恩。

月明星稀,乌鹊南飞。

绕树三匝,何枝可依?

山不厌高,海不厌深。

周公吐哺,天下归心。[1]

曹操(155—220),字孟德,其子曹丕建立魏国后,追封其为魏武帝。现存二十余首诗,全用乐府旧题,以四言为主,且成就最高。《短歌行》是汉乐府旧题,属于《相和歌·平调曲》,为乐曲的名称。曹操此诗用乐府旧曲来补作新词,抒发渴望招纳贤才、建功立业的宏图大愿。为求取人才,曹操曾先后发布过《求贤令》《举士令》《求逸才令》等政令,如今这些政令早已湮没无闻,独有这首《短歌行》传颂千古。"对酒当歌"八句咏写诗人之"愁"。诗人为何而愁?紧接着"青青子衿"八句表达求贤之心,道出诗

---

[1] 《文选》卷二七,第390页。

人之愁为求贤之愁。此后"明明如月"八句又进一步描写求贤若渴的心情。"月明星稀"四句以乌鹊择枝而栖暗示贤才需选明主相辅。最后四句希望人才多多益善,明确点明求贤主题。诗人巧用典故和比兴手法,将求贤之志熔铸于抒情艺术,诗句语气婉转,情味深细。最后四句气魄宏伟,豪气逼人,诗如其人。曹操在四言诗中抒发一代豪雄的慷慨壮志与悲凉心情,开拓了四言诗的新境界,使四言诗在建安文坛上重放光彩,直接影响了嵇康、陶渊明等人的四言诗创作。

兄秀才公穆入军赠诗十九首(其十四)

嵇 康

息徒兰圃,秣马华山。

流磻平皋,垂纶长川。

目送归鸿,手挥五弦。

俯仰自得,游心太玄。

嘉彼钓叟,得鱼忘筌。

郢人逝矣,谁可尽言。[1]

嵇康(224—263,一作223—262),字叔夜,魏国人,与阮籍齐名,为"竹林七贤"之一,现存50余首诗,以四言成就较高。

---

1 戴明扬校注:《嵇康集校注》卷一,人民文学出版社1962年版,第15—16页。

此组诗为嵇康送兄长嵇喜参军而作,主要抒写兄弟友爱之情,其中第十四首尤为世人传诵。诗中回忆兄弟两人一起游览山水的情景。"目送归鸿"四句以凝练语言写出飘然出世、心游物外的风神,具有悠然自得、与造化相侔的哲理境界。最后两句用《庄子》中"匠石斫垩"的典故,表达嵇喜从军远去,无人与自己交流的惋惜怅恨心情。比照《诗经》和曹操的同体诗篇,嵇康四言诗中投入了诗人的玄学追求,更富哲思之味。

时运

陶渊明

时运,游暮春也。春服既成,景物斯和,偶影独游,欣慨交心。

迈迈时运,穆穆良朝。袭我春服,薄言东郊。山涤余霭,宇暧微霄。有风自南,翼彼新苗。

洋洋平泽,乃漱乃濯。邈邈遐景,载欣载瞩。称心而言,人亦易足。挥兹一觞,陶然自乐。

延目中流,悠想清沂。童冠齐业,闲咏以归。我爱其静,寤寐交挥。但恨殊世,邈不可追。

斯晨斯夕,言息其庐。花药分列,林竹翳如。清琴横床,浊酒半壶。黄唐莫逮,慨独在余。[1]

---

[1] 逯钦立校注:《陶渊明集》卷一,中华书局1979年版,第13—14页。

陶渊明（365—427），又名潜，字元亮，号五柳先生。今存诗121首，四言诗仅有9首。陶渊明的四言诗数量虽少，影响也远不能与其五言诗相媲美，但置于四言诗发展历史来看，陶渊明却创造了四言诗体发展的最高峰。《时运》诗共四章，每章八句，诗题取首句中二字，诗前有小序，点明全篇的宗旨，明显模仿《诗经》及其小序的体式。小序点明全诗主题，抒发暮春出游的复杂心情。一、二章主要描写欢欣之情，三、四章叙感伤之意。诗中"薄言东郊""乃漱乃濯""载欣载瞩""斯晨斯夕，言息其庐"等句式；"迈迈""穆穆""洋洋""邈邈"等叠词，显然模仿《诗经》遣词造语方式。陶渊明大量借用《诗经》的体式和语法结构，表现的却是一己的田园感受和哲理思考。"山涤余霭，宇暧微霄。有风自南，翼彼新苗"等诗句描摹景致之精工，"称心而言，人亦易足。挥兹一觞，陶然自乐"等诗句抒写人生情感体验，隽永富有韵味。这种对四言诗类似于"旧瓶装新酒"式的改造，不仅大大开掘了四言诗的表现力，还形成了一种冲淡自然、平和闲远的独特风格。不过，陶渊明四言诗的成就并未被后人继承，后世鲜少特别成功的四言诗作。魏晋四言诗成为四言诗体最后的辉煌。

（2）五言腾踊

"暨建安之初，五言腾踊。"[1]五言诗自两汉兴起后，在魏晋南北朝快速发展，全面取代四言诗成为最主流的诗体。魏晋南北朝的五言诗延续汉代乐府诗和诵诗两个创作方向，大体也可分为

---

[1]《文心雕龙》，第66页。

乐府体（包括拟乐府体）和诵诗体两类。

与汉乐府诗大多能配乐演唱不同，魏晋南北朝乐府诗除了三曹等人的少数作品还能入乐外，基本已不能入乐，与徒诗并无分别。但这并不意味着这些乐府诗与诵诗泯然一体，两者在主题、体制、取材、风格等方面仍然各具特色。魏晋南北朝人没有亦步亦趋地模仿汉乐府诗，而是对乐府诗进行了改造和发展。简略而言，这一时期既有拟古乐府创作，也有以旧题写今事、自铸伟辞的拟乐府，还有赋曲名近体乐府和配合新乐创作的乐章。与汉乐府诗相比，魏晋南北朝五言乐府诗更多抒写诗人个体的主观情志，讲究文辞雕饰，擅用赋法铺排等手法；与文人诵诗相比，魏晋南北朝五言乐府诗又呈现出鲜明的叙事传统。

魏晋南北朝五言诵诗同样有长足发展。内容上，魏晋南北朝人习惯用此诗体描写眼前情事，有

图：（明）王仲玉《陶渊明像》，纸本，墨笔，纵106.8厘米，横32.5厘米，北京故宫博物院藏

意识状景写物，进一步拓展诗体的表现领域和表现空间；艺术上，魏晋南北朝人重视语辞的雕饰、用事用典和对仗俳偶等修辞手法的运用，五言诗形式日趋精美；篇制上，五言诗逐渐从句无定数、篇无定制，发展到四句、八句并兴，再逐渐发展成八句为主。讲求声律的永明体诗的出现，标志着五言诗由古体诗发展为近体诗。下面让我们通过几首诗作来感受魏晋南北朝五言诗的发展吧。

蒿里行
曹　操

关东有义士，兴兵讨群凶。

初期会孟津，乃心在咸阳。

军合力不齐，踌躇而雁行。

势利使人争，嗣还自相戕。

淮南弟称号，刻玺于北方。

铠甲生虮虱，万姓以死亡。

白骨露于野，千里无鸡鸣。

生民百遗一，念之断人肠。[1]

汉乐府诗《蒿里行》本是为士大夫、庶人所写的挽歌。曹操此诗由东汉末年关东义军联合讨伐董卓的历史事件写起，以极凝练的语言陈述了义军由聚而散的过程，生动描写了战乱给百姓带来的

---

1 《先秦汉魏晋南北朝诗》魏诗卷一，第347页。

痛苦和灾难。语言几乎不加修饰，古朴自然，与汉乐府诗也十分肖似。然而，读此诗，我们依然可以感受到曹操作为政治家的政治寄托和胸怀抱负。曹操开启了魏晋诗人以乐府诗表达主体情志的序幕。

日出东南隅行
陆　机

扶桑升朝晖，照此高台端。
高台多妖丽，濬房出清颜。
淑貌耀皎日，惠心清且闲。
美目扬玉泽，蛾眉象翠翰。
鲜肤一何润，秀色若可餐。
窈窕多容仪，婉媚巧笑言。
暮春春服成，粲粲绮与纨。
金雀垂藻翘，琼珮结瑶璠。
方驾扬清尘，濯足洛水澜。
蔼蔼风云会，佳人一何繁。
南崖充罗幕，北渚盈軿轩。
清川含藻景，高岸被华丹。
馥馥芳袖挥，泠泠纤指弹。
悲歌吐清响，雅舞播幽兰。
丹唇含九秋，妍迹陵七盘。

> 赴曲迅惊鸿，蹈节如集鸾。
> 绮态随颜变，沈姿无乏源。
> 俯仰纷阿那，顾步咸可欢。
> 遗芳结飞飙，浮景映清湍。
> 冶容不足咏，春游良可叹。[1]

陆机此诗模拟汉乐府诗《陌上桑》，诗题也取自《陌上桑》首句。前两句"扶桑升朝晖，照此高台端"，显然是对《陌上桑》"日出东南隅，照我秦氏楼"的模仿。《陌上桑》讲述一个美貌女子机智应对使君的故事，重在叙事。陆机此诗则致力于记述暮春美女出游，重在描摹。开头到"婉媚巧笑言"十二句，极力描摹女子的容貌身姿。"暮春春服成"到"高岸被华丹"十二句，摹写女子至洛水游玩。自"馥馥芳袖挥"以下十二句，写游春女子的歌舞。最后四句总结全诗。诗人未采用《陌上桑》中通过旁观者忘形失态的情状侧面烘托罗敷之美的手法，而是直接做正面描摹，用华丽的语辞一一铺陈美人的美目、蛾眉、肌肤、容仪、着装等，描写繁复详尽，仿佛一幅工笔画。此诗艺术效果虽不及《陌上桑》，但从诗史角度来看，诗中的赋法、偶对和华辞丽藻呈现了不同于汉乐府诗的风格，代表着魏晋乐府诗发展的新方向。

---

[1] 《文选》卷二八，第399—400页。

代东门行

鲍 照

伤禽恶弦惊,倦客恶离声。

离声断客情,宾御皆涕零。

涕零心断绝,将去复还诀。

一息不相知,何况异乡别。

遥遥征驾远,杳杳白日晚。

居人掩闺卧,行子夜中饭。

野风吹草木,行子心肠断。

食梅常苦酸,衣葛常苦寒。

丝竹徒满坐,忧人不解颜。

长歌欲自慰,弥起长恨端。[1]

鲍照(约414—466),字明远,南朝宋文学家,有《鲍参军集》。与颜延之、谢灵运合称"元嘉三大家",但其诗史影响力远超二人。今存诗约200首,其中拟乐府诗所占比重很大,且名篇众多。鲍照此诗模仿汉乐府诗《东门行》。两相比照,鲍照此诗虽依题仿作,但在形式和表现内容上与汉乐府诗迥然有别。汉乐府诗《东门行》叙说了一个为穷困所迫的平民拔剑而起,走上反抗道路的故事,为杂言体。鲍照此诗主要写行子的离乡行役之恨,为五

---

[1] (南朝宋)鲍照著,钱仲联增补集说校:《鲍参军集注》卷三,上海古籍出版社1980年版,第143页。

言体。诗中首先以惊弓之鸟的比喻开端,反复铺叙形容行子羁旅途中脆弱而痛苦的心理,中间用白描和比喻手法叙写行子旅役之苦和离愁之深,末以唱叹作结,有"举杯消愁愁更愁"之意。汉乐府诗的创作原则是"感于哀乐,缘事而发",对此,曹操乐府诗中还有继承,陆机乐府诗中已有所背离,鲍照重新接续汉魏乐府诗的传统,不拘泥于形似模拟,通过叙写时代之音,寄托一己之思。鲍照的拟乐府诗擅于在描写社会事象和人生百态中注入自身情感,具有慷慨激昂、淋漓尽致的抒情特色。在这个意义上,鲍照发展了乐府诗。乐府诗终于从仿作窠臼中挣脱出来,成为可以抒写时代和心灵的现实诗体。鲍照拟乐府诗是乐府诗发展的新高峰,对唐代诗人产生了巨大影响。

同沈右率诸公赋鼓吹曲名先成为次

临高台

谢 朓

千里常思归,登台瞻绮翼。

才见孤鸟还,未辨连山极。

四面动清风,朝夜起寒色。

谁识倦游者,嗟此故乡忆。[1]

---

1 (南朝齐)谢朓著,曹融南校注集说:《谢宣城集校注》卷二,上海古籍出版社1991年版,第163页。

谢朓（464—499），字玄晖，与谢灵运同族，人称"小谢"，南齐杰出诗人。谢朓此诗诗题标明是与众人一同吟咏汉乐府鼓吹曲题目，这显然不同于前人的拟作和仿作，堪称一种新的拟乐府诗。这种拟乐府诗不拘泥于汉乐府诗的形式和内容，而仅就原诗题的文字意义进行赋咏。汉乐府鼓吹曲辞的《临高台》诗为杂言体，抒写临高射鹄一事。谢朓此诗则仅从凭高临远出发，抒写离人思乡之情。诗的形式也变为整齐的五言八句体，遣词造句极为精妙。谢朓与沈约等人曾共同创立"永明体"，并将其中的声律技巧运用到了拟乐府诗中。由此也使此诗在诗体上与汉魏乐府诗相去甚远，而与近体诗更为肖似。谢朓等人的这种赋曲名体乐府诗，不仅标志着乐府诗由拟篇向赋题的转变，也体现了乐府诗由古体向近体的演变。

西洲曲

忆梅下西洲，折梅寄江北。

单衫杏子红，双鬓鸦雏色。

西洲在何处，两桨桥头渡。

日暮伯劳飞，风吹乌白树。

树下即门前，门中露翠钿。

开门郎不至，出门采红莲。

采莲南塘秋，莲花过人头。

低头弄莲子，莲子青如水。

置莲怀袖中，莲心彻底红。

> 忆郎郎不至,仰首望飞鸿。
>
> 鸿飞满西洲,望郎上青楼。
>
> 楼高望不见,尽日栏杆头。
>
> 栏杆十二曲,垂手明如玉。
>
> 卷帘天自高,海水摇空绿。
>
> 海水梦悠悠,君愁我亦愁。
>
> 南风知我意,吹梦到西洲。[1]

此诗是吴声、西曲类南朝乐府民歌艺术的高峰。整首诗自然和美,声情摇曳,无刻意雕藻之气。诗中描写了一位江南少女对钟爱之人的苦苦思念。这种思念从初春持续到深秋,从现实延续到梦境,绵长而浓烈。"莲"谐音"怜","莲子"即"怜子","莲心"即"怜心",民间歌谣中惯用的谐音双关语,使诗含蓄而富有情味。"日暮伯劳飞,风吹乌臼树。树下即门前,门中露翠钿""低头弄莲子,莲子青如水""忆郎郎不至,仰首望飞鸿。鸿飞满西洲,望郎上青楼"等诗句,则巧妙运用接字顶针法,环环相扣,接续而生,使整首诗音韵流动,情味无穷。此诗应经文人润色过,但与南朝文人拟乐府诗相比,仍具有鲜明的民歌特色。

木兰诗

唧唧复唧唧,木兰当户织。不闻机杼声,唯闻女叹息。

---

[1] 《乐府诗集》卷七十二,第1027页。

第四章
缘情与声律——魏晋南北朝之"诗"

问女何所思,问女何所忆,女亦无所思,女亦无所忆。昨夜见军帖,可汗大点兵。军书十二卷,卷卷有爷名。阿爷无大儿,木兰无长兄,愿为市鞍马,从此替爷征。

东市买骏马,西市买鞍鞯,南市买辔头,北市买长鞭。旦辞爷娘去,暮宿黄河边。不闻爷娘唤女声,但闻黄河流水鸣溅溅。旦辞黄河去,暮至黑山头。不闻爷娘唤女声,但闻燕山胡骑鸣啾啾。

万里赴戎机,关山度若飞。朔气传金柝,寒光照铁衣,将军百战死,壮士十年归。

归来见天子,天子坐明堂。策勋十二转,赏赐百千强。可汗问所欲,"木兰不用尚书郎,愿驰千里足,送儿还故乡。"

爷娘闻女来,出郭相扶将。阿姊闻妹来,当户理红妆。小弟闻姊来,磨刀霍霍向猪羊。开我东阁门,坐我西阁床。脱我战时袍,著我旧时裳。当窗理云鬓,对镜帖花黄。出门看火伴,火伴皆惊忙。"同行十二年,不知木兰是女郎。"

雄兔脚扑朔,雌兔眼迷离。双兔傍地走,安能辨我是雄雌。[1]

这是一篇北朝乐府民歌,与《孔雀东南飞》合称"乐府双璧"。不同于《西洲曲》偏重抒情,此诗重在叙事,主要咏写木兰替父从

---

[1] 《乐府诗集》卷二十五,第 373—374 页。

军的故事。全诗紧紧围绕"木兰是女郎"构写，结构上略写战争过程，详写生活情景和儿女情态，繁简安排极具匠心。诗中以人物问答来刻画人物心理，生动细致；以铺陈排比来描述行为情态，神情跃然纸上；以风趣比喻来收束全诗，令人回味。诗的开头、结尾和"东市买骏马""爷娘闻女来"两节都保存了鲜明的民歌风调，代表了北朝乐府民歌的杰出成就。

读《山海经》十三首（其一）

陶渊明

孟夏草木长，绕屋树扶疏。

众鸟欣有托，吾亦爱吾庐。

既耕亦已种，时还读我书。

穷巷隔深辙，颇回故人车。

欢言酌春酒，摘我园中蔬。

微雨从东来，好风与之俱。

泛览周王传，流观山海图。

俯仰终宇宙，不乐复何如？[1]

陶渊明今存诗 121 首，主体为五言诗，最代表其诗歌成就的也是五言诗。此诗主要抒写隐居耕余的读书之乐，语言浅切，间用比兴。孟夏之景、读书之事、穷理之乐融合臻于绝妙，一切似自然

---

1 《陶渊明集》卷四，第 133 页。

流露，不见斧凿痕迹。陶渊明一改陆机等人五言诗的雕藻俳偶之风，追求平淡自然，后人赞其"一语天然万古新，豪华落尽见真淳"[1]。陶渊明五言诗情、景、事、理浑融为一体，创造了诗体新的艺术境界。

秋夜诗

沈　约

月落宵向分，紫烟郁氛氲。
暄暄萤入雾，离离雁出云。
巴童暗理瑟，汉女夜缝裙。
新知乐如是，久要讵相闻。[2]

沈约（441—513），字休文，历宋、齐、梁三朝。沈约、谢朓、王融等人共同发明了"声律说"，并用于实践，创立了"永明体"。永明体以讲究四声（平上去入）、避免八病（平头、上尾、蜂腰、鹤膝、大韵、小韵、正纽、旁纽）、注重偶对为其主要特征。句式上，一般以五言四句、五言八句为主，讲求构思的巧妙，追求诗的意境。永明体的出现，为唐代格律诗的产生和发展奠定了基础。沈约此诗五言八句，隔句押平声韵，中间四句对仗工整，已近于后世的五言律体。

1　郭绍虞笺释：《杜甫戏为六绝句集解　元好问论诗三十首小笺》，人民文学出版社1978年版，第60页。
2　《先秦汉魏晋南北朝诗》梁诗卷七，第1650页。

拟咏怀诗二十七首（其七）

庾　信

榆关断音信，汉使绝经过。

胡笳落泪曲，羌笛断肠歌。

纤腰减束素，别泪损横波。

恨心终不歇，红颜无复多。

枯木期填海，青山望断河。[1]

庾信（513—581），字子山，南北朝后期诗歌的集大成者，有《庾子山集》传世。庾信早年在梁朝为官，善作宫体诗和声律诗，中年出使北朝被扣留，此后诗风为之一变，以乡关之思发为哀怨之辞，形成一种浑成厚重的诗风。《拟咏怀二十七首》是庾信后期诗歌的代表作，主要表达其羁留北朝的痛苦、愤懑、忧郁、追悔等情志。此诗为第七首，诗人借咏写流落塞外的汉朝女性，抒发思念故国的浓郁感情。整首诗五言十句，通篇属对工整，巧用典故，却并无南朝声律诗刻意藻饰用典的弊病，反而呈现一种深沉婉转之美。这是庾信汲取齐梁五言诗和北朝诗各自优长，融合创造出的艺术硕果。

（3）七言成熟

魏晋南北朝五言诗繁盛的同时，七言诗也逐渐成熟。《诗经》《楚辞》中都有七言诗句。汉代初期流行的楚歌，如刘邦《大风歌》"大风起兮云飞扬，威加海内兮归故乡，安得猛士兮守

---

[1] 《先秦汉魏晋南北朝诗》北周诗卷三，第2368页。

四方。"[1]整首已很接近七言体,但仍带有《离骚》中典型的虚词"兮"字。相传作于汉武帝时的《柏梁台诗》,属群臣联句而成,全诗26句七言,句句不带"兮"字。后人也多将其视作我国第一首七言诗。然而,此诗的真伪一直存在巨大争论,其在汉代也没有产生影响。汉代七言诗的代表作是东汉张衡的《四愁诗》。《四愁诗》共四章,每章意思相同,结构相同,句式相同,形式上非常整齐,如第一章:"我所思兮在太山,欲往从之梁父艰。侧身东望涕沾翰。美人赠我金错刀,何以报之英琼瑶。路远莫致倚逍遥,何为怀忧心烦劳?"[2]采用楚辞的香草美人式比兴手法,抒发诗人理想不得实现的愁思。尽管此诗每章的后六句都是上四下三结构的七言句,然而章首的"兮"字句表明七言诗还未能从楚歌中完全独立出来。我国七言诗真正成熟的标志是曹丕的《燕歌行》。《燕歌行》共两首,第一首最受推崇:

燕歌行

曹　丕

秋风萧瑟天气凉,草木摇落露为霜。
群燕辞归雁南翔,念君客游思断肠。
慊慊思归恋故乡,何为淹留寄他方?
贱妾茕茕守空房,忧来思君不敢忘。
不觉泪下沾衣裳。

1　《文选》卷二八,第407—408页。

2　《文选》卷二九,第414页。

>　　援琴鸣弦发清商，短歌微吟不能长。
>
>　　明月皎皎照我床，星汉西流夜未央。
>
>　　牵牛织女遥相望，尔独何辜限河梁。[1]

此诗抒写女子秋夜思念异乡的丈夫。诗共 15 句，句句为上四下三的七言句式，且逐句押平声韵，一韵到底，格调清丽。比照《柏梁台诗》，曹丕此诗为一人创作，结构完整，景中含情，情随景迁，深秋景象的悲凉与独居女子的哀怨有机交融，形成一种凄恻、缠绵、深婉的审美境界。比照张衡《四愁诗》，曹丕此诗完全摆脱了楚歌的形式，独立为一种真正的七言诗。整首诗遣词造句虽平易却不乏精妙，初步显现了七言诗音调摇曳多姿、铿锵绵长的优势。

曹丕之后，在很长一段时间里，七言诗基本都依照句句用韵模式，鲜少发展。直到南朝宋时，鲍照才将七言诗推到新的高度。鲍照诗歌现存七言十首、以七言为主的杂言二十一首。除《字谜》第二和《夜听妓》外，全部属于七言乐府诗体。

鲍照丰富了七言诗的表现内容。鲍照七言诗在沿袭曹丕《燕歌行》等闺怨思妇主题的同时，已开始表现身世之感。如：

拟行路难十八首（其四）
鲍　　照

>　　泻水置平地，各自东西南北流。
>
>　　人生亦有命，安能行叹复坐愁！

---

[1]《文选》卷二八，第 391 页。

> 酌酒以自宽，举杯断绝歌《路难》。
>
> 心非木石岂无感，吞声踯躅不敢言。[1]

鲍照才华横溢，因门阀士族垄断政治而无施展抱负的机会。诗中五、七言夹杂，以水泻地面、四方流淌的比兴手法形容人生高低贵贱的不同命运。紧接着，诗人尽力宽解自己，然而愈是如此，愁思却愈发强烈。末句以"不敢言"收束全篇，低回委婉，更加强化了诗人境遇之愁苦。鲍照诗中未直言所为何愁，但联系其身世，不难感受到其抒写的正是门阀制度重压下的愤慨不平之情。这些不平之气一改闺怨、思妇诗作的柔美艳丽，为七言诗带入了一种劲健、阳刚的精神力量。鲍照用七言诗抒写怀抱的创造，拓展了七言诗体的抒情言志功能，为七言诗体发展铺平了道路。

鲍照还创立了七言诗的多种体式。鲍照七言诗，有七言四句体、七言十句体、七言十四句体以及以七言为主而杂以三、五言的杂言诗篇，表现出前所未有的七言体新貌。如：

拟行路难十八首（其六）

鲍　　照

> 对案不能食，拔剑击柱长叹息。
>
> 丈夫生世会几时？安能蹀躞垂羽翼？
>
> 弃置罢官去，还家自休息。
>
> 朝出与亲辞，暮还在亲侧。

---

[1] 《鲍参军集注》卷四，第229页。

> 弄儿床前戏，看妇机中织。
>
> 自古圣贤尽贫贱，何况我辈孤且直！[1]

鲍照充分运用五、七言句式长短错落变化的特点，将节奏的变化与情感的起伏紧密结合起来，形成一种节奏张弛变化、情感奔放流动的独特美感，为后世七言歌行的发展积累了有益的创作经验。

鲍照改变了七言诗的押韵方式，变逐句押韵为隔句押韵，且可以自由换韵。《柏梁台诗》《燕歌行》在押韵上都是句句押韵。这种用韵方式使诗节奏急迫局促，且写作难度大，与隔句押韵的五言诗相比全无优势。鲍照改变了七言诗单一的用韵方式，既有每句押韵，如《白纻曲》《鸣雁行》等诗；也有隔句押韵且一韵到底，如《拟行路难十八首》其十二等诗；还有自由换韵，如《拟行路难十八首》其十五等诗。灵活多样的用韵解除了七言诗背负的枷锁，充分发挥了七言诗声情摇曳、缠绵悱恻的音律优长。可以说，鲍照为七言诗体发展做出了巨大贡献。

2. 题材的繁盛

魏晋南北朝人不仅对"诗"的体裁进行了多方面的尝试和创造，还在题材上不断开拓"诗"的表现疆域，创作了丰富多样的题材诗。咏怀诗、咏史诗、游仙诗、玄言诗、悼亡诗、田园诗、山水诗、宫体诗、边塞诗、酬赠诗、公宴诗、行旅诗等蔚为大观，

---

1 《鲍参军集注》卷四，第231页。

涌现出众多代表诗人和名篇佳作。这些题材诗有的承自前人,有的则属新创,在内容和艺术上都有所拓展和升华,确立了后世同类题材诗的基本典范。

(1)咏怀诗

咏怀诗,顾名思义,是吟咏诗人怀抱情志之诗。我国"诗言志"的传统虽源远流长,但在诗题中自觉标明"咏怀",以组诗形式来抒感慨、发议论、写理想,却是始自魏晋时期的阮籍。

阮籍(210—263),字嗣宗,曾为步兵校尉,世称阮步兵。他创作《咏怀》82首,运用比兴、象征、寄托等手法,借古讽今,寄寓情怀。

咏怀(其一)

阮 籍

夜中不能寐,起坐弹鸣琴。
薄帷鉴明月,清风吹我衿。
孤鸿号外野,翔鸟鸣北林。
徘徊将何见,忧思独伤心。[1]

此诗写诗人夜中不寐、苦闷徘徊之情,奠定了整组《咏怀》诗的感情基调。三、四句明月照帷,清风拂衣,写诗人所见;五、六句孤鸿哀号,飞鸟北鸣,写诗人所闻,皆以动写静,映衬诗人孤

---

[1] 《文选》卷二三,第 322 页。

独苦闷的心情，孤鸿与翔鸟意象也更像是诗人自身的写照。诗中渲染了诗人的忧伤，自始至终却并未指明所为何忧。这种主题的隐晦难解为后人解读阮籍诗意提供了多种可能。

阮籍《咏怀》组诗中有咏写自然荣衰，有回顾个人身世，有记述一己日常生活，有登山临水，有悯时刺世，有吟咏历史，有遨游仙界，寄寓诗人深沉的人生悲哀，充满浓郁的哀伤情调和生命意识。阮籍创造了以组诗抒情的新形式，形成了"阮旨遥深"[1]的兴寄风格。阮籍之后，不断有诗人仿效其作。左思《咏史诗》、陶渊明《杂诗》《饮酒》、庾信《拟咏怀诗二十七首》、陈子昂《感遇》、张九龄《感遇》、李白《古风》等诗，都有阮籍咏怀诗作的影响印记。

（2）咏史诗

咏史诗，顾名思义，是以历史题材为咏写对象的诗篇。早在《诗经》《楚辞》中就有针对具体的历史事件或历史人物有所感慨或有所感悟的诗句，但还未独立成篇。现存最早的咏史诗是东汉班固的《咏史》。在这首诗里，班固以质木无文的五言诗句叙咏西汉孝女缇萦上书救父的故事，最后以"百男何愦愦，不如一缇萦"的感慨收束全诗。魏晋南北朝时期，咏史诗得到长足发展。从所咏对象来看，有以歌咏历史人物为主的，如王粲《咏史诗》、阮瑀《咏史诗》、曹植《三良诗》、陶渊明《咏三良》都歌咏为秦穆公殉葬的三位良士；有以歌咏历史事件为主的，如晋代卢子谅《览古》

---

1 《文心雕龙》，第67页。

吟咏蔺相如完璧归赵和廉颇负荆请罪之事；有借咏史以抒怀的，以左思《咏史》为代表。艺术成就最高、对后世影响最大的当数左思《咏史》一类咏史诗。

左思，字太冲，西晋人，生卒年不可确考。今存诗14首，《咏史》八首是其代表。从咏史诗发展历史来看，自班固以来大抵是一诗咏一事，在客观事实的复述中略见作者的意旨。左思《咏史》首次以组诗的形式出现，在吟咏中不拘泥于历史上的一人或一事，而是错综史实，融汇古今；虽用咏史之名，重点却不是吟咏历史事件或人物，而是借历史来抒一己之情。左思赋予咏史诗全新的抒情功能。这一方面，左思受阮籍影响很深。

咏史（其二）

左 思

郁郁涧底松，离离山上苗。
以彼径寸茎，荫此百尺条。
世胄蹑高位，英俊沉下僚。
地势使之然，由来非一朝。
金张籍旧业，七叶珥汉貂。
冯公岂不伟，白首不见招。[1]

诗中开篇用"涧底松"和"山上苗"两个喻象兴起全诗。"金张"

---

1 《文选》卷二一，第296页。

指汉代的金日䃅和张汤两个家族,他们世代富贵,子弟多居高位。"冯公"指汉文帝时的冯唐,虽很有才能,到年老也只做到中郎署长这样的小官。诗人描写"涧底松"和"山上苗"的不同处境,吟咏金张和冯唐的不同命运,都是为了强调"世胄蹑高位,英俊沉下僚"的社会不公,表达对当时门阀士族垄断统治这一社会现实的强烈不满。

左思咏史诗不从历史着眼,而是从现实出发,根据所表达的主题来精心选择史实,借咏史以抒情,借抒情以讥世。为此,左思或者将遭遇相同的几个古人合在一起述说,或者将遭遇不同的古人进行对比,或者以古人古事为榜样或教训,表现出对历史的高度选择和剪裁能力。左思这种将历史事件和人物完全为我所用、抒写己怀的创造,开创了咏史诗借咏史以咏怀的新路径,成为后世诗人效法的典范。

(3) 玄言诗

玄言诗,指表现玄学之理的诗篇,约兴起于西晋末年而盛行于东晋。魏晋时期,儒学衰微,社会上兴起一种崇尚老庄的思潮,因老子有"众妙之门,玄之又玄"之说,这种思潮被称为玄学。士人以玄言进行清谈时,逐渐用诗的形式来表达对玄理的领悟。钟嵘曾形容这类诗"理过其辞,淡乎寡味"[1]。一些辨名析理、铺排玄理的玄言诗作的确有这方面不足。如孙绰《赠温峤诗五

---

1 《诗品注》之《总序》,第1—2页。

章》其一:"大朴无像,钻之者鲜。玄风虽存,微言靡演。邈矣哲人,测深钩缅。谁谓道辽,得之无远。"[1]但还有一部分玄言诗,通过自然山水来寄寓玄理,在艺术上也可圈可点。如:

秋日诗
孙 绰

萧瑟仲秋月,飂戾风云高。
山居感时变,远客兴长谣。
疏林积凉风,虚岫结凝霄。
湛露洒庭林,密叶辞荣条。
抚菌悲先落,攀松羡后凋。
垂纶在林野,交情远市朝。
澹然古怀心,濠上岂伊遥。[3]

前四句总写诗人秋日兴咏;中间六句描写秋日节候景物的变化;后四句抒发追求隐逸之心意。庄子和惠子曾于濠水桥上有"子非鱼,安知鱼之乐"的辩论。孙绰此诗末尾用此典故,想表达自己对自然的感受体悟,与庄子观鱼之乐已没有什么不同。诗中林野秋色的描写细腻工整,诗人所思所感由景触发,水到渠成。此诗虽也涉及玄理,却并不淡然寡味。

玄言诗致力于表现玄理,这无疑是对诗抒情言志传统的一种

---

1 3 《先秦汉魏晋南北朝诗》晋诗卷十三,第897页、第901—902页。

突破,也是对"诗"表现领域和功能的一种开拓。玄言诗的成败,不在于是否说理,而在于如何说理,是否含有理趣。如果不借助形象的表现方式而一味说理,很难成为一首具有美感的诗篇佳作。如果能巧妙驱遣山川景物,立象以尽意,创作的诗篇有可能达到情、景、理浑融一体的艺术高度。陶渊明的一些诗正有此妙处。

饮酒二十首(其五)
陶渊明
结庐在人境,而无车马喧。
问君何能尔?心远地自偏。
采菊东篱下,悠然见南山。
山气日夕佳,飞鸟相与还。
此还有真意,欲辨已忘言。[1]

前四句描写诗人处于热闹的人世而不受世间喧嚣的干扰,形象表达一种主观精神左右客观环境的哲理;中间四句以平淡的语言描写采秋菊、望南山,描绘山气与飞鸟之景,景是最平常之景,但其中所蕴含的心与自然的悠然神会,人与自然的和谐化一,饱含只可意会而难以言传的"真意";最后两句提及玄理,却是以"忘言"来含而不发。整首诗以情景寓意理,有无穷兴味。

---

[1]《陶渊明集》卷三,第89页。

（4）游仙诗

以"游仙"为诗题，始于曹植。但诗写游仙题材则可上溯至先秦。屈原在《离骚》中有上叩帝阍、下求游女的情景描写；在《远游》中，诗人追慕仙人，畅游天宫，想象了一次迷离惝恍、神奇炫目的天上远游经历，初具游仙诗的雏形。秦朝，秦始皇命博士作《仙真人诗》，今已佚。汉乐府《日出入》《天马》《王子乔》《董逃行》《长歌行》等，或表达登仙或飞升天界的愿望，或吟咏传说仙人，都与求仙、长生有关。魏晋南北朝时期，游仙诗才真正定型。三曹父子、阮籍、嵇康、郭璞、沈约、庾信等都作有游仙诗，其中又以郭璞诗成就最大、最具代表性。

图：（清）石涛《陶诗采菊图》，纸本，水墨，纵112.5厘米，横47.2厘米，北京故宫博物院藏

郭璞（276—324），字景纯，晋朝人，好经术，擅诗赋，精训诂，通天文、历算、卜筮之术。明人辑有《郭弘农集》。郭璞游仙诗今存19首，其中9首为残篇。这些诗，大致可分为"坎壈咏怀"和"列仙之趣"两类。"坎壈咏怀"类遥接屈原，近承曹植与

阮籍，借游仙来抒发一己情怀。如：

游仙诗（其一）

郭　璞

京华游侠窟，山林隐遁栖。
朱门何足荣？未若托蓬莱。
临源挹清波，陵冈掇丹荑。
灵溪可潜盘，安事登云梯？
漆园有傲吏，莱氏有逸妻。
进则保龙见，退为触藩羝。
高蹈风尘外，长揖谢夷齐。[1]

诗人将京华、朱门与山林、蓬莱作对比，详细描写隐逸山林的美好，吟咏庄周、老莱子两位历史人物的隐逸选择，表达对遗世高蹈的赞美和对仕宦求荣的轻蔑。

"列仙之趣"类沿袭秦汉求仙诗，描写神仙世界，表达求仙长生主题。如：

游仙诗（其六）

郭　璞

杂县寓鲁门，风暖将为灾。

1　2　《文选》卷二一，第306页、第308页。

> 吞舟涌海底，高浪驾蓬莱。
> 神仙排云出，但见金银台。
> 陵阳挹丹溜，容成挥玉杯。
> 姮娥扬妙音，洪崖颔其颐。
> 升降随长烟，飘飘戏九垓。
> 奇龄迈五龙，千岁方婴孩。
> 燕昭无灵气，汉武非仙才。[2]

诗中描写了一个神奇瑰丽、祥和快活的蓬莱仙界，那里陵阳公、容成公、嫦娥、洪崖诸位仙人载歌载舞、饮酒作乐，长生不老，人间的燕昭王和汉武帝又哪能相比呢。诗人在表达企慕神仙世界的同时，也有暗讽权贵之意。

郭璞游仙诗表现出了前所未有的创造性。其一，郭璞游仙诗继承了诗的比兴寄托传统，大量以仙界比俗世，借游仙来抒内心不平之气。郭璞"坎壈咏怀"类游仙诗自不必说，即使主要吟咏"列仙之趣"的游仙诗也不乏对现实的讽刺、警诫与感叹。郭璞游仙诗实为咏怀诗，开拓了游仙诗所能承载的情感内涵与思想力度。其二，郭璞游仙诗语言华美，形象动人。诗中如清波、丹黄、丹溜、玉杯、妙音、玉齿、翡翠、兰苕、绿萝、高林、清弦、飞泉、紫烟之类的形容比比皆是。诗人常用具体生动的形象来表达主题，每每用色彩进行修饰，注重形象性描绘，一改先前游仙诗的质朴平淡，创造了一种绚丽瑰奇的风格。其三，郭璞擅于选取大自然的美好事物和风神俊秀的神仙人物入诗，所创造的游仙境界既有现实世界的可亲可感，又充满浪漫的幻想与飘渺，似真似幻，迷离惝恍。郭璞游仙诗对李白、李贺等后世诗人产生了重要影响。李白名作《梦游天姥吟留别》从意境营造到遣词造句，都有学习郭璞游仙诗的成分。

（5）悼亡诗

《诗经·邶风·绿衣》为鳏夫悼亡妻之作，《诗经·唐风·葛生》为寡妻悼亡夫之作，它们一般被认作是悼亡题材的开端。但将悼亡作为诗题并专用于悼念亡去的妻妾，则始自晋代潘岳的《悼亡诗》。

潘岳（247—300），字安仁，西晋文学家，与陆机齐名。潘岳《悼亡诗》是悼念亡妻杨氏的诗作，共有三首。潘岳十二岁时与杨氏订婚。结婚之后，两人大约共同生活了二十四个年头，夫妻感情一直很好。杨氏去世后，潘岳除作有《悼亡诗》外，还有《哀永逝文》《悼亡赋》等，都写得哀婉动人。

悼亡诗（其一）

潘　岳

荏苒冬春谢，寒暑忽流易。
之子归穷泉，重壤永幽隔。
私怀谁克从？淹留亦何益。
僶勉恭朝命，回心反初役。

> 望庐思其人，入室想所历。
> 帏屏无仿佛，翰墨有余迹。
> 流芳未及歇，遗挂犹在壁。
> 怅恍如或存，回遑忡惊惕。
> 如彼翰林鸟，双栖一朝只。
> 如彼游川鱼，比目中路析。
> 春风缘隟来，晨霤承檐滴。
> 寝息何时忘，沉忧日盈积。
> 庶几有时衰，庄缶犹可击。[1]

诗人从时节迁逝写起，叙写妻子亡故已一年，自己留在家中也无益，于是勉强遵从朝廷之命，回到原来任职的地方。"望庐思其人"以下十二句，诗人从屋外写到屋内，日常物品的一切如旧一度让诗人恍惚以为妻子仍在，却又猛然意识到这不过是种错觉。紧接着诗人以翰林鸟和游川鱼做比喻，形容自己的形单影只。这一段睹物思人的心理描写十分细腻，真实地写出诗人思念妻子的感情，极为动人，也是此诗最为精彩的部分。最后六句叙写希望效法庄子，以达观态度从亡妻之痛中解脱出来。愈是如此想，诗人对亡妻的思念却愈深。潘岳悼亡诗以杰出的艺术成就创立了悼亡诗新的艺术范式。他在诗中细腻而艺术地抒发夫妻之间的真挚感情，所使用的"望庐思其人，入室想所历"抒情模式，对后世同类诗作产生了深刻影响。

---

1 《文选》卷二三，第330页。

潘岳之后，悼亡诗有了长足发展，成为诗中引人瞩目的特色门类。鲍照、江淹、沈约、何逊、庾信、阴铿等诗人都有悼亡诗作，其中鲍照作有14首，江淹作有11首，但它们的艺术成就都没有超越潘岳诗篇。

（6）田园诗

我国有悠久的农业耕作历史。《诗经》中就已有表现农业生产生活的农事诗。秦汉时期，以诗来叙写农事没有多少发展。晋代，陶渊明接续并发展了《诗经》的农事诗传统。他在诗中以文人视角表现田园生活，真切地写出躬耕劳作的甘苦，不仅将农事诗发展为田园诗，创立了一种新的诗歌门类，还在艺术上树立了田园诗的典范，对后世产生了深远影响。

陶渊明田园诗有三十首左右，其中有描写农耕的辛苦，更多是表现躬耕田园的闲适。在陶渊明笔下，田园景色是和谐优美的，农夫邻里是亲切淳朴的，村居生活是恬淡闲远的，田园是世外桃源般的美好世界。陶渊明田园诗抒写记录的是文人眼中的田园，具有文人情趣。田园诗堪称是农事诗高度文人化后的硕果。

归园田居五首（其一）

陶渊明

少无适俗韵，性本爱丘山。

误落尘网中，一去三十年。

> 羁鸟恋旧林，池鱼思故渊。
> 开荒南野际，守拙归园田。
> 方宅十余亩，草屋八九间，
> 榆柳荫后檐，桃李罗堂前。
> 暧暧远人村，依依墟里烟。
> 狗吠深巷中，鸡鸣桑树巅。
> 户庭无尘杂，虚室有余闲。
> 久在樊笼里，复得返自然。[1]

这首诗抒写诗人从官场回归园田的欣喜之情。诗人将"尘网""樊笼"与"园田"对比，从而突出诗人对官场的厌恶、对自然的热爱。诗中选取农村中常见的景致，以白描的手法表现出来，有远景，有近景；有静描，有动写；有简朴，有绚丽，如随手拈来，却又别具情致，展现出一个静谧又充满无限生机的园田世界。这是以前诗中所不曾出现的田园生活。陶渊明首先发现了田园之美，并用诗表现出来，有力拓展了诗的题材范围。

陶渊明田园诗情、景、理三者俱佳，开辟了新的艺术境界。在陶渊明诗中，方宅草屋，绿树繁花，远村近烟，鸡鸣狗吠，豆苗夕露，看似最寻常普通的日常景物，读来却能感受到诗人投注其中的一腔情感。诗人在"晨兴理荒秽，带月荷锄归"的躬耕辛苦中，在"采菊东篱下，悠然见南山"的劳作闲暇中，在与农夫"相

---

[1]《陶渊明集》卷二，第40页。

见无杂言,但道桑麻长"的日常交往中,在与知交"奇文共欣赏,疑义相与析"的谈史论文中,体悟人生与自然之理,寓理于情,寓情与景,把诗情与哲理、景物紧密结合起来,给人以清新自然、毫不枯燥的感觉。前面所举《饮酒》(其五)一诗即是典型代表。

不同于同时代诗人多用华丽词藻,陶渊明田园诗语言平淡朴素,淳厚隽永。且看其另一首脍炙人口的诗篇:

归园田居五首(其三)

陶渊明

种豆南山下,草盛豆苗稀。

晨兴理荒秽,带月荷锄归。

道狭草木长,夕露沾我衣。

衣沾不足惜,但使愿无违。[1]

诗人没有采用夸张的形容,仅以浅易的文字一一叙写南山种豆的甘苦,字字似平常语,句与句却浑然一体,意境醇美,有如天成。"带月荷锄归""夕露沾我衣"描写诗人月夜劳作归来的剪影,充满诗情画意。陶渊明田园诗这种平淡自然的艺术美迥别于魏晋南北朝崇尚的华丽诗风,因此陶诗并不受同时代人推重。唐代以后,陶诗的意义和价值才真正被发现。唐代不仅出现了大量的田园诗作与田园诗人,还出现了田园诗派。陶渊明所开辟的平淡自然诗

---

1 《陶渊明集》卷二,第42页。

风和情、景、理统一的艺术境界更被视为诗的最高典范,引发无数诗人的追摹与效仿,对我国诗的发展产生了巨大影响。

(7) 山水诗

作为自然景致,山水很早就进入了诗中。如《诗经·周南·汉广》中"汉之广矣,不可泳思。江之永矣,不可方思"[1],《诗经·卫风·淇奥》中"瞻彼淇奥,绿竹猗猗"[2],屈原《涉江》中"深林杳以冥冥兮,乃猿狖之所居。山峻高以蔽日兮,下幽晦以多雨"[3],这些描写山水的诗句在整首诗中或用以起兴,或用以比喻,或用以寄托情感,但都处于从属地位,只能被视作山水诗的源头,还不是真正的山水诗。我国第一首完整的山水诗是曹操四言诗《步出夏门行·观沧海》。诗中咏道:"东临碣石,以观沧海。水何澹澹,山岛竦峙。树木丛生,百草丰茂。秋风萧瑟,洪波涌起。日月之行,若出其中。星汉灿烂,若出其里。幸甚至哉,歌以咏志。"[4]诗人对沧海之景进行描摹歌咏,山水景物在诗中成为独

图:(清)石涛《陶渊明诗意图》之《带月荷锄归》册页,纸本,设色,北京故宫博物院藏

---

1 《十三经注疏》之《毛诗正义》卷一,第281页。
2 《十三经注疏》之《毛诗正义》卷三,第321页。
3 《楚辞校释》,第316页。
4 《乐府诗集》卷三十七,第353页。

立的审美对象,这是此诗被视为山水诗的原因所在。但魏晋时期这类诗并不多见,真正大力创作山水诗,并对后世产生重要影响的是谢灵运。

谢灵运(385—433),因袭封康乐公,人称谢康公、谢康乐,东晋末至南朝宋初年间著名诗人,明人辑有《谢康乐集》。谢灵运游览名山胜境,创作了大量山水诗。且看其中一首名作:

石壁精舍还湖中作
谢灵运

昏旦变气候,山水含清晖。
清晖能娱人,游子憺忘归。
出谷日尚早,入舟阳已微。
林壑敛暝色,云霞收夕霏。
芰荷迭映蔚,蒲稗相因依。
披拂趋南径,愉悦偃东扉。
虑澹物自轻,意惬理无违。
寄言摄生客,试用此道推。[1]

这首诗主要写诗人从石壁精舍返回住所的经历和感受。全诗紧扣"还"字叙写,诗人由远及近,重点详写黄昏入舟时的湖中晚景,

---

1 《文选》卷二二,第314—315页。

最后四句写悟出的玄理，仍带有一些玄言诗的影子。"林壑"以下四句，从树林山谷、云霞夕霏写到湖中繁盛聚生的芰荷与蒲稗，笔触细腻、精雕细琢，造词用语刻意锻炼，历来倍受称道。谢灵运以精工的语言模山范水，用文字形象地描绘再现山水景物，使山水的自然之美第一次真实客观地呈现在诗中。谢灵运将山水描写从诗中的附属变为主体，确立了山水诗的地位。

谢灵运年龄比陶渊明略小，两个同时代的人一个发展了山水诗，一个创立了田园诗，都在诗史上占有重要地位。但两人是从两个完全不同的向度开辟诗的发展道路的。与陶渊明田园诗的平淡自然相比，谢灵运山水诗更加富丽精工；与陶诗的情景交融相比，谢灵运山水诗中景物往往独立于诗人性情之外，情与景是分离的；与陶诗不可句摘的浑然天成相比，谢灵运山水诗不乏写景佳句，却很少通篇佳构。陶渊明的价值主要在唐宋尤其是宋代以后才被发现，谢灵运的影响在南朝一代就已显现。在谢灵运影响下，谢惠连、鲍照、谢朓、王融、沈约、何逊、阴铿等一批南朝诗人致力于山水诗创作，让山水诗成为一种引人瞩目的诗歌门类。其中，谢朓在继承谢灵运山水诗细致、清新的基础上，不再仅对山水景致做客观描摹，而是融情于景，以景传情，达到了情景妙合的境界。如果说谢灵运山水诗中还带有一个玄言的尾巴，谢朓山水诗中玄言说理内容更趋弱化，抒情大大增加，形成一种清新流丽的风格。谢朓这种融情于景、并无玄言佛理的诗作，标志着山水诗的成熟。且看他的一首代表作：

之宣城郡出新林浦向板桥

谢　朓

江路西南永，归流东北骛。

天际识归舟，云中辨江树。

旅思倦摇摇，孤游昔已屡。

既欢怀禄情，复协沧州趣。

嚣尘自兹隔，赏心于此遇。

虽无玄豹姿，终隐南山雾。[1]

此诗为作者赴任宣城郡太守途中所咏，表达诗人倦于羁旅行役之思和幽居远害之想。一、二句点明诗人此行溯流而上，与江水相背而行，水长路远；三、四句写江舟远行时的景物，简淡而有情味，一向为人所称道；五、六句写诗人旅途之中的倦怠与孤独；七、八句言既得官禄，又能幽隐；最后四句咏叹这种幽隐的乐趣与志向。全诗语言清新，构思含蓄，意境浑融。"既欢怀禄情，复协沧州趣"两句中既能兼济天下又能独善其身的状态，成为后世士人所向往的一种人生选择。

（8）宫体诗

南朝梁、陈时期，宫廷内外盛行一种宫体诗创作。内容上，宫体诗主要以宫廷生活为描写对象，具体题材以艳情和咏物为多。

---

1 《谢宣城集校注》卷三，第219页。

描写艳情的宫体诗特别注意描写女性的容貌、体态、服饰及相关器物。如：

咏内人昼眠

萧　纲

北窗聊就枕，南檐日未斜。
攀钩落绮障，插捩举琵琶。
梦笑开娇靥，眠鬟压落花。
簟文生玉腕，香汗浸红纱。
夫婿恒相伴，莫误是倡家。[1]

诗中着力咏写的是女子的昼眠之美。首二句点明昼眠的时间和地点；三、四句叙写准备昼眠；五、六、七、八句细致描写女子入睡后的笑脸、鬟发、玉腕和身体，极力形容其睡态之美；最后两句强调女子身份。诗人以审美的眼光来观照女性，把女子昼眠这种普通的生活情景加以美化，进一步开拓了诗的题材范围。

咏物的宫体诗完全着眼于咏写景物，不仅咏写云、雪、藤、菊、蔷薇、芙蓉、柳、鹊、鹤、蜂、笔、扇、灯等日常物体，还常以咏写器物的视角咏写女性之美。这类诗的共性是单纯咏物而毫无寄托。如：

---

1 《玉台新咏汇校》，第432页。

美女篇

萧　纲

佳丽尽关情，风流最有名。

约黄能效月，裁金巧作星。

粉光胜玉靓，衫薄拟蝉轻。

密态随羞脸，娇歌逐软声。

朱颜半已醉，微笑隐香屏。[1]

诗人从头饰、服饰、情态等方面细致描摹一位女子的微醉之美。这种对女子的审美完全是一种赏玩的态度，诗人笔下的女子美则美矣，却只如一个物体，缺乏个性和情感。更有甚者，有些宫体诗在咏写女性时，不避香艳和淫靡，颇受后人诟病。

宫体诗产生于永明体之后，已经有大量基本合律的诗句，如萧纲《采菱歌》："菱花落复含，桑女罢新蚕。桂棹浮星艇，徘徊莲叶南。"[2] 格律上同唐代后的五言律绝句已基本没有分别。因此，宫体诗题材虽较狭窄，但形式上讲究声律和对偶，对推动诗的格律化有一定贡献；并且，宫体诗在对仗的工稳精巧、词藻的锻炼以及用典方面的探索，也为后世诗人提供了不少可供借鉴的艺术经验。

---

1 《玉台新咏汇校》，第418页。
2 《玉台新咏汇校》，第1096页。

第五章

巅峰与转向——隋唐五代之"诗"

隋唐五代是中国诗歌史上的黄金时代,唐代又是其中公认的巅峰时期。唐人论诗形式十分丰富,对诗的认识愈加清晰和深化。唐诗名家辈出、名作如林。清代编纂的《全唐诗》录存作品达四万八千多首,有姓名可考的作者二千多人。如果加上后人的补佚,唐诗存世作品可达五万五千多首,所涉唐代诗人三千七八百位。"诗"发展至唐代,已如众芳竞艳、花繁锦簇,进入了繁盛阶段。

一、别裁伪体亲风雅

先秦至魏晋南北朝的诗歌创作,既为唐人提供了可以模仿的正面典型,也为其提供了可以批评的反面对象。唐代繁盛的诗歌创作,又进一步激发了唐人论诗的积极性和深入性。唐代诗论较魏晋南北朝时期,有了诸多发展:诗文批评进一步分道扬镳,出现了诗评、诗格、诗选等多种论诗形式;重新张扬儒家诗教思想,推崇兴寄和风骨，重视诗的讽喻功能和诗言志传统；受佛教"境界"说启发，发明了诗境说；受道家思想影响，提出韵味说；总结出诗的多重艺术风格；等等。

1. 诗评、诗格与诗选的繁盛

唐代诗论形式多样，内容丰富。唐人不仅在文章中论及诗的发展，评论诗作优劣，如陈子昂《与东方左史虬修竹篇序》，还以诗论诗，如李白《古风》（其一）、杜甫《戏为六绝句》《解闷》《同元使君舂陵行》等诗篇。其中杜甫《戏为六绝句》首创用绝句组诗形式论诗，对后世影响深远。

戏为六绝句

杜　甫

其一

庾信文章老更成，凌云健笔意纵横。
今人嗤点流传赋，不觉前贤畏后生。

其二

杨王卢骆当时体，轻薄为文哂未休。
尔曹身与名俱灭，不废江河万古流。

其三

纵使卢王操翰墨，劣于汉魏近风骚。
龙文虎脊皆君驭，历块过都见尔曹。

其四

才力应难跨数公，凡今谁是出群雄。
或看翡翠兰苕上，未掣鲸鱼碧海中。

其五

不薄今人爱古人，清词丽句必为邻。
窃攀屈宋宜方驾，恐与齐梁作后尘。

其六

未及前贤更勿疑，递相祖述复先谁。
别裁伪体亲风雅，转益多师是汝师。[1]

这六首小诗，可以说是杜甫诗歌创作实践经验的总结，是杜甫诗论的总纲。杜甫主张评论诗人必须全面，不应拘于一时一地，而应以历史发展的眼光进行客观评价；作诗应以风、骚作为学习的典范，兼收并蓄中做出自己的创造。杜甫之后，以诗论诗尤其是论诗绝句得到了长足发展。金代元好问，清代王士禛、袁枚等人都有令人称道的论诗绝句。今人郭绍虞、钱仲联、王蘧常先生编有《万首论诗绝句》，其收集自唐迄清作品近万首，共有作者近八百人，不仅有单首绝句，还有大量绝句组诗，清人谢启昆《读全宋诗仿元遗山论诗绝句》竟多至二百首。论诗绝句在我国蔚为大观，杜甫的肇启之功不可磨灭。

---

[1] （唐）杜甫著，（清）仇兆鳌注：《杜诗详注》卷十一，中华书局1979年版，第898—901页。

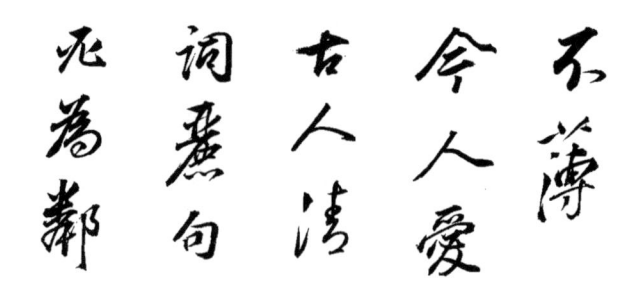

图：（明）董其昌《论书并书杜甫诗》（局部），纸本，行楷，全卷纵103厘米、横119.5厘米，北京故宫博物院藏

唐人不仅以诗文论诗评诗，还编撰了众多诗格和诗选。诗格是一类专门研究诗（主要是近体诗）艺术形式的著作，唐初开始出现。上官仪《笔札华梁》、元兢《诗髓脑》、李峤《评诗格》、崔融《唐朝新定诗体》、旧题王昌龄撰《诗格》、旧题白居易撰《金针诗格》、旧题贾岛撰《二南密旨》、郑谷等《新定诗格》、僧齐己《风骚旨格》、王玄《诗中旨格》、徐夤《雅道机要》、王梦简《诗要格律》等，都是今天可见的唐代诗格代表作。唐人作诗格的一个主要目的是教人作诗，因此诗格中大量的内容是讲声律、对偶和用典等写作技巧。如王昌龄《诗格》中提出"诗有五用例""诗有三境""诗有内外意""诗有物象比"等说法，并分别举例说明。这些技巧总结有些过于琐屑而招致后人讥评，但置于唐代来考察，它们对推动诗艺的普及和提高不乏积极意义。

诗选，是诗歌选集，最迟在南北朝时就已出现，徐陵《玉台新咏》即是其中代表。唐代的诗选数量已颇为惊人。当代学者陈尚君考订了唐人编选诗歌总集137种，待考集目尚有50多种。[1]这些诗选选录标准并不统一，有的是遴选前代诗歌，有的仅节选唐代一段时期或某一类诗人的诗篇，有的专选某一体裁的诗篇。数量众多的诗选有力促进了唐诗的流传和繁荣。更为重要的是，作者编选诗歌选集，总有一个依照某一种或多种标准对诗篇进行选择比较的过程，如此一来，每一个选本都会或强或弱地反映出编选者个人对于诗的认识。因此，诗选很早就被纳入诗歌批评的范畴。况且有的唐代诗选不仅有序，还在所录诗歌和诗人后面附有评语，更加具有诗论的意义。

以殷璠所编《河岳英灵集》为例：此书卷首有《序》和《集论》各一篇，介绍编选宗旨；正文中选录盛唐常建、李白、王维等二十四位诗人的二百余首诗，对诗人作有评论，揭示其风格特色，标举佳篇名目和摘引佳句进行说明。书中殷璠批评齐梁以来诗歌"都无兴象，但贵轻艳"[2]，首次提出"兴象"说。他称赞孟浩然"众山遥对酒，孤屿共题诗"具有兴象。[3]孟浩然这两句诗有意将众山、孤屿等自然景物与饮酒、题诗等人文情事相融合，景中含情、情因景生。因此，"兴象"超越单一的"兴"和"象"，是诗人之"兴"与客观物象紧密结合、情景交融所形成的一种美学

---

[1] 陈尚君著：《唐代文学丛考》之《唐人编选诗歌总集叙录》，中国社会科学出版社1997年版，第219—220页。

[2] [3] 傅璇琮编撰：《唐人选唐诗新编》，陕西人民教育出版社1996年版，第107页、第172页。

境界。"兴象"此后成为中国诗学的一个重要审美范畴，诗选所具有的诗学价值由此可见一斑。

2. 兴寄·风骨·诗境

唐初，陈子昂不满南朝诗歌的华靡和浮艳，提出"兴寄"和"风骨"两个诗歌创作标准，倡导新的诗歌风范。陈子昂（661—702），字伯玉，梓州射洪（今属四川）人，因曾任右拾遗，后世称"陈拾遗"。他批评齐梁诗"彩丽竞繁，而兴寄都绝"[1]，感叹汉魏风骨的衰落。何谓"兴寄"？"兴寄"是指比兴寄托，与《诗经》比兴传统一脉相承。《诗经》中惯常使用一些比兴手法，以景或物来比喻或兴起全诗，但表达的重点并非所咏景或物。汉代儒家从诗的政治功能出发，赋予诗政治美刺内涵。如《毛诗序》认为《关雎》为美后妃之德，《静女》为刺卫君无道、夫人无德。汉儒这种释诗方法流于牵强附会，虽不可取，却也将诗与现实政治紧密连接起来。六朝，尤其是齐梁诗中追求语言的华美、形式的精巧和描摹的巧似，虽工于体物，却少让人回味和涵泳的思想力量。陈子昂有感于齐梁诗歌的不足，大力倡导"兴寄"，正是希望诗应通过眼前景、身边事的咏写来表达更为丰富、厚重的内容和思想。何谓"风骨"？刘勰《文心雕龙》就已有《风骨篇》，倡导文学创作中的"风骨"之力。但刘勰所论"风骨"的确切含义，后人一直莫衷一是。陈子昂赞美东方虬的诗篇"骨气端翔，音情

---

[1] （唐）陈子昂著，彭庆生校注：《陈子昂集校注》卷一《修竹篇序》，黄山书社2015年版，第163页。

顿挫，光英朗练，有金石声"[1]，即可视作其对"风骨"的具体阐释。因此，陈子昂所指的"风骨"应是指爽朗刚健的艺术呈现。"兴寄"和"风骨"都不由陈子昂发明，陈子昂的贡献在于上追汉魏，将"兴寄"和"风骨"并举，着力扭转六朝以来的浮靡诗风，为唐诗发展指出向上一路。

陈子昂的诗论影响有唐一代。李白、杜甫、元结、殷璠、白居易、元稹等人都大力推崇风雅比兴，崇尚风骨，确立了唐代诗论的主要取向。如杜甫论诗推重风雅，《戏为六绝句》其六"别裁伪体亲风雅"句即是其具体体现。元结认为当时那些一味讲究声律和形似的诗歌创作背离了《诗经》的风雅传统，以此特意编选一些不同于时俗、有规讽寄托的诗篇，以警时人，以传后世，即唐诗选本《箧中集》。白居易和元稹大力赞美先秦的采诗制度，大张旗鼓地创作讽喻诗。白居易提出"歌诗合为事而作"的现实创作精神，主张诗歌创作要能"救济人病，裨补时阙"[2]。他高扬诗的风雅传统，曾说"为诗意如何？六义互铺陈。风雅比兴外，未尝著空文"[3]。为了凸显诗的社会现实意义，白居易大力批判六朝以来脱离现实、绮靡华丽的文风，提出"不为文而作"[4]。这些诗论，立足儒家诗教理论，空前强化了诗的政治功能，强调了诗与国事民

---

1 《陈子昂集校注》卷一《修竹篇序》，第163页。
2 （唐）白居易著，顾学颉校点：《白居易集》卷十五《与元九书》，中华书局1979年版，第962页。
3 《白居易集》卷一《读张籍古乐府》，第2页。
4 《白居易集》卷三《新乐府序》，第52页。

生的紧密联系,但其对文辞修饰的片面否定,也容易走向重内容轻形式的另一个极端。

在风骨方面,杜甫称赞庾信诗篇"凌云健笔意纵横",堪称"风骨"论的又一种表达。殷璠《河岳英灵集》认为盛唐诗"声律风骨始备"[1],以"风骨"作为品评盛唐诗的一个主要标准。如评陶翰:"既多兴象,复备风骨。"[2]评崔颢:"晚节忽变常体,风骨凛然。"[3]评王昌龄:"四百年内,曹、刘、陆、谢,风骨顿尽。"[4]殷璠《河岳英灵集》在当时流传颇广,书中对盛唐诗的品评也多中肯之论。由此,"风骨"作为盛唐诗的显著特征,成为评价"诗"的一个重要审美范畴。

唐代还创造性地提出了"诗境"理论。王昌龄《诗格》首倡"诗有三境"说:"诗有三境:一曰物境。二曰情境。三曰意境。"[5]其中,"物境"指"象之形似"之境,亦即客观外象之境;"情境"指"深得其情"之境,亦即诗人内心情感之境;"意境"指悟得"真意"之境,是超越物境和情境,达于一种妙合无垠的理想之境。每一种诗境的完成,都经过景(或情,或意)与身、心的交流化合过程。因此,诗境与景、情、意息息相关,但显然又超越单一的景、情和意,达到一种浑融一体的"境"的美学境界。此后,中唐诗僧皎然有"取境"和"造境"之说,刘禹锡有"境在象外"说。晚唐时,司空图受道家思想影响,提

1　2　3　4　《唐人选唐诗新编》,第107页、第142页、第161页、第182页。
5　张伯伟撰:《全唐五代诗格汇考》,江苏古籍出版社2002年版,第172页。

出了"象外之象，景外之景"[1]之说。其中，"象外之象"中的第一个"象"，是诗中描摹的真实物象，第二个"象"则是以第一个"象"为媒介，读者发挥想象力获得的一种虚幻之象。"景外之景"亦然。司空图没有论及诗"境"，但"象外之象，景外之景"所指由一般景、象而生成的新的景、象，其实也可视为一种诗境。

"诗境"论是我国诗歌发展在唐代臻于极盛的结果。它的提出受到佛教思想的直接启发，其不断深化和发展则不乏道家思想的影响，这是一个佛道思想灌注于诗中所孕生的理论硕果。它从艺术上补充了儒家诗教观的不足，拓展了我国诗论的艺术审美空间和美学张力。

3. 风格与韵味

诗是一种语言的艺术，受创作者气质禀赋和审美追求等因素决定，外在呈现的风格会有所不同。南北朝时，刘勰《文心雕龙·体性》已概括总结了文章的典雅、远奥、精约、显附、繁缛、壮丽、新奇、轻靡等八种风格。唐代时，围绕诗风格的认识和讨论更加深入。

初唐时，李峤所撰《评诗格》把诗分为十体，其中质气、宛转、飞动、精华等已属风格论。稍后，王昌龄《诗格》中总结出"诗"高格、古雅、闲逸、幽深、神仙等五种趣向，也大抵指风

---

[1] （清）董诰等编：《全唐文》卷八〇七《与极浦书》，中华书局1983年版，第8487页。

格。中唐时，皎然《诗式》区分出高、逸、贞、忠、节、气、情、思、德、诚、闲、达、悲、怨、意、力、静、远等 19 种诗风，分类可以说是空前具体和详实。尽管这些分类有的并不科学，如节、忠、志等用来概括风格就过于牵强。但皎然关于诗歌风格的分类还是对后世产生了一定影响。旧题为司空图所撰、今人陈尚君考证为明人伪作的《二十四诗品》，进一步将诗歌分为雄浑、冲淡、纤秾、沉著、高古、典雅、洗练、劲健、绮丽、自然、含蓄、豪放、精神、缜密、疏野、清奇、委曲、实境、悲慨、形容、超诣、飘逸、旷达、流动等 24 品，每一品都以十二句四言韵语进行描述。无论从风格的品目数量、分类的科学性还是具体描述解释方面，都在皎然基础上有了巨大发展。

《二十四诗品》虽已基本认定非司空图所作，但司空图对唐代诗学的贡献还是不能抹杀的。这就不得不提其"韵味"说了。司空图以食物为比喻，提出诗当有"味外之旨"和"韵外之致"。[1]司空图并不是将"味"引入诗歌审美的第一人。钟嵘《诗品》中已有"滋味"说，认为五言诗是有滋味的一种诗体。司空图的"韵味"说虽本于钟嵘的"滋味"说，但显然又进一层，强调"味"和"韵"之外的审美想象和感受。这种认识和境生于象外的诗境论殊途而同归，共同将诗之审美开掘到更深远的层次。

1　（唐）司空图：《与李生论诗书》，载（清）董诰等编《全唐文》卷八〇七，第 8485 页。

二、诗至唐而众体悉备

诗发展至唐代,迎来了最为辉煌的时期。如果以山峰为喻,唐诗无疑是海拔最高、风景最为壮丽的群山之峰;如果以江河为喻,唐诗堪称一条汇集众流而波澜最为壮阔的大河;如果以花朵为喻,唐诗则好似百花园中娇艳绽放的牡丹。唐诗的繁荣,体现为诗歌题材的无比丰富;诗歌体式的成熟定型;表现技巧和方法的多样与高超;艺术趣味的多元;诗歌意境的开掘;诗风的变幻多姿;诗歌流派的层出不穷;思想与艺术俱佳的诗歌名篇灿若星辰;优秀诗人数不胜数,堪称卓绝的大诗人数以十计;等等。诗在唐代得到了全面发展,声律、风骨兼备的盛唐诗歌则是顶峰中的顶峰,创造了我国"诗"的最高典范。繁盛过后如何为继?中唐诗人以他们的革新精神和创新勇气,又开拓出一片诗的新天地。诗在中唐肇启了由唐诗向宋诗的转变。

1. 古体诗的发展

古体诗作为我国历史最为悠久的诗体,在隋唐以前已经成熟。进入唐代,古体诗进一步发生新变。在音节上,受近体诗影响,一部分古体诗开始讲究声律和对仗,形式愈加工整,一部分古体诗则有意与近体诗相区别,走上反律化的道路;在内容上,古体诗叙事、抒情的优长得以显现,既产生了如《自京赴奉先县咏怀五百字》《北征》《秦妇吟》等纪实类长篇古诗,也有如《春江花月夜》《琵琶行》《长恨歌》等抒情类长篇歌行；体裁上，七言古诗郁然勃兴，歌行体横空出世，新乐府则以新题写时事。

(1) 五言古诗

感遇三十八首（其二）
陈子昂

兰若生春夏，芊蔚何青青。
幽独空林色，朱蕤冒紫茎。
迟迟白日晚，袅袅秋风生。
岁华尽摇落，芳意竟何成。[1]

陈子昂论诗推崇兴寄和风骨，主张恢复古诗的风雅传统。《感遇三十八首》正是其诗歌主张的具体体现。此组诗并非作于一时一地，或感慨身世，或咏怀述志，或讽喻时政，具有很强的思想性和现实性。这首诗是其中的第二首，诗中前四句描写夏日兰花和杜若的繁茂和绰约风姿，后四句转而咏叹入秋后两花的凋落。诗人看似仅仅咏叹花的短暂命运，然而结尾"芳意竟何成"的比拟让我们意识到，诗人实际用比兴的手法托物感怀，借咏花来寄寓个人怀才不遇的身世之感。从形式上看，这首诗五言八句，中间四句对仗工整，隔句押平声韵，似是一首五言律诗。但仔

---

[1]《陈子昂集校注》卷一，第29页。

细辨识，这首诗平仄粘对并不符合律诗要求，如"迟迟白日晚，袅袅秋风生"两句的末尾三音节是"三仄调"（仄仄仄）和"三平调"（平平平），第七句和第六句的平仄没有形成粘对等。因此，这首诗虽受律诗的影响，有律化的倾向，但仍然是一首古诗。

羌村三首（其二）

杜　甫

晚岁迫偷生，还家少欢趣。
娇儿不离膝，畏我复却去。
忆昔好追凉，故绕池边树。
萧萧北风劲，抚事煎百虑。
赖知禾黍收，已觉糟床注。
如今足斟酌，且用慰迟暮。[1]

唐肃宗至德二载（757），杜甫从左拾遗任上被放还鄜州。这首诗是诗人回羌村探家时所作。诗中描写了诗人回家以后忧闷难解的心情，表达出诗人身处乱世不甘苟且偷生的心态。整首诗围绕"少欢趣"进行渲染，正反多方面进行叙写，情景交融，语言质朴。"娇儿"两句生动再现了小孩子见到久别父亲后的状貌，栩栩如生，动人心弦。诗人在诗中不讲究平仄粘对，隔句押仄声

---

1 《杜诗详注》卷五，第 392—393 页。

韵，还尽可能破偶句为单行，不形成对仗句式，似是有意与律体相区别，形成一种音节拗峭、叙事流动、形式自由的反律化审美特色。

听颖师弹琴
韩　愈

昵昵儿女语，恩怨相尔汝。
划然变轩昂，勇士赴敌场。
浮云柳絮无根蒂，天地阔远随飞扬。
喧啾百鸟群，忽见孤凤凰。
跻攀分寸不可上，失势一落千丈强。
嗟余有两耳，未省听丝篁。
自闻颖师弹，起坐在一旁。
推手遽止之，湿衣泪滂滂。
颖乎尔诚能，无以冰炭置我肠。[1]

颖师是唐代一位善于弹琴的和尚，当时多位诗人都写诗称颂过他。韩愈这首诗不仅是其中最受称道的，也是历代摹写音乐的名篇佳作。诗分两部分，前十句正面描绘琴声，音乐高低疾徐的无穷变化说明了颖师的高超琴艺；后八句写诗人听琴的感受和反应，用

---

[1]（唐）韩愈著，钱仲联集释：《韩昌黎诗系年集释》卷九，上海古籍出版社1994年版，第1005页。

自己的坐立不安、泪雨滂沱和冰炭塞肠的深刻感受,侧面烘托琴声的优美动听。诗人巧妙采用了多个生动贴切的比喻,将无形的音乐转化为一幅幅图像,使音乐可听又可感,从而带给读者十足的视听享受。这首诗以五言为主,杂有七言,开头两句押仄声韵,后转为押平声韵,更好地表现出琴声内容和声调疾徐的变化。这种不拘平仄、叙事流畅、句式自由变换的古诗体式自有一种古朴自然、气势飞动、淋漓顿挫的美感,与近体诗的整齐、工整和音节婉转和谐形成了鲜明对比。

图:《古贤诗意图》之韩愈《听颖师弹琴》。《古贤诗意图》,(明)杜堇画,金琮书,纸本、墨色,纵28厘米,横1079.5厘米,北京故宫博物院藏

(2)五言乐府

长干曲四首(其一)

崔 颢

君家何处住,妾住在横塘。

停船暂借问,或恐是同乡。[1]

《长干曲》是乐府旧题,现存古辞一首,五言四句,写江南少女驾舟

---

[1] 中华书局编辑部点校:《全唐诗》卷一三〇,中华书局1999年版,第1330页。

采菱的情景。崔颢此诗完全沿用乐府旧题，诗人以女子的口吻直接发问，而自问自答的过程中传达出女子欣喜、羞涩、期盼等种种心理。全诗纯用白描，不饰雕饰，具有一种率真无邪的乐府民歌美感。

长干行
李　白

妾发初覆额，折花门前剧。
郎骑竹马来，绕床弄青梅。
同居长干里，两小无嫌猜。
十四为君妇，羞颜未尝开。
低头向暗壁，千唤不一回。
十五始展眉，愿同尘与灰。
常存抱柱信，岂上望夫台。
十六君远行，瞿塘滟滪堆。
五月不可触，猿声天上哀。
门前迟行迹，一一生绿苔。
苔深不能扫，落叶秋风早。
八月胡蝶来，双飞西园草。
感此伤妾心，坐愁红颜老。
早晚下三巴，预将书报家。
相迎不道远，直至长风沙。[1]

1　（唐）李白著，（清）王琦注：《李太白全集》卷四，中华书局1977年版，第256页。

这首诗虽用乐府旧题,篇幅已加长了许多,内容也更加丰富。前六句描写商人妇回忆与丈夫青梅竹马、两小无猜的感情;"十四为君妇"以下八句叙写两人成婚和婚后的甜蜜;"十六君远行"以下叙写丈夫出门远行,商人妇触景生情,忧思连连,盼其早归。整首诗以缠绵婉转的笔调从回忆写到现实,再写到期盼,成功抒写出商人妇对丈夫的真挚感情和深深思念。诗中细节的描写很成功,如以"郎骑竹马来,绕床弄青梅"写少年间的暗生情愫,"低头向暗壁,千唤不一回"写新娘的羞涩,都极为细腻动人。

(3)七言古诗[1]

哀江头

杜 甫

少陵野老吞声哭,春日潜行曲江曲。
江头宫殿锁千门,细柳新蒲为谁绿。
忆昔霓旌下南苑,苑中万物生颜色。
昭阳殿里第一人,同辇随君侍君侧。
辇前才人带弓箭,白马嚼齿黄金勒。
翻身向天仰射云,一笑正坠双飞翼。
明眸皓齿今何在?血污游魂归不得。

---

[1] 七言古诗的概念有广狭之分。广义上包括七古、歌行、乐府、新乐府等在内的用韵灵活、形式自由的七言或以七言为主的诗体。狭义上则指在格律上有意与七言律诗(包括七律、七排)相区别,严避律句,风格上与歌行的曼妙多姿、宛转流动相区别,讲求语句浑雄、格调苍古的一类七言诗体。这里用其狭义。

清渭东流剑阁深，去住彼此无消息。

人生有情泪沾臆，江草江花岂终极。

黄昏胡骑尘满城，欲往城南望城北。[1]

这首诗作于杜甫因安史之乱困居长安之时，主要抒发诗人国破家亡的深哀巨恸。前四句概写一腔悲绪的诗人悄悄行走在曲江边，但见宫门紧锁，细柳新蒲虽一如往常，却全然没有了欣赏的人，以此委婉写出战乱后的一片萧条。"忆昔霓旌下南苑"以下六句回忆唐玄宗和杨贵妃游幸曲江的盛事。那时花木生辉，贵妃备极荣宠，同辇出游娇纵逸乐。"明眸皓齿今何在"以下八句由对李、杨悲剧的感慨，逐层转到对战争动乱、世事沧桑的哀痛。全诗紧紧围绕"哀"字抒写，昔日之乐反衬着今日之哀，今日之哀则缘于昔日之乐，在"哀"与"乐"的对照中，诗人的哀恸之情也愈转愈深。诗人的思绪由现实转入回忆，再回到现实，今昔的时事巨变，也使整首诗的结构极具开阖之妙。从诗体形式上来看，全诗虽为整齐的七言句，却有意避开律体的平仄粘对和对仗手法，部分采用了顶针手法，形成一种沉郁顿挫又不乏宛转流利的艺术风格。

发阆中

杜　甫

前有毒蛇后猛虎，溪行尽日无村坞。

---

1 《杜诗详注》卷四，第329—331页。

江风萧萧云拂地,山木惨惨天欲雨。
女病妻忧归意急,秋花锦石谁能数。
别家三月一书来,避地何时免愁苦。[1]

此诗作于杜甫晚年漂泊梓州、阆中时期。前四句描写途中所见景致,荒野无人,天气阴惨。后四句抒写诗人归途心情,因女病妻忧而归心似箭,不知何时才能摆脱漂泊流离之苦。整首诗在句式上为整齐的七言八句,三、四两句对仗还颇为工整,与律诗极为肖似;但细看其格律,不仅押仄声韵,每句的平仄粘对也完全不符合律体要求。这种区别于律体的声律和句式,会同诗中的凄凉景致,使此诗的哀伤之感直击人心。

曲江三章

杜 甫

曲江萧条秋气高,菱荷枯折随风涛,游子空嗟垂二毛。
白石素沙亦相荡,哀鸿独叫求其曹。
即事非今亦非古,长歌激越捎林莽,比屋豪华固难数。
吾人甘作心似灰,弟侄何伤泪如雨。
自断此生休问天,杜曲幸有桑麻田,故将移往南山边。
短衣匹马随李广,看射猛虎终残年。[2]

---

1 《杜诗详注》卷十二,第1052页。
2 《杜诗详注》卷二,第137—139页。

这组七言古诗作于安史之乱前,当时杜甫正寓居长安。第一首描写曲江秋日萧条之景,抒发诗人怀才不遇之感。第二首写诗人长歌解忧,故作旷达,还劝解亲人们不必为自己难过。第三首写诗人眼见仕途无望,家乡还有薄田,兴起归隐之思。三首诗在情感的抒发上层层深入,在形式上每章五句,每句七言,在第三句作顿。这种体式,既不是近体诗,也不是传统的古体诗,而是杜甫的一种独特创造。

山石

韩 愈

山石荦确行径微,黄昏到寺蝙蝠飞。
升堂坐阶新雨足,芭蕉叶大支子肥。
僧言古壁佛画好,以火来照所见稀。
铺床拂席置羹饭,疏粝亦足饱我饥。
夜深静卧百虫绝,清月出岭光入扉。
天明独去无道路,出入高下穷烟霏。
山红涧碧纷烂漫,时见松枥皆十围。
当流赤足蹋涧石,水声激激风吹衣。
人生如此自可乐,岂必局束为人靰。
嗟哉吾党二三子,安得至老不更归。[1]

---

[1] 《韩昌黎诗系年集释》卷二,第145页。

这首诗仅是以开头"山石"二字为题,并不是歌咏山石,主要叙写诗人游历山寺的观感。诗人从黄昏入寺写起,依时间推移,一一叙写观看佛画、斋饭充饥、佛寺夜卧直至清晨离去后整个行程的所见、所闻和所感,恰如一篇诗体的游记文章。这种铺叙的笔法是一种以散文的笔法结构诗篇的创新。除此以外,诗人有意不用偶句,而用句与句间单行顺接的方式,打破诗体的对仗工整。韩愈这种"以文入诗"的努力极大丰富了"诗"的表现手法,赋予了"诗"新的艺术美感。

(4)七言歌行

春江花月夜

张若虚

春江潮水连海平,海上明月共潮生。
滟滟随波千万里,何处春江无月明。
江流宛转绕芳甸,月照花林皆似霰。
空里流霜不觉飞,汀上白沙看不见。
江天一色无纤尘,皎皎空中孤月轮。
江畔何人初见月,江月何年初照人。
人生代代无穷已,江月年年望相似。
不知江月待何人,但见长江送流水。
白云一片去悠悠,青枫浦上不胜愁。
谁家今夜扁舟子,何处相思明月楼。

可怜楼上月裴回,应照离人妆镜台。
玉户帘中卷不去,捣衣砧上拂还来。
此时相望不相闻,愿逐月华流照君。
鸿雁长飞光不度,鱼龙潜跃水成文。
昨夜闲潭梦落花,可怜春半不还家。
江水流春去欲尽,江潭落月复西斜。
斜月沉沉藏海雾,碣石潇湘无限路。
不知乘月几人归,落月摇情满江树。[1]

《春江花月夜》是乐府清商曲辞中旧题,原为短篇,张若虚将其扩为长歌。全诗以月为主体,紧扣春、江、花、月、夜的背景来写。随着月轮的升起、高悬、西斜和落下,一幅江南春夜的画卷徐徐展开。它空灵飘渺,充满对生命哲理的追问;它缠绵悱恻,寄寓游子思妇的离别相思之苦,构造了情、景、理水乳交融的意境。整首诗语言清新宛转,韵调优美,声情与文情丝丝入扣,一洗六朝宫体的浓脂腻粉,在初唐诗风的转变中有重要地位。闻一多称其"替宫体诗赎清了百年的罪"[2]。《春江花月夜》一般被认作歌行体在唐代正式形成的一个标志。歌行是七言古诗与骈赋渗透融合产生的一种新的自由体诗歌体裁。歌行诗形式上一般以七言句为主,又常夹以杂言,句式十分自由。与七言古诗相比,歌行体擅用蝉联、拟对等表现手法,也不刻意避用律句,节奏上具有

---

[1] 《全唐诗》卷一一七,第1185页。
[2] 闻一多撰:《唐诗杂论》之《宫体诗的自赎》,上海古籍出版社1998年版,第19页。

一种婉转曼妙、疏而不滞的流动感;与传统乐府诗相比,歌行诗一般以第一人称主体化口吻直接抒情,更擅长放情长言;歌行诗题常自拟新题或虽沿用乐府旧题,但已赋予其全新内容,多带有"歌""行""吟""谣""引"或"歌行"等名词。歌行体和律体相比肩,是最能体现唐诗伟大创造、代表唐诗成就的两类诗体。

桃源行

王 维

渔舟逐水爱山春,两岸桃花夹去津。
坐看红树不知远,行尽青溪不见人。
山口潜行始隈隩,山开旷望旋平陆。
遥看一处攒云树,近入千家散花竹。
樵客初传汉姓名,居人未改秦衣服。
居人共住武陵源,还从物外起田园。
月明松下房栊静,日出云中鸡犬喧。
惊闻俗客争来集,竞引还家问都邑。
平明闾巷扫花开,薄暮渔樵乘水入。
初因避地去人间,及至成仙遂不还。
峡里谁知有人事,世中遥望空云山。
不疑灵境难闻见,尘心未尽思乡县。
出洞无论隔山水,辞家终拟长游衍。
自谓经过旧不迷,安知峰壑今来变!

当时只记入山深，青溪几度到云林。

春来遍是桃花水，不辨仙源何处寻。[1]

王维（701—761），字摩诘，号摩诘居士，因曾任尚书右丞，世称"王右丞"，唐朝著名山水田园诗人、画家，有《王摩诘文集》，存诗400余首。这是王维十九岁时写的一首诗，题材取自陶渊明《桃花源记》。诗内容出自陶文，叙写的顺序、层次也完全依照陶文，前八句写渔夫发现桃源，"樵客初传汉姓名"十四句写访问桃源，"不疑灵境难闻见"写离开桃源，"出洞无论隔山水"八句写再寻桃源。不过，此诗的成功之处却在于没有亦步亦趋地改写陶文，而是重新进行艺术再创造。诗人通过摹写一个个景象，营造诗的意境，来展现桃源的美丽与传奇，其比陶文画面更为优美，体现出诗歌不同于散文小说的文体特色。全诗三十二句均为七言句，每四句或六句一换韵，平仄相间，转换有致。句与句之间不讲究粘对和对偶，但也有不少句子的平仄暗合律句的格式，以此形成了一种工整流丽、从容婉转的艺术美感。

<h3 style="text-align:center">梦游天姥吟留别</h3>
李　白

海客谈瀛洲，烟涛微茫信难求。越人语天姥，云霞明灭或可睹。天姥连天向天横，势拔五岳掩赤城。天台

1　（唐）王维撰，陈铁民校注：《王维集校注》卷一，中华书局1997年版，第16—17页。

四万八千丈,对此欲倒东南倾。我欲因之梦吴越,一夜飞度镜湖月。湖月照我影,送我至剡溪。谢公宿处今尚在,渌水荡漾清猿啼。脚著谢公屐,身登青云梯。半壁见海日,空中闻天鸡。千岩万转路不定,迷花倚石忽已暝。熊咆龙吟殷岩泉,栗深林兮惊层巅。云青青兮欲雨,水澹澹兮生烟。列缺霹雳,丘峦崩摧。洞天石扇,訇然中开。青冥浩荡不见底,日月照耀金银台。霓为衣兮风为马,云之君兮纷纷而来下。虎鼓瑟兮鸾回车,仙之人兮列如麻。忽魂悸以魄动,恍惊起而长嗟。惟觉时之枕席,失向来之烟霞。世间行乐亦如此,古来万事东流水。别君去兮何时还?且放白鹿青崖间,须行即骑访名山。安能摧眉折腰事权贵,使我不得开心颜。[1]

这首诗作于唐玄宗天宝四年(745)。此时,李白准备离开东鲁,南下吴越。诗人全凭想象描写梦游天姥山,表现了对神仙世界的热烈向往和追求,表达了诗人不事权贵的傲然态度。首八句写入梦的缘由,用比较和衬托手法写出天姥山之高大。"我欲因之梦吴越"至"失向来之烟霞"三十句着力写梦境,由飞渡湖月写到登至山顶,景物一步步变换,梦境越来越瑰奇,众仙人出场时达到了梦的高潮。"忽魂悸以魄动"一句让令人心神荡漾的热闹戛然而止,梦境消失,回到现实。最后七句点出全诗的主旨,即告诉朋

---

[1] 《李太白全集》卷十五,第706—708页。

友们为什么要去求仙访道。"安能摧眉折腰事权贵"两句表现了对权贵的蔑视,已成千古名句。这是一首留别诗,更是记梦诗和游仙诗,诗写梦游名山,想象丰富曲折,大胆夸张,描绘了让人目眩神迷、瑰伟雄奇的奇幻意境。此诗以七言为基调,间以杂言,兼用骚体,诗人信手写来,笔随兴至,诗才横溢。李白的歌行是其旷世才情和独特个性的体现,更是盛唐蓬勃向上的时代精神的艺术投射,让一代代后人叹为观止!

观公孙大娘弟子舞剑器行　并序

杜　甫

大历二年十月十九日,夔州别驾元持宅,见临颍李十二娘舞剑器,壮其蔚跂。问其所师,曰:"余公孙大娘弟子也。"开元三载,余尚童稚,记于郾城,观公孙氏舞剑器浑脱,浏漓顿挫,独出冠时。自高头宜春、梨园二伎坊内人,洎外供奉舞女,晓是舞者,圣文神武皇帝初,公孙一人而已。玉貌锦衣,况余白首,今兹弟子,亦匪盛颜。既辨其由来,知波澜莫二。抚事慷慨,聊为《剑器行》。昔者吴人张旭,善草书书帖,数常于邺县见公孙大娘舞西河剑器,自此草书长进,豪荡感激,即公孙可知矣。

昔有佳人公孙氏,一舞剑器动四方。
观者如山色沮丧,天地为之久低昂。

第五章
巅峰与转向——隋唐五代之"诗"

> 燿如羿射九日落，娇如群帝骖龙翔。
> 来如雷霆收震怒，罢如江海凝清光。
> 绛唇珠袖两寂寞，晚有弟子传芬芳。
> 临颍美人在白帝，妙舞此曲神扬扬。
> 与余问答既有以，感时抚事增惋伤。
> 先帝侍女八千人，公孙剑器初第一。
> 五十年间似反掌，风尘澒洞昏王室。
> 梨园子弟散如烟，女乐余姿映寒日。
> 金粟堆南木已拱，瞿塘石城草萧瑟。
> 玳筵急管曲复终，乐极哀来月东出。
> 老夫不知其所往，足茧荒山转愁疾。[1]

这首诗是杜甫晚年流落夔州时所作，诗中描写公孙大娘及其弟子精妙的舞蹈表演，并通过她们的生活变迁，反映唐代中期的兴衰治乱和身处其中的沉痛心情。所以历代都认为此诗实际是通过写剑器舞来寄托盛衰之感，是一首感时抚事诗。诗的序文写得很有诗意，清楚记述创作的缘由和主旨，多角度描绘公孙大娘舞技高超，言简意繁，语浅情深，跳跃跌宕。诗篇前八句运用夸张的想象描写公孙大娘卓越的舞蹈艺术，比喻奇幻雄壮。"绛唇珠袖两寂寞"六句写观李十二娘表演，引出下文对时事的感慨。"先帝侍女八千人"六句集中概括时代兴衰和社会巨变，显示了杜甫卓绝

---

[1] 《杜诗详注》卷二十，第1815—1818页。

图:(清)任颐《公孙大娘舞剑图》,纸本,墨笔,纵41.9厘米,横28厘米,北京故宫博物院藏

的艺术功力。最后六句回到宴会现场,写出杜甫内心的悲痛。这首诗对公孙大娘舞蹈艺术的描绘,用几句话集中概括历史兴衰的笔力以及序和诗的珠联璧合都令人称道。李白和杜甫一向被认作我国最伟大的两位诗人,创造了唐诗最高的艺术典范。但两人又呈现出截然不同的诗风,一个浪漫,一个写实,从不同角度开掘着诗艺的新高度。将两人的歌行相比较,即可看出不同。李白歌行以非凡的想象力、错落多变的笔法和昂扬飘逸的气势夺人耳目,杜甫歌行则以思想张力、细腻高超的笔法技巧和沉郁含蓄的诗风让人反复涵泳。李白的创作难以模仿,杜甫的创作则可示人法度,对后代诗歌产生了深刻影响。

长恨歌

白居易

汉皇重色思倾国,御宇多年求不得。

杨家有女初长成,养在深闺人未识。

第五章
巅峰与转向——隋唐五代之"诗"

天生丽质难自弃，一朝选在君王侧；
回眸一笑百媚生，六宫粉黛无颜色。
春寒赐浴华清池，温泉水滑洗凝脂；
侍儿扶起娇无力，始是新承恩泽时。
云鬓花颜金步摇，芙蓉帐暖度春宵；
春宵苦短日高起，从此君王不早朝。
承欢侍宴无闲暇，春从春游夜专夜；
后宫佳丽三千人，三千宠爱在一身。
金屋妆成娇侍夜，玉楼宴罢醉和春。
姊妹弟兄皆列土，可怜光彩生门户；
遂令天下父母心，不重生男重生女。
骊宫高处入青云，仙乐风飘处处闻。
缓歌慢舞凝丝竹，尽日君王看不足。
渔阳鼙鼓动地来，惊破霓裳羽衣曲。
九重城阙烟尘生，千乘万骑西南行。
翠华摇摇行复止，西出都门百余里。
六军不发无奈何，宛转娥眉马前死。
花钿委地无人收，翠翘金雀玉搔头；
君王掩面救不得，回看血泪相和流。
黄埃散漫风萧索，云栈萦纡登剑阁；
峨嵋山下少人行，旌旗无光日色薄。
蜀江水碧蜀山青，圣主朝朝暮暮情；

行宫见月伤心色，夜雨闻铃肠断声。
天旋地转回龙驭，到此踌躇不能去；
马嵬坡下泥土中，不见玉颜空死处。
君臣相顾尽沾衣，东望都门信马归。
归来池苑皆依旧，太液芙蓉未央柳。
芙蓉如面柳如眉，对此如何不泪垂？
春风桃李花开夜，秋雨梧桐叶落时。
西宫南苑多秋草，落叶满阶红不扫。
梨园弟子白发新，椒房阿监青娥老。
夕殿萤飞思悄然，孤灯挑尽未成眠；
迟迟钟鼓初长夜，耿耿星河欲曙天。
鸳鸯瓦冷霜华重，翡翠衾寒谁与共？
悠悠生死别经年，魂魄不曾来入梦。
临邛道士鸿都客，能以精诚致魂魄；
为感君王展转思，遂教方士殷勤觅。
排空驭气奔如电，升天入地求之遍；
上穷碧落下黄泉，两处茫茫皆不见。
忽闻海上有仙山，山在虚无缥渺间。
楼阁玲珑五云起，其中绰约多仙子。
中有一人字太真，雪肤花貌参差是。
金阙西厢叩玉扃，转教小玉报双成。
闻道汉家天子使，九华帐里梦魂惊。

> 揽衣推枕起徘徊，珠箔银屏迤逦开；
> 云鬓半偏新睡觉，花冠不整下堂来。
> 风吹仙袂飘飘举，犹似霓裳羽衣舞；
> 玉容寂寞泪阑干，梨花一枝春带雨。
> 含情凝睇谢君王，一别音容两渺茫；
> 昭阳殿里恩爱绝，蓬莱宫中日月长。
> 回头下望人寰处，不见长安见尘雾；
> 惟将旧物表深情，钿合金钗寄将去。
> 钗留一股合一扇，钗擘黄金合分钿；
> 但令心似金钿坚，天上人间会相见。
> 临别殷勤重寄词，词中有誓两心知；
> 七月七日长生殿，夜半无人私语时：
> 在天愿作比翼鸟，在地愿为连理枝。
> 天长地久有时尽，此恨绵绵无绝期！[1]

这是一篇咏叹唐玄宗与杨贵妃故事的诗歌名作，也是白居易最有影响的诗作之一。诗开篇叙写唐玄宗好色废政和杨贵妃恃宠而骄。"渔阳鼙鼓动地来"到"魂魄不曾来入梦"，依次叙写安史之乱后，玄宗逃往蜀地，马嵬坡下，贵妃身亡，玄宗返回长安。诗人不惜笔墨地渲染描写玄宗在蜀中的寂寞悲伤、还都路上的追怀忆旧、回宫以后睹物思人，极力铺写玄宗对贵妃的思念。"临邛道士鸿都

---

[1] 《白居易集》卷十二，第 238—239 页。

客"以下,诗人转而用浪漫的手法描写仙界中的杨贵妃对玄宗的情深义重,以此回应玄宗的思念。最后以"天长地久有时尽,此恨绵绵无绝期"结束全诗,点明题旨。这首诗虽完整叙写了李、杨爱情故事,但叙事中却穿插浓烈的抒情,充满感伤情调。可以说,读者与其说是被诗中叙写的帝王传奇爱情故事所打动,不如说是被其中抒写的痴男怨女不能长相厮守的"长恨"所感动。白居易巧妙地以环境来衬托内心的伤感,以恰当的比喻来形容人物的风神,以虚构和想象来强化感情的忠贞,同时又运用晓畅精练的语言、整齐划一的七言句式和平仄韵自由转换的诗体形式,让此诗变得声情摇曳、婉转流动,极富艺术感染力。这也再一次显示出歌行体擅于"放言长情"的诗体特色。

(5)七言乐府诗

将进酒

李 白

君不见黄河之水天上来,奔流到海不复回。
君不见高堂明镜悲白发,朝如青丝暮成雪。
人生得意须尽欢,莫使金樽空对月。
天生我材必有用,千金散尽还复来。
烹羊宰牛且为乐,会须一饮三百杯。
岑夫子,丹丘生,进酒杯莫停。
与君歌一曲,请君为我倾耳听。

> 钟鼓馔玉不足贵，但愿长醉不用醒。
> 古来圣贤皆寂寞，惟有饮者留其名。
> 陈王昔时宴平乐，斗酒十千恣欢谑。
> 主人何为言少钱，径须沽取对君酌。
> 五花马，千金裘，呼儿将出换美酒，与尔同销万古愁。[1]

《将进酒》原是汉乐府曲调，内容多写饮酒放歌的行为，李白此诗借古乐府旧题来写己怀。诗人将一腔感情借劝酒抒发出来，写出了人生失意中激愤、狂放又不失积极的复杂心情。全诗用笔大开大阖，歌中有歌，频频使用夸张手法，使诗篇呈现极为奔放跌宕的气势与力量。通篇以七言句为主，又间以三、五、十言句；诗句以散行为主，又不乏工整的对仗语句，极具参差错综之致。

行路难三首（其一）

李白

> 金樽清酒斗十千，玉盘珍羞直万钱。
> 停杯投箸不能食，拔剑四顾心茫然。
> 欲渡黄河冰塞川，将登太行雪满山。
> 闲来垂钓碧溪上，忽复乘舟梦日边。

---

[1]《李太白全集》卷三，第179—180页。

行路难,行路难,多歧路,今安在?
长风破浪会有时,直挂云帆济沧海。[1]

《行路难》是古乐府杂曲歌名,内容多写世道艰难,表达离情别意。李白此诗是借乐府旧题写一己之怀。首四句写面对美酒佳肴,诗人毫无心绪。停、投、拔、顾四个连续的动作,形象地写出诗人心情的苦闷茫然。"欲渡黄河冰塞川"两句以山川的险阻暗喻世路的艰难。"闲来垂钓碧溪上"两句又转写对政治生活仍有所期待。结句"长风破浪"和"挂帆济海"的理想一转此前的苦闷基调,奏出了昂扬奋进的曲调,展现出诗人远大的抱负和豪迈气概。诗人内心的消沉与自信、抑郁与追求,在诗中激荡起伏,展现了李白遭遇挫折后复杂的心理变化。传统乐府诗中诗人常以第三人称的口吻

图:(南宋)梁楷《李白行吟图》,纸本,水墨,纵81.2厘米,横30.4厘米,日本东京国立博物馆藏

[1]《李太白全集》卷三,第189页。

来叙事或抒情。李白乐府诗却将这种客体化视角转为主体化抒写。诗中以七言为主，夹有三言句式，句式错落有致，音韵跌宕舒展，修辞大胆夸张而又巧妙妥帖，形成一种极具李白个人印记的古诗风格。李白以天才之力完成了乐府诗从古体向唐体的转变，将乐府诗创作推向了无与伦比的艺术高峰。

（6）新乐府诗

无家别

杜 甫

寂寞天宝后，园庐但蒿藜。
我里百余家，世乱各东西。
存者无消息，死者为尘泥。
贱子因阵败，归来寻旧蹊。
久行见空巷，日瘦气惨凄。
但对狐与狸，竖毛怒我啼。
四邻何所有，一二老寡妻。
宿鸟恋本枝，安辞且穷栖。
方春独荷锄，日暮还灌畦。
县吏知我至，召令习鼓鞞。
虽从本州役，内顾无所携。
近行止一身，远去终转迷。
家乡既荡尽，远近理亦齐。

永痛长病母,五年委沟溪。

生我不得力,终身两酸嘶。

人生无家别,何以为蒸黎。[1]

此诗是杜甫用五言古体写时事的名篇佳作。诗中用士兵的口吻,讲述其战败后逃归故乡、家破人亡,又再度从军、无家可别的悲惨故事,控诉了安史之乱带给人民的苦难,有以诗写史之功。开头至"一二老寡妻"十四句,写士兵返乡后所见的景象,由远及近,写出战乱后家乡的荒凉破败。"宿鸟恋本枝"四句,写士兵返乡后的生活。"县吏知我至"以后,写士兵被再次征召。整首诗围绕士兵回家又离家的顺序展开叙述,层次清晰,结构谨严。诗人很善于抓取典型情景,融情于景,"日瘦气惨凄"一句,用拟人手法融景入情,烘托士兵的凄惨心境。"虽从本州役"六句描写士兵听到召令后的心理变化,由自伤转庆幸又转自伤,愈转愈深,刻画入微。杜甫此诗没有沿用乐府旧题,而是自创新题,缘事而发,讽刺时事,这种创造直接影响了白居易等人的新乐府运动。

卖炭翁
白居易

卖炭翁,伐薪烧炭南山中。

满面尘灰烟火色,两鬓苍苍十指黑。

---

[1] 《杜诗详注》卷七,第537—538页。

> 卖炭得钱何所营？身上衣裳口中食。
> 可怜身上衣正单，心忧炭贱愿天寒。
> 夜来城外一尺雪，晓驾炭车辗冰辙；
> 牛困人饥日已高，市南门外泥中歇。
> 翩翩两骑来是谁？黄衣使者白衫儿：
> 手把文书口称敕，回车叱牛牵向北。
> 一车炭，千余斤，宫使驱将惜不得。
> 半匹红绡一丈绫，系向牛头充炭直。[1]

受杜甫影响，白居易倡导继承《诗经》和汉魏乐府"感于哀乐，缘事而发"的传统，提出"文章合为时而著，歌诗合为事而作"[2]的诗歌主张。为了使诗歌更好发挥针砭时政、补察人情的作用，他摒弃乐府旧题，致力于用新的乐府题目咏写时事，创作新乐府诗歌。《卖炭翁》即是一首新乐府诗名篇。此诗诗题即所咏之事。前八句写卖炭翁烧炭不易与生活困苦。"可怜身上衣正单，心忧炭贱愿天寒"两句刻画卖炭翁细微复杂的心理活动，尤为贴切精警。"夜来城外一尺雪"四句写卖炭翁雪后进城卖炭。卖炭翁为了能让炭卖个好价钱，宁愿挨冻也希望天寒、降大雪。卖炭翁的心愿即将实现，诗人却笔墨一转，"翩翩两骑来是谁"以后写官使抢走炭，卖炭翁的美好愿景成了泡沫。诗中没有直接议论，而是通过

---

[1]《白居易集》卷四，第79—80页。
[2]《白居易集》卷十五《与元九书》，第962页。

描写卖炭翁由"伐薪烧炭"到进城卖炭再到炭被抢走的整个过程，写出卖炭翁由满怀希望到愿望落空的强烈落差，揭露了宦官强取豪夺的野蛮行径。此诗借由卖炭翁的遭遇，深刻鞭挞和抨击了当时的"宫市"弊政，表达了作者对下层劳动人民的深切同情。形式上，此诗以七言为主，夹有数句三言，两句一换韵，且平仄韵错杂，音节上不讲究平仄粘对，句式上不求对偶工整，以此刻意与律体相区别。

2. 格律诗的成熟

格律诗，又称今体诗，明代以后习惯称近体诗，以与古体诗相区别。它是在永明体基础上发展而来，在唐代完成定型并成熟，讲究平仄、对仗和押韵的一种诗歌体裁。同样是讲究声律和对仗，诗为什么由永明体发展至近体诗才得到蓬勃发展？或者说，唐人将永明体发展成为格律诗的巨大贡献在哪里？南朝时，沈约、王融、谢朓等人讲究四声（平上去入）八病（平头、上尾、蜂腰、鹤膝、大韵、小韵、正纽、旁纽），创立了永明体。四声八病的有些规定过于苛刻，如要求五言诗一句内第二字与第四字的声调不能相同，否则就犯"蜂腰"之病；五字句中不能首尾皆清音，中一字独浊，否则就犯"鹤膝"之病；五言诗两句之内不能有与韵脚同一韵部的字，否则就犯"大韵"之病；五言诗两句之间不能有同属一个韵部的字，否则就犯"小韵"之病；等等。这些规定仿佛沉重的枷锁，严重束缚了诗人们的创作，让他们拘禁于斟酌字词的音律，不能更好地考虑内容的艺术表达。唐人所做的一项主要工作就是简化永明体的苛刻规定。他们将四声二元化，阳平与阴平为平声，上声、去声、入声为仄声，音律仅分平仄两声，以此既能使诗保有音韵和谐之美，又避免声律划分过细所带来的诸多苛刻规定，从而大大降低了诗的创作难度。在此基础上，唐人又进一步确立了每两句为一联，除首尾二联外，中间几联必须对仗；同联的两句必须平仄相对，联与联之间必须平仄相粘，形成了"句内相间，联内相对，联间相粘"的诗体结构方式。唐人在永明体基础上创造的这种新诗体，即为律诗。律诗以五言、七言为主（也有六言，但较为少见），一般为八句，十句以上的称排律或长律。律诗中最先成熟的是五律，在沈佺期、宋之问时期即已定型；七律的格律至杜甫时才完全成熟。杜甫五、七言律诗各体兼擅，极大发展了律诗的艺术技巧，开拓了律诗的境界。杜甫以后，五、七言律诗平行发展，大历十才子、韩愈、白居易、柳宗元、刘禹锡、李商隐等中晚唐诗人从不同角度进一步丰富律诗的艺术空间，使律诗成为最能代表唐诗辉煌成就的一类诗体。

除律诗之外，唐人还将格律运用于绝句，创造了一种讲究平仄的新绝句（或称"律绝句"）。南朝时期已经出现了一些五言四句或七言四句的短诗，但并不要求平仄和谐，一般称之为"古绝句"。唐人绝句的格律通常截取自律诗；或截取前后二联，不用对仗；或截取中二联，全用对仗；或截取前二联，首联不用对仗；或截取后二联，尾联不用对仗。其以五、七言绝句居多，偶有六言绝句。唐代的绝句多可以和乐歌唱。唐代擅作绝句的诗人众多，留下了众多脍炙人口的诗篇。这些绝句篇幅短小，或兴象玲珑，或意蕴曲折，或清丽婉转，或悲壮激昂，或富有禅意，或风趣活泼……风格尽管不同，但都言简意赅，韵味悠长，浑然天成。

（1）五言律诗

度大庾岭

宋之问

度岭方辞国，停轺一望家。
魂随南翥鸟，泪尽北枝花。
山雨初含霁，江云欲变霞。
但令归有日，不敢恨长沙。[1]

宋之问（约656—约712），字延清，初唐著名诗人，与沈佺期并称"沈宋"。此诗作于宋之问被贬途中。大庾岭是中原与岭南的分界点，诗人在此回望乡关，既有对家乡的无比眷恋，也有对未来贬谪生活的深深忧虑，以至于只要能平安归来就心满意足了，一种含泪吞声的悲怆情思跃然纸上。律诗的每两句为一联，一、二句称为首联，三、四句称为颔联，五、六句称为颈联，七、八句

---

[1]（唐）沈佺期、宋之问撰，陶敏、易淑琼校注：《沈佺期宋之问集校注》卷二，中华书局2001年版，第428页。

称为尾联,颔联、颈联需要对仗。这首诗五言八句,句内平仄相间,联内平仄相对,联与联间平仄相粘,偶句押平声韵,中间两联对仗工整,从格式上来说已是非常成熟的律诗。

山居秋暝
王　维

空山新雨后,天气晚来秋。
明月松间照,清泉石上流。
竹喧归浣女,莲动下渔舟。
随意春芳歇,王孙自可留。[1]

这首诗是王维代表作之一。诗人紧扣诗题抒写,首联点明气候和节候,颔联描写山中月照松林、石流清泉的自然景色,颈联描写浣女晚归的生活景致,尾联表达劝隐山中之意,再次强化山居的美好。中间两联一侧重写物,一侧重写人,有静态描摹,也有动态的捕捉;有光影的朦胧,也有声音的交响,构成了一幅幽静明秀又充满生活气息的山居晚景图。后人也以"诗中有画"[2]来高度评价王维诗。

---

1 《王维集校注》卷五,第451页。
2 曾枣庄、舒大刚主编:《苏东坡全集》之《书摩诘〈蓝田烟雨图〉》,中华书局2021年版,第2496页。

登岳阳楼

杜 甫

昔闻洞庭水，今上岳阳楼。

吴楚东南坼，乾坤日夜浮。

亲朋无一字，老病有孤舟。

戎马关山北，凭轩涕泗流。[1]

这首诗作于杜甫晚年，是杜甫五律名篇之一。首联写登楼，颔联写登楼所见。诗人夸张地描写浩瀚的湖水将吴、楚两地分开，天地都似乎在湖中日夜漂浮，极力形容洞庭湖的壮阔。颈联写诗人漂泊孤独之感，恰由登楼观景所逗引而起。尾联转到对国家安危的担忧，正是杜甫时刻心系国家社稷的体现。诗人的视野由岳阳楼至洞庭湖再至关山以北，情思由一己之身扩展至一国安危，诗人所思所感与自然壮阔景观融合无间，形成一种壮阔深远、悲壮苍凉的意境。

赋得暮雨送李胄

韦应物

楚江微雨里，建业暮钟时。

漠漠帆来重，冥冥鸟去迟。

海门深不见，浦树远含滋。

---

1 《杜诗详注》卷二十二，第 1946—1947 页。

相送情无限，沾襟比散丝。[1]

韦应物（737—792），字义博，长安（今陕西西安）人，因出任过苏州刺史，世称"韦苏州"，著有《韦苏州集》。作为中唐前期著名诗人，韦应物受陶渊明、谢灵运、王维、孟浩然等诗人影响，多写山水田园诗作，其清雅闲淡，自成一体。这是一首雨中送别友人的诗。首联写送别之地，中间两联写江上烟雨迷离之景，尾联写离愁。全诗紧扣题目，将暮雨和送别绾结在一起，薄暮烟雨绘得生动，离别之情写得真挚。诗中描写暮雨，主要从"暮"和"雨"两方面着眼，突出其光线暗淡和水汽氤氲的特质，从远、近、动、静多个角度进行形容，绘出了一幅立体江南烟雨图。结尾点明送别主题，又以雨丝比喻别泪，使离别情与暮雨景相互呼应，浑然一体。整首诗一脉贯通，情景交融，意境开阔，为唐人五律送别诗中的精品之作。

暮过山村

贾 岛

数里闻寒水，山家少四邻。

怪禽啼旷野，落日恐行人。

初月未终夕，边烽不过秦。

萧条桑柘外，烟火渐相亲。[2]

---

1 孙望编著：《韦应物诗集系年校笺》卷七，中华书局2002年版，第367页。
2 黄鹏笺注：《贾岛诗集笺注》卷八，巴蜀书社2002年版，第278页。

贾岛（779—843），字浪仙（一作"阆仙"），幽州范阳县（今河北涿州）人，著有《长江集》。其诗注重诗句的锤炼，喜欢描写荒凉枯寂之境，多凄苦情味，因此他与孟郊并称"岛瘦郊寒"。这是一首羁旅诗，描写了诗人旅途中的所见所感。首联一写听觉，一写视觉，勾勒出山村远景。数里以外就能听到水的声音，写出山里的寂静；水为寒水，则刻画出山里的凄冷。颔联形容旅途凄惨之状，写得有声有色，如在目前，屡受诗评家称道。颈联由白日转入写夜景。尾联写即将到达山村，写出诗人的喜悦之情。诗中采用移步换景的手法，时间由傍晚至晚上，空间由旷野至山村，一一描绘了寒水、怪禽、落日、初月、边烽、桑柘、烟火等景物，诗人的情绪也由惶恐转至欢欣。诗中细致入微地刻画了人在旅途中的心理变化，真实自然，富有韵味。整首诗意象险怪寒瘦，境界幽深奇险，充分体现了贾岛诗幽奇寒僻的风格特色。

（2）七言律诗

登高

杜 甫

风急天高猿啸哀，渚清沙白鸟飞回。

无边落木萧萧下，不尽长江滚滚来。

万里悲秋常作客，百年多病独登台。

艰难苦恨繁霜鬓，潦倒新亭浊酒杯。[1]

---

1 《杜诗详注》卷二十，第1766页。

这首诗作于唐代宗大历二年（767）秋，杜甫时年五十六岁，流落夔州，处境困窘。诗前两联写登高所见之景，气象壮大，后两联抒登高之感触，沉郁悲苦，情与景浑然一体，充分表达了诗人长年漂泊、忧国伤时、老病孤愁的复杂感情。诗中四联皆为工对，首联两句、尾联两句又句中自对，字字精当，无一虚设，用字遣词，浑然天成，被后人誉为"杜集七言律诗第一"[1]"唐七言律第一首"[2]，乃至"古今七言律第一"[3]。闻一多先生曾把格律诗的创作比成"戴着镣铐跳舞"，还说"恐怕越有魄力的作家越要戴着镣铐才跳得痛快"[4]。杜甫这首《登高》正是这个观点的最好注解。

图：（清）王时敏《杜甫诗意图册》第六开，纸本，墨笔，纵39厘米，横25.5厘米，北京故宫博物院藏

---

1 （唐）杜甫著，（清）杨伦笺注：《杜诗镜诠》卷十七，上海古籍出版社1962年版，第842页。
2 （明）胡应麟撰：《诗薮》内编卷五，上海古籍出版社1979年新1版，第101页。
3 《诗薮》内编卷五，第95页。
4 《古诗神韵》之《诗的格律》，第258页。

秋兴八首

杜 甫

其一

玉露凋伤枫树林，巫山巫峡气萧森。
江间波浪兼天涌，塞上风云接地阴。
丛菊两开他日泪，孤舟一系故园心。
寒衣处处催刀尺，白帝城高急暮砧。

其二

夔府孤城落日斜，每依北斗望京华。
听猿实下三声泪，奉使虚随八月槎。
画省香炉违伏枕，山楼粉堞隐悲笳。
请看石上藤萝月，已映洲前芦荻花。

其三

千家山郭静朝晖，日日江楼坐翠微。
信宿渔人还泛泛，清秋燕子故飞飞。
匡衡抗疏功名薄，刘向传经心事违。
同学少年多不贱，五陵衣马自轻肥。

其四

闻道长安似弈棋，百年世事不胜悲。
王侯第宅皆新主，文武衣冠异昔时。
直北关山金鼓振，征西车马羽书驰。
鱼龙寂寞秋江冷，故国平居有所思。

其五

蓬莱高阙对南山,承露金茎霄汉间。

西望瑶池降王母,东来紫气满函关。

云移雉尾开宫扇,日绕龙鳞识圣颜。

一卧沧江惊岁晚,几回青琐点朝班。

其六

瞿塘峡口曲江头,万里风烟接素秋。

花萼夹城通御气,芙蓉小苑入边愁。

珠帘绣柱围黄鹄,锦缆牙樯起白鸥。

回首可怜歌舞地,秦中自古帝王州。

其七

昆明池水汉时功,武帝旌旗在眼中。

织女机丝虚夜月,石鲸鳞甲动秋风。

波漂菰米沉云黑,露冷莲房坠粉红。

关塞极天惟鸟道,江湖满地一渔翁。

其八

昆吾御宿自逶迤,紫阁峰阴入渼陂。

香稻啄残鹦鹉粒,碧梧栖老凤凰枝。

佳人拾翠春相问,仙侣同舟晚更移。

彩笔昔曾干气象,白头今望苦低垂。[1]

---

[1] 《杜诗详注》卷十七,第 1484—1497 页。

这组七言律诗作于杜甫流落夔州时，是其律诗中的登峰造极之作。"秋兴"指诗人因秋以发兴，所"兴"之情主要是故国之思。第一首写夔州秋日之暮景，颈联感叹身世萧条，"故园心"画龙点睛，点明诗人旨意。第二首写夜晚由夔州北望京华，回忆过往在京为官经历，又被悲笳所唤醒，回到夔州。第三首写诗人清晨独坐夔州江楼的所见所思，以古人自比，慨叹功业无成。第四首前六句写长安时事变迁，末二句收归夔州，回到自身。第五首写长安宫阙朝仪之盛及诗人立朝经过。第六首写曲江昔日歌舞繁华景象，末二句笔锋一转，语极含蓄。第七首追忆长安昆明池景物之盛，末二句回归夔州现实。第八首回忆长安渼陂旧游之乐，末二句收归自身，结束全诗。从内容上看，诗人由暮年的羁旅夔州，联想到长安，由眼前的萧森秋景触发起个人身世之叹，进而思及国家盛衰之变，而每每追忆长安盛世之后又无不归结到诗人所在的夔州现实，今昔的盛衰之

图：（清）王时敏《杜甫诗意图册》第九开，纸本墨笔，纵 39 厘米，横 25.5 厘米，北京故宫博物院藏

变,夔州和长安的空间间隔,无不在强化诗人忧念国家兴衰的一腔赤子情怀。从表现手法上来说,诗人匠心独运,或即景含情,或借古喻今,或指斥无隐,或欲说还休,让整组诗充满变化。从结构上来说,八首诗以第四首为过渡,前三首详夔州而略长安,后五首详长安而略夔州;前三首由夔州而思及长安,后五首则由思长安而归结到夔州;前三首由现实引发回忆,后五首则由回忆回到现实。八首诗,可谓章法严整,脉络分明,蝉联一体,既有一首诗的浑然完整,又有八首诗的宏阔壮大,达到了组诗最为高妙的艺术境界。

白帝城最高楼

杜甫

城尖径仄旌旆愁,独立缥缈之飞楼。
峡坼云霾龙虎卧,江清日抱鼋鼍游。
扶桑西枝对断石,弱水东影随长流。
杖藜叹世者谁子,泣血迸空回白头。[1]

这首诗是杜甫初到夔州时所作,充满勃郁不平之气。首联概写白帝城环境和诗人登楼。写旌旆愁,隐含人亦愁。颔联写登楼所见近景,一写山,一写水,都是实景,却动静相宜,迷离恍惚。颈联写所见远景,是诗人想象之虚景。扶桑为神话传说之日出之处;

---

[1] 《杜诗详注》卷十五,第1276页。

弱水为昆仑山下之水，以此形容峡之高和江之远，刻画楼之"最高"。尾联抒发悲世伤怀之情。杜甫有意突破律诗句内平仄相间的格律规定，故作拗句，又未完全摆脱律体格律约束，一定在适当的位置再给"救"回来，以此形成一种虽打破固定的律诗格律，却有拗有救，整体仍属律诗的变体——拗体。此诗首句平仄格式为"平平仄仄平仄平"，五、六两个字的平仄就不符合正常律体"平平仄仄仄平平"的规定。但诗人又在第二句同样位置以"仄平"的格律给"救"了回来。也就是说，尽管单看一句似乎不符合律诗格律，但从一联来看又是符合律诗格律的。杜甫创造的这种拗体七律，声调拗怒，突破了七律的传统声律，给人耳目一新之感。

西塞山怀古
刘禹锡

西晋楼船下益州，金陵王气黯然收。
千寻铁锁沉江底，一片降幡出石头。
人世几回伤往事，山形依旧枕寒流。
今逢四海为家日，故垒萧萧芦荻秋。[1]

刘禹锡（772—842），字梦得，洛阳人，中唐著名诗人，与柳宗

---

1 （唐）刘禹锡撰，《刘禹锡集》整理组点校，卞孝萱校订：《刘禹锡集》卷二十四，中华书局1990年版，第300页。

元并称"刘柳",与白居易合称"刘白",著有《刘宾客集》,存诗800余首。这是一首怀古诗。诗中抚今追昔,吊古伤时,前两联描绘西晋灭吴,晋军势如破竹,吴军被迫投降,雄壮与惨淡并举,历史的残酷跃然纸上;后两联感叹兴亡,景色苍凉,情调低沉。在短短八句之中,诗人用四句咏西晋平吴一事,却只用"几回"二字概括六朝兴亡,极繁到极简的变化颇有意味。整首诗咏史、摹景与抒情相互映衬,相生相长,酣畅流丽,高雅自然,被誉为"唐人怀古之绝唱"。

遣悲怀三首(其三)

元 稹

闲坐悲君亦自悲,百年都是几多时!
邓攸无子寻知命,潘岳悼亡犹费词。
同穴窅冥何所望?他生缘会更难期。
惟将终夜长开眼,报答平生未展眉。[1]

元稹(779—831),字微之,洛阳人,中唐著名诗人。与白居易共同倡导新乐府运动,作唱和诗,世称"元白",著有《元氏长庆集》,存诗800余首。元稹在妻子韦丛死后写了许多悼亡诗,其中最为人称道的是《遣悲怀》三首,后人评价道:"古今悼亡

---

1 (唐)元稹著,周相录校注:《元稹集校注》卷九,上海古籍出版社2011年版,第249页。

诗充栋，终无能出此三首范围者。"[1] 此诗是其中的第三首，叙说自己的所思所想，寄托对妻子的无比深情。首联由悲悼妻子写到诗人自悲人生；颔联以邓攸和潘岳自比，写出诗人无子和丧妻的双重悲哀；颈联写死后夫妻同葬和来生相会的愿望都是虚幻；尾联写未来的事情难以把握，现实中的诗人只有整夜不眠，似乎只有如此才能回报妻子的恩情。诗中弥漫浓郁的悲伤之情，"亦""都""寻""犹""更""惟"等副词的运用，使感情起伏回旋，愈转愈悲，深婉动人。

梦天

李 贺

老兔寒蟾泣天色，云楼半开壁斜白。
玉轮轧露湿团光，鸾珮相逢桂香陌。
黄尘清水三山下，更变千年如走马。
遥望齐州九点烟，一泓海水杯中泻。[2]

李贺（790—816），字长吉，河南福昌昌谷（今河南洛阳宜阳县）人，后世称李昌谷，中唐著名诗人，著有《李长吉歌诗》，存诗250余首。其深受屈原、李白等人影响，擅长使用奇特的语言、

---

1 （清）蘅塘退士编，陈婉俊补注：《唐诗三百首》卷六，中华书局1984年版，第172页。
2 （唐）李贺著，（清）王琦等注：《李贺诗集集注》卷一，上海古籍出版社1978年版，第57页。

怪异的想象和极具悲感色彩的意象,营造幽奇冷艳的诗境。此诗记写了一次梦游月宫的经历。前两联写遨游月宫,后两联写从月宫俯视尘世的感觉,表现了诗人对世事无常的深刻认识。诗中的描绘全都出自诗人的幻想,极其奇伟,却又极为贴切。尤其写俯视人间,紧紧扣住"遥望"二字,将无比广阔的时空比喻为"走马""点烟""杯水",令人叫绝。整首诗想象丰富,构思奇妙,比喻新颖,体现了李贺诗歌变幻怪谲的艺术特色。

锦瑟

李商隐

锦瑟无端五十弦,一弦一柱思华年。
庄生晓梦迷蝴蝶,望帝春心托杜鹃。
沧海月明珠有泪,蓝田日暖玉生烟。
此情可待成追忆,只是当时已惘然。[1]

李商隐(约813—约858),字义山,号玉溪(谿)生,又号樊南生,晚唐最著名诗人,和杜牧合称"小李杜",与温庭筠合称为"温李",著有《李义山诗集》,存诗近600首。其诗长于表现心灵世界,擅用非写实表现手法,风格秾丽,诗境朦胧,极大开拓了诗的艺术表现疆域。这首诗取开头两字为题,并非咏锦瑟,

---

1 (唐)李商隐著,(清)冯浩笺注:《玉溪生诗集笺注》,上海古籍出版社1979年版,第493页。

实际上还是一首无题诗。关于此诗的主题历来有多种解释，素有"一篇《锦瑟》解人难"[1]的慨叹。仅就诗的内容来看，大概是诗人晚年回顾往事、自伤不幸的诗篇。首联写诗人由锦瑟联想到自身过往的美好时光；颔联用庄生梦蝶、杜鹃啼血两个典故，写往事如梦，伤心悲苦；颈联上句写月夜珠泪，朦胧光景中有晶莹之感，下句写白日生烟，明媚光景中却具朦胧之象。两句境界一冷一暖，却相互呼应，似乎喻指人生的悲喜无常。尾联拢束全篇，写出诗人忆往思今的苦痛心情。整首诗运用联想与想象，情思如梦如幻，意境浑融完整，字字堪比珠玉。

（3）六言律诗

送李亿东归

温庭筠

黄山远隔秦树，紫禁斜通渭城。

别路青青柳弱，前溪漠漠苔生。

和风澹荡归客，落月殷勤早莺。

霸上金尊未饮，谯歌已有余声。[2]

---

1 王士禛：《戏仿元遗山论诗绝句》，载郭绍虞、钱仲联、王遽常编《万首论诗绝句》，第233页。
2 （唐）温庭筠著，（清）曾益等笺注，王国安标点：《温飞卿诗集笺注》卷四，上海古籍出版社1998年版，第76页。

温庭筠(约812—约866),字飞卿,太原祁(今山西省祁县)人,晚唐著名诗人、词人,著有《温飞卿集》,存诗约330首。其诗辞藻华丽,秾艳精致,内容多写闺情、宴游。在诗方面,温庭筠与李商隐齐名,时称"温李"。在词方面,温庭筠与韦庄齐名,并称"温韦"。六言律诗属格律诗的范畴,与五、七言的平仄粘对和对仗等要求一致;但与五、七言律体相比,六言律诗的句式缺少变化,表意不够丰富,因此仅是诗人偶尔为之的一种诗体。温庭筠这首诗是送别友人之作。首联概写送别之地,兼写友人东归之地;中间两联写离别之情境,对仗工整,"柳"有"留人"之意,和风潋荡和殷勤早莺则渲染出一片和洽气氛;尾联写送别之酒未饮而歌已阑,归客即将启程。整首诗清新流丽,风调自佳。

(4)五言排律

八月三日夜作

白居易

露白月微明,天凉景物清。
草头珠颗冷,楼角玉钩生。
气爽衣裳健,风疏砧杵鸣。
夜衾香有思,秋簟冷无情。
梦短眠频觉,宵长起暂行。

烛凝临晓影，虫怨欲寒声。

槿老花先尽，莲凋子始成。

四时无了日，何用叹衰荣？[1]

五排这种诗体，由一般律诗扩展而来，每首最少五韵（十句），多则可以达到一百韵（二百句）。除首尾两联外，中间各联都需对仗，各句间也都要遵守平仄粘对的律诗格式。因此，五排容易显得堆砌死板，历来极少名篇。白居易创作了数量众多的五排，其中《代书诗寄微之》竟长达一百韵。《八月三日夜作》八韵十六句，全诗对仗工整，语言浅切平易。诗人紧扣诗题抒写秋夜景致以及诗人的触物感思。诗人的笔触从室外写到室内再转到室外，从自然之景写到日用物品再转到自然物象，写出了秋夜的清冷和节候的更替，然而诗人却并未因此而悲秋，反而从中悟到了四时万物的生生不息。

（5）七言排律

清明二首（其二）

杜　甫

此身飘泊苦西东，右臂偏枯半耳聋。

寂寂系舟双下泪，悠悠伏枕左书空。

1　《白居易集》卷三十三，第747页。

十年蹴鞠将雏远,万里秋千习俗同。
旅雁上云归紫塞,家人钻火用青枫。
秦城楼阁烟花里,汉主山河锦绣中。
春水春来洞庭阔,白𬞟愁杀白头翁。[1]

这是一首杜甫晚年的诗作。全诗共五联十句,属七言排律。从诗体上看,七言排律较为少见,杜甫这首诗属七排中的上品。首联概写苦于漂泊、年老病废的命运;二、三联一边重写病痛,一边重写漂泊,进一步铺叙首联;四联以旅雁北归对照家人流落楚地,再次强化漂泊之感;五联想象都城的寒食之景,表达对故乡的思念;尾联回到眼前之景,洞庭春景愈美,诗人的心情愈发愁苦,以乐景写哀情,韵味无穷。全诗结构上纵横开阔,情绪上层层渲染,辅以虚实景色的巧妙映衬,似随意写来,却又不乏匠心之处,体现了杜甫晚年已臻化境的创作水平。

(6)五言绝句

宿建德江
孟浩然

移舟泊烟渚,日暮客愁新。
野旷天低树,江清月近人。[2]

---

[1]《杜诗详注》卷二十二,第1970页。
[2](唐)孟浩然著,徐鹏校注:《孟浩然集校注》卷四,人民文学出版社1989年版,第282页。

孟浩然（689—740），襄州襄阳（今湖北襄阳）人，世称"孟襄阳"，盛唐著名诗人，和王维并称"王孟"，有《孟浩然集》，存诗200余首。这首诗作于孟浩然出游途中，以写景见长。首二句写泊舟暮宿，诗人生出羁旅之思；后二句描写秋江月夜清幽旷远，恰切逼真，对仗工整，与诗人之"愁"相互交融，形成一种意兴无穷的意境。全诗语词锤炼近于自然，以景抒情，淡而有味。

独坐敬亭山
李　白

众鸟高飞尽，孤云独去闲。

相看两不厌，只有敬亭山。[1]

李白不仅擅写古体，绝句也写得极好。明人胡应麟曾称赞："太白五七言绝，字字神境，篇篇神物。"[2]这首五言绝句以简洁明快的语言，表达出人与自然之间的灵性相通，融合无间，蕴含无限情思。整首诗既自然，又含蓄，达到了绝句的最高境界。

八阵图
杜　甫

功盖三分国，名成八阵图。

江流石不转，遗恨失吞吴。[3]

---

1 《李太白全集》卷二十三，第1079页。
2 《诗薮》内编卷六，第108页。
3 《杜诗详注》卷十五，第1278页。

这是一首借咏古迹以咏史的五绝小诗。首二句对仗，概写诸葛亮的卓绝历史功绩。后二句以眼前古迹来慨叹诸葛亮的千古遗恨，寄寓诗人的无限惋惜之情。诗人将议论融于写景，给人一种此恨绵绵、余意不尽的感觉。

（7）七言绝句

黄鹤楼送孟浩然之广陵

李　白

故人西辞黄鹤楼，烟花三月下扬州。
孤帆远影碧山尽，惟见长江天际流。[1]

这是一首脍炙人口的送别诗。首二句概写送别的地点、时间和故人去向，末二句描摹送别的景致。诗人将对友人的依依不舍寄于一江碧水，以情带景，景中含情，情景交融中留给读者无尽想象。李白自由不羁、豪迈奔放的个人气质让整首诗有惜别，却无悲感，境界阔大，词隽意永。

江畔独步寻花七绝句（其六）

杜　甫

黄四娘家花满蹊，千朵万朵压枝低。
留连戏蝶时时舞，自在娇莺恰恰啼。[2]

---

[1] 《李太白全集》卷十五，第734页。

[2] 《杜诗详注》卷十，第818页。

如诗题所写，这首诗抒写诗人春日在江畔漫步的所见所感。重点描绘了繁花盛开、莺啼蝶舞的春日美景，寄寓诗人的一片喜悦之情。最后两句最为人称道，不仅造语精工，刻画细腻，形成极为工整的对仗，而且还特别考究地运用双声字（如"留连""自在"）、叠字（如"时时""恰恰"）和象声字（如"恰恰"），让诗句如贯珠相连，音调宛转，具有妙不可言的音乐美感。

舟中读元九诗
白居易

把君诗卷灯前读，诗尽灯残天未明。

眼痛灭灯犹暗坐，逆风吹浪打船声。[1]

酬乐天舟泊夜读微之诗
元　稹

知君暗泊西江岸，读我闲诗欲到明。

今夜通州还不睡，满山风雨杜鹃声。[2]

这两首绝句是白居易和元稹的唱酬之作。白居易诗以白描手法叙写深夜舟中读元稹诗的过程和思绪。诗人有何思绪？诗中并未直说，而是以浪打船声的景语收结。元稹诗不仅沿用白诗的韵

---

[1] 《白居易集》卷十五，第316页。

[2] 《元稹集校注》卷二十一，第624页。

脚,还从内容上回应了白诗,结构上也与白诗一般无二,最后都使用景语作结,体现出"含而不露"的妙处。两人的唱和诗,寄寓着友人间互相关心的浓浓情思,其胜于一般逗才斗巧的唱和诗。

(8)六言绝句

田园乐七首 (其六)
王 维

桃红复含宿雨,柳绿更带春烟。

花落家僮未扫,莺啼山客犹眠。[1]

此诗前两句描写旖旎的春光,意象明艳,清新自然;后两句抒写闲适的山居生活,慵懒自在,充满文人意趣。与五、七言绝句相比,六言绝句较为少见。王维这首六绝属于其中的佼佼者。

3. 诗境的开掘与转向

唐诗在盛唐时发展到了高峰,达到了声律、风骨兼备境界。李白、杜甫是创造唐诗最高峰的两位代表诗人,他们也被视为唐代诗坛的双子星、唐代最伟大的两位诗人。李白以其绝世才华和时代气质投入诗中,创造了如行云流水、清水芙蓉而又豪放飘逸的伟大诗篇,让人目眩神迷、叹为观止。杜甫则将其对社会、人生、自然的种种情感和思想,以几经锤炼的语言和高妙的技巧表

---

[1] 《王维集校注》卷五,第456页。

现在诗中，创造了沉郁顿挫的名篇巨制，让人拍案叫绝。他们二人，一个浪漫，一个现实；一个充分展现了诗的天才美、自然美，一个则空前拓展了诗的人工美、艺术美；一个可慕而不可学，一个可亲而可学。相比之下，杜甫在诗史上更具承前启后的地位和价值。

杜诗集前代之大成。杜甫客观审视前代诗人的创作得失，既尊崇诗骚传统，也高度评价谢灵运、鲍照、阴铿、庾信等南朝诗人的创作成就。他不像许多诗人那样只偏爱和擅长某一两种诗体，而是各体兼擅。

古体诗方面，杜甫创作咏怀、山水、边塞、登览、赠答、题画、咏物、寓言以及乐府古诗，使五古成为题材适应性最强的一种诗体。他还综合运用多种艺术手法。清人管世铭认为杜甫五言诗有书体、论体、赋体、序体、记体、颂体、说体、箴体、碑状体、纪传体，"尽有古今文字之体"。[1] 经过杜甫的创造，五古诗体在内容和艺术上的表现力都有了空前提高。

近体诗方面，杜甫将律诗发展到了登峰造极的艺术高度。他晚年致力于格律诗创作，不仅以律诗写应酬、咏怀、羁旅、宴游和山水，还尝试用律诗写时事，大幅度开拓了律诗的表现范围。他精心探求律诗的声律和语言表现技巧，严谨中追求变化，他的众多律诗都写得浑融婉转，极尽变化之能事，使人忘其为有格律

---

[1] 郭绍虞编选，富寿荪校点：《清诗话续编》之《读雪山房唐诗凡例·五古凡例》，上海古籍出版社1983年版，第1546页。

约束的诗体。

杜甫的集大成是兼有众体基础上的自铸伟辞。"子美集开诗世界!"[1]杜甫为后人开拓出诗发展的多条路径,肇启了由唐至宋的诗歌转向。

杜诗堪称"诗史"。杜甫在诗中写安史之乱等重要历史事件,也写普通百姓的民生疾苦,不仅可以印证史书所载,而且还能补史之缺。杜甫并不是首位写时事的诗人,但无疑是有史以来写时事最频繁、表现社会生活最为深广的一位诗人。中唐以后,元稹、白居易、张籍等诗人自觉承袭杜诗对民生疾苦的书写,倡导新乐府运动,创作新题乐府。韩愈、李商隐等诗人则有意学习杜甫以近体诗写时事,创作多首七绝、七律来表现政治内容。韩愈、白居易等人还继承杜甫用诗表现琐细生活细节的创作倾向,以诗来叙写日常交际和起居生活,如韩愈诗中写自己牙齿缺落只能食烂饭,白居易诗中反复写自己的病痛,等等。

杜诗转益多师,囊括众体,呈现出以沉郁顿挫为主的多元风格取向。中唐之后,诗人们从各自的创作倾向与风格倾向出发,有意识、有选择地向杜诗学习,将诗的艺术向纵深推进。杜甫曾自道"老去诗篇浑漫与"[2],元稹、白居易等继承杜诗的浅易和通俗化,作诗追求平实和晓畅易懂,形成重写实、尚通俗的元白诗派。杜甫作诗还有"语不惊人死不休"[3]的一面,韩愈、孟郊等人

---

1 (宋)王禹偁撰:《小畜集》卷九《日长简仲咸》,四部丛刊初编本。
2 3 《杜诗详注》卷十《江上值水如海势聊短述》,第810页。

继承杜诗的"险"，喜用生新怪语和怪奇的意象，有时甚至不避怪诞，刻意营造一种奇险意境，形成了与元白诗派迥异的韩孟诗派。杜甫还曾"晚节渐于诗律细"[1]，晚唐贾岛、姚合等诗人继承杜诗的"细"，擅咏细微景物或幽居生活，推敲字句，风格清幽。晚唐李商隐则整体继承了杜诗的"沉郁"。

　　杜甫还以惊人的独创精神对诗体和表现手法进行了多方面的探索。如他创作了古体连章诗、近体连章诗、排律、律诗拗体等创新体式；他在诗中评论前人诗歌创作，评点时局，夹以议论；他大量运用虚字，有意打破前人诗歌句式固有音节，使诗呈现散文化倾向；他用诗写传记、写游记、写自传、写奏议、写书札，把常用散文表现的内容写入诗中，并为此创造了多种诗歌表现形式和手法；等等。杜甫之后，元稹、白居易不仅将排律的篇幅大幅度加长，还进一步以排律往复唱和，乃至次韵，增强了排律的交际和逞技斗艺功能。韩愈等人则将杜诗开启的散文化发展为"以文为诗"，以散文化的章法、句法入诗，大量使用长短错落的散文句法，尽力消融诗与文的界限。同时，韩愈还屡屡在诗中直接表达对人生、社会的看法，有的甚至纯属说教，发展出以议论为诗的形式。宋人在韩愈、白居易等人以文为诗、以议论为诗的基础上，又以才学为诗，逐步创造出不同于唐诗风格的另一种诗歌范型——宋诗。

1　《杜诗详注》卷十八《遣闷戏呈路十九曹长》，第1602页。

因此，杜甫的"承前"固然重要，他的"启后"对诗史的意义更为重大。他以成功的艺术创造为后人开辟出宽广的诗歌创作道路，成为由唐诗范型向宋诗范型转向的发轫者。

唐诗在极盛下开始转向的同时，另一种抒情文体——词，也逐渐兴起。"词"最初是配合音乐演唱的歌辞。唐代的乐府诗虽用乐府古题，但基本已不能配乐而歌，反倒是一些绝句等格律诗常常被人配乐而唱，成为名副其实的"歌诗"。如在唐人笔记中记载的"旗亭画壁"故事中，王昌龄、高适和王之涣的四首绝句都被歌伎演唱过。诗在演唱过程中，为了与乐曲更好地配合，常常杂以和声、泛声等。这些和声、泛声处被填成实词，即可能演变成长短句词调。可以说，"词"与"歌诗"有着密切渊源，但"歌诗"可能也只是词的一部分来源。流行于民间的民歌小调、宴饮娱乐时作的酒令，都对"词"的兴起具有推动作用。至迟到中唐时，"词"已引起文人的兴趣。张志和、韦应物、白居易、刘禹锡等诗人都填过词。刘禹锡作《和乐天春词》，特意标明依《忆江南》曲拍为句。[1] 这也说明，当时"词"是依照一定曲调而创作文辞，与诗的创作方式迥然不同。

词兴起后，因其属配乐而唱，演唱者又多为女子，逐渐倾向于以女子口吻道出，擅写闺情风月。晚唐五代温庭筠、韦庄等花间词人所作之词，中心内容就是写男女情爱。与诗相比，词所表

---

[1] 《刘禹锡集》卷三十四《和乐天春词依忆江南曲拍为句》，第495页。

现的题材是狭窄的。唐代从陈子昂开始推崇诗的风雅传统，批评齐梁轻艳诗风，以此确立了唐代诗学崇雅的基本取向。在唐人笔下，诗可以表现时事政治和社会民生，可以描绘自然风景和人文景观，可以抒写文人的日常生活和万千情思，但很少像齐梁诗那样咏女子和艳情。唐诗所不屑于表现的题材，恰恰成为词所长于表现的内容。词成为诗的有益补充，逐步发展壮大起来。

虽然诗与词本质上都属抒情文体，有许多共通性。但在唐人眼中，词是偶尔为之，不能登大雅之堂，诗与词判然有别，界限分明。唐人的这种诗词观念，对宋人影响深远。宋人一度力辨雅俗，诗雅而词俗，诗庄而词媚，诗与词是泾渭分明的两种不同文体。词只有经过"以诗为词"等不断雅化后，才成为与诗相媲美的一种抒情文体。

第六章
别开生面的宋调——两宋之"诗"

唐朝灭亡五十余年后,宋朝建立。宋居唐后,宋代诗人水到渠成地继承了唐代丰硕的诗学遗产。面对唐诗这座难以逾越的高峰,宋代诗人在顶礼膜拜的同时,也不乏焦虑。王安石就曾说:"世间好语言,已被老杜道尽。世间俗语言,已被乐天道尽。"[1] 怀着这种既崇拜又焦虑的复杂心态,宋人先后以白居易、贾岛、韩愈、李白、杜甫等唐代诗人作为诗学典范,在全力摹习的同时,又于唐诗的薄弱之处着重用力,以文为诗,以议论为诗,以才学为诗,创造出了不同于唐诗的宋调。如果说唐诗是以韵胜,宋诗则以意胜;唐诗尚"兴象",宋诗重"兴趣";唐诗以丰腴为美,宋诗以平淡为美。唐诗与宋调成为中国诗的两种典型审美范型。而词在宋代的发展更引人瞩目,经由小道末技逐渐提升为"诗之余",由俗趋雅,成为一代文学之代表。"诗"在宋代,别开生面,有了一番崭新光景。

---

1 (宋)陈辅著:《陈辅之诗话》,载郭绍虞辑《宋诗话辑佚》,中华书局1980年版,第291页。

一、唯造平淡难

宋人沿袭唐人,高举诗的风雅传统,重视诗的美刺劝诫功能。但宋人并未对唐人亦步亦趋,他们创造了诗话这一新的论诗形式,开始推崇诗的"平淡"美,总结出了"脱胎换骨"和"点铁成金"等一系列诗法论,还有了明确的诗派意识。宋代关于"诗"的认识较唐代有了进一步发展。值得注意的是,宋人眼中的"诗"是不包括"词"在内的一个范畴,词在宋代别是一体,宋人对诗与词有着明确的分体意识。

1. 诗话的产生

唐人论诗,创造了诗格和论诗诗。宋人进一步创造了诗话这种随笔漫谈式的论诗形式。欧阳修晚年所作《诗话》(后称《六一诗话》),是我国第一部诗话。诗话由欧阳修肇启之后,宋人仿效者甚多。流传至今的宋诗话达百种以上。今人吴文治所编《宋诗话全编》共收录宋代诗话562家,原已单独成书的有170余种,现存较为完整的40余种,可以想见诗话在有宋一代的繁盛。

宋代诗话真实、生动而又详实地记录下宋人关于诗的生活和认识,保存了大量宋人论诗、评诗的材料。如:欧阳修在《六一诗话》中详细记述了梅尧臣关于作诗要"意新语工"的论说;蔡居厚在《蔡宽夫诗话》中记录了王禹偁"本与乐天为后进,敢期杜甫是前身"的由来;严羽的《沧浪诗话》梳理宋人由学唐到自出己意、自成一派的经过，概括出江西诗派"以文字为诗，以才学为诗，以议论为诗"的特点，还提出"别材""别趣""兴趣""妙悟"等诸多范畴，影响深远。

诗话的出现意义重大。诗话可以囊括的内容更为丰富，它既可以记事，也可以论诗。而且诗话的创作一般是"以资闲谈"，不像诗格等以服务科举考试为目的，这样就可以减少许多功利心，能以纯粹的鉴赏和批评心态来记事和论诗。

2. 平淡美

宋人以平淡论诗，始于梅尧臣。针对唐五代以来文坛虚空浮艳之弊，梅尧臣提出了"平淡"的主张。"作诗无古今，唯造平淡难。"[1]梅尧臣以自身创作给宋人做出了示范。其一，他喜欢在诗中吟咏平常小事，让诗之题材归于平凡。如他在诗中咏写值夜时想念妻儿、除夕与家人会饮、石濑中得双鳜鱼、舟中闻蛩、吃荠菜、吃味美而有毒的河豚等凡常生活，甚至还咏蚊子、咏捉虱子、咏如厕有鸦啄蛆等丑陋不美的生活细节。多数诗篇能把琐屑生活写得饶有兴味。梅尧臣为宋诗开辟了更加贴近日常生活的题材走向。其二，梅尧臣作诗刻意追求平淡的艺术风格。他在《依韵和晏相公》中吟道："因吟适情性，稍欲到平淡。"[2]他的诗作又是如何实现"平淡"的呢？且看他的一首名作：

---

[1] （宋）梅尧臣著，朱东润编年校注：《梅尧臣集编年校注》卷二十六《读邵不疑学士诗卷杜挺之忽来因示之且伏高致辄书一时之语以奉呈》，上海古籍出版社 1980 年版，第 845 页。

[2] 《梅尧臣集编年校注》卷十六《依韵和晏相公》，第 368 页。

东溪

梅尧臣

行到东溪看水时,坐临孤屿发船迟。

野凫眠岸有闲意,老树著花无丑枝。

短短蒲茸齐似剪,平平沙石净于筛。

情虽不厌住不得,薄暮归来车马疲。[1]

此诗首联写诗人到东溪看水流连忘返,中间两联精心描摹东溪风光,尾联写归来。欧阳修《六一诗话》记载梅尧臣论作诗:"必能状难写之景,如在目前,含不尽之意,见于言外,然后为至矣。"[2]此诗中间两联正是这种见解的最好注脚。诗人选取野鸭眠岸、老树著花、短短蒲茸和平平沙石四处景致进行摹绘,没有炫奇景物,没有华丽语言,一切都如平常自然道来,却有如在目前之感;野鸭有闲意和老树无丑枝,平常景致中充满哲思,有意在言外之趣。全诗色调枯淡,孤屿、野鸭、老树、蒲茸、沙石、薄暮,都是暗色调的,暗色调之中又有"花"的明亮加以点染,然而即使对这一抹亮色,诗人也有意以老树来尽量淡化。诗人的情思也是淡淡的,观水赏景,一切似自在闲远,诗人还在尾联特别强调马疲人倦,作枯涩之笔。读此诗,我们就能理解为什么欧阳修将梅尧臣诗形容为

---

1 《梅尧臣集编年校注》卷二十五,第773页。

2 (宋)欧阳修著:《六一诗话》,载(清)何文焕辑《历代诗话》,中华书局1981年版,第267页。

"初如食橄榄,真味久愈在"[1]了。梅尧臣在唐诗的丰神情韵之外,寻到了平淡美这一新的发展方向,有开宋诗风气之先的意义。

梅尧臣提出的平淡美,到苏轼时又有了进一步丰富和发展。苏轼以陶渊明诗为"平淡"美的典范,认为曹植、刘琨、鲍照、谢灵运乃至李白、杜甫等众多诗人都不能相及。苏轼眼中的"平淡"是一种超越了绚烂的老成风格、一种炉火纯青的美学境界。绚烂之极才能归于平淡,平淡是一种比绚烂更成熟的境界。在宋人心中,唐诗是绚烂的,宋诗应该在学习唐诗精髓后臻于更高的艺术境界。宋人选择"平淡"作为美学追求,正是欲超越唐诗、自立一代诗风的自觉体现。

3. 江西诗法论

宋代诗坛上,有一个颇为引人瞩目的诗歌流派——江西诗派。诗派在唐代已初具规模,如韩孟诗派、元白诗派都是后世公认的诗歌流派,但在当时无论是韩愈、孟郊,还是元稹、白居易以及其他流派成员,都尚未有明确的宗派意识。宋人的诗歌宗派意识明显增强。北宋末年,吕本中作《江西诗社宗派图》,把黄庭坚为首的诗歌流派取名为"江西宗派"。南宋刘克庄《江西诗派序》中直接称其为"江西诗派"。江西诗派从黄庭坚发端,流而成派,一直延续到南宋。诗派成员以江西籍诗人为主,但并不局限于江西,他们都或多或少地受到黄庭坚诗歌的影响,有着比较相近的题材

---

[1] (宋)欧阳修著,李逸安点校:《欧阳修全集》卷二《水谷夜行寄子美圣俞》,中华书局2001年版,第29页。

取向和艺术风格。江西诗派堪称是有宋一代乃至包括此后元、明、清三代影响最大的一个诗歌流派。

江西诗派之所以能有众多追随者，主要因为有一套成熟的诗法理论。江西诗派强调诗歌创作要讲法度，要把握一定的技巧原则，提出了有规可循、有法可遵的诗法。其中影响最大的当数黄庭坚的"点铁成金""夺胎换骨"和吕本中的"活法"说。

"点铁成金"说主张积极借鉴前代诗歌的语言艺术，推陈出新。"夺胎换骨"法包含"夺胎"和"换骨"两种方法，其中"换骨"法与"点铁成金"类似，是将前人诗句为我所用，借用古人文字，出己新意；"夺胎"法则主张借鉴前人构思，用一己语言加以表达。且看黄庭坚的具体实践：

黄庭坚《和邢惇夫秋怀十首》其三："梦临秋江水，鱼虾避窥瞰。明月本无心，谁令作寒鉴。"[1]前两句化用韩愈《镜潭》"鱼虾不用避，只是照蛟龙"和《寄卢仝》"每骑屋山下窥瞰，浑舍惊怕走折趾"；后两句化用白居易《宿蓝溪对月》"明月本无心，行人自回首"和苏轼《和黄秀才鉴空阁》"明月本自明，无心孰为境。挂空如水鉴，写此山河影"。这四句诗中有的原封不动地借用前人诗句，有的对前人诗句的重新糅合，尽管语言让我们有似曾相识之感，但我们也不得不承认黄庭坚还是表达出了不同于前人的诗意。这正是"点铁成金"和"换骨"法的妙处。

---

1 （宋）黄庭坚撰，（宋）任渊、史容、史季温注，刘尚荣校点：《黄庭坚诗集注》，中华书局2003年版，第164页。

黄庭坚《和陈君仪读〈太真外传〉五首》其二"扶风乔木夏阴合,斜谷铃声秋夜深。人到愁来无处会,不关情处总伤心"[1],模仿白居易《和思归乐》"峡猿亦无意,陇水复何情?为入愁人耳,皆为肠断声"[2]诗意。又如黄庭坚《病起荆江亭即事十首》之八"闭门觅句陈无己,对客挥毫秦少游。正字不知温饱未,西风吹泪古藤州"[3],学习杜诗《存殁绝句二首》一句写存者、一句写殁者的结构方式。这两首诗一个袭用前人诗意,一个借鉴前人诗歌框架,但所咏对象、所使用的语言完全不同,恰有"夺胎"之妙。

宋人笔记记载,有人向黄庭坚求证,听说他的《谪居黔南十首》是由白居易诗"点铁成金"而来,如第二首"霜降水返壑,风落木归山。冉冉岁华晚,昆虫皆闭关",仅将白居易《岁晚》"霜降水返壑,风落木归山,冉冉岁将晏,物皆复本原"一诗略改数字;第十首"病人多梦医,囚人多梦赦。如何春来梦,合眼在乡社"与白居易《寄行简》"渴人多梦饮,饥人多梦飧。春来梦何处,合眼到东川"明显雷同。黄庭坚大笑着予以否定,说哪有如此点铁的呀,这是自己信笔书写前人诗句的结果。[4]因此,黄庭坚提出"点铁成金"和"夺胎换骨"法,借用前人诗句和诗意仅是手段,最终目的还是要在借鉴基础上创出自己的新意。不明白此,仅一味借鉴前人而没有创造,自然不应算是真正的"点铁成金"和"夺胎换骨"。

---

1 3 《黄庭坚诗集注》,第 983 页、第 520 页。
2 《白居易集》卷二,第 40 页。
4 (宋)无名氏撰:《道山清话》,丛书集成初编本。

"点铁成金"和"夺胎换骨"法指出了从唐诗高峰中突围的一道门径，有效缓解了宋人面对古人登峰造极诗歌成就时的焦虑和不自信。然而，以这些法度创作诗歌虽有规矩可循，也极易束缚诗人。北宋末年、南宋初年，吕本中提出了"活法"说："所谓活法者，规矩备具而能出于规矩之外，变化不测而亦不背于规矩也。"[1] "活法"说要求既要遵守法度，又要不拘于法度，富于变化而又不离其宗。这是一种充满辩证思维的诗法主张，它为黄庭坚创立的诗法注入了可以应变无穷的"活力"，使其得以升华为一种"无定法"之法。只有经过此种改造，江西诗派的诗法理论才能真正达到艺术辩证法的层次。

4. 以禅喻诗

南北朝时，佛教思想逐渐被士人所接受，在诗中有所体现。唐朝时，佛教进一步本土化，禅宗逐渐兴盛，对诗的影响也愈发深入。一些诗人热衷于谈禅和参禅，乐于以禅入诗，在诗中表现禅理和禅趣，援引禅语来论诗。如王维《鹿柴》："空山不见人，但闻人语响。返景入深林，复照青苔上。"诗中"返景"与"复照"暗合佛家的"返照"功夫。又如其《终南别业》中"行到水穷处，坐看云起时"，充满随缘任运的禅机。唐人探讨的"象"与"境"等诗学范畴也都直接采自禅语。

进入宋代，禅宗日渐风靡，以禅入诗和以禅论诗也愈加流行。苏轼曾自道"每逢佳句则参禅"[2]，其诗中时见禅意，甚至有整首都

---

[1]（宋）刘克庄撰：《江西诗派小序》，载丁福保辑《历代诗话续编》，第485页。
[2]（清）王文诰辑注，孔凡礼点校：《苏轼诗集》卷三十《夜直玉堂，携李之仪端叔诗百余首，读至夜半，书其后》，中华书局1982年版，第1616页。

写禅语的禅诗。如其《题沈君琴》:"若言琴上有琴声,放在匣中何不鸣?若言声在指头上,何不于君指上听?"这首诗直接就是对《楞严经》"譬如琴瑟、箜篌、琵琶,虽有妙音,若无妙指,终不能发"的形象言说。[1]

宋人乐于将学诗与学参禅相比喻。如:

学诗三首
吴 可

其一

学诗浑似学参禅,竹榻蒲团不计年。
直待自家都了得,等闲拈出便超然。

其二

学诗浑似学参禅,头上安头不足传。
跳出少陵窠臼外,丈夫志气本冲天。

其三

学诗浑似学参禅,自古圆成有几联?
春草池塘一句子,惊天动地至今传。[2]

---

1 《苏轼诗集》卷四十七,第2535页。
2 郭绍虞、钱仲联、王遽常编:《万首论诗绝句》,人民文学出版社1991年版,第71页。

吴可是北宋末年人，少时曾因诗受到苏轼赏识，撰有《藏海诗话》。第一首论学诗有一个渐修直至顿悟的过程；第二首论学诗要勇于跳出前人窠臼，进行创新；第三首论学诗要追求自然，达到圆成之境。这三首直接以佛家参禅的过程和追求来比拟形容学诗的过程和追求，抓住了禅与诗的某些共性，巧妙而不乏思致。

南宋末年，严羽撰写《沧浪诗话》，用禅家妙谛来论述作诗的奥妙，提出了"妙悟"说："大抵禅道惟在妙悟，诗道亦在妙悟。"[1] 北宋陈师道、吴可、范温、韩驹等人都已论及学诗当需"悟"。严羽的突破在于不仅以"禅道妙悟"比喻"诗道妙悟"，将"悟"视为诗的本质特色，还区分出"透彻之悟"和"但得一知半解之悟"。"悟有浅深、有分限，有透彻之悟，有但得一知半解之悟……谢灵运至盛唐诸公，透彻之悟也。他虽有悟者，皆非第一义也。"[2] "透彻之悟"为"第一义"，即为"妙悟"，指诗人创造的一种浑融圆整审美境界，而学诗需"悟第一义"。严羽还拈出"兴趣"术语："盛唐诸人惟在兴趣，羚羊挂角，无迹可求。"[3] 严羽所提倡之"兴趣"是"兴"与"趣"相结合的一个概念，大意指触景生情、含蓄蕴藉和富有韵味。将严羽"盛唐诸人惟在兴趣"和"谢灵运至盛唐诸公，透彻之悟也"两种表述放在一起看，可知"兴趣"与"妙悟"是高度吻合的。严羽强调了"悟"在"诗"中的重要性，慧眼独具地引禅宗"妙悟""兴趣"术语入诗学理

1　2　（宋）严羽著，郭绍虞校释：《沧浪诗话校释》，人民文学出版社1961年版，第12页。
3　《沧浪诗话校释》，第26页。

论，用禅的思维特征比拟诗的内在特质，引发后世对"诗"内在审美特征和思维特点的继续思考。

二、自成一家始逼真

唐诗和宋诗向来被视为我国古典诗歌的两种基本审美范式。清代蒋士铨曾云："唐宋皆伟人，各成一代诗……宋人生唐后，开辟真难为。"[1]唐人在诗的世界里开疆拓土，真正留给宋人可供发展的空间已非常小。宋人能使宋诗取得与唐诗双峰并峙的成就，实比唐人付出了更多努力。在唐诗这座高峰面前，宋人起初是顶礼膜拜的姿态，将唐人奉为学习和模仿的典范，后逐渐在唐诗基础上求新求变，于唐诗薄弱处用力，创立出别具一格的宋诗范式。

1. 典范的选择

宋人首先选择白居易作为效法的典范。《蔡宽夫诗话》云："国初沿袭五代之余，士大夫皆宗白乐天诗。"[2]白居易诗在北宋初年风靡一时，朝野上下从文臣到寒士、从隐士到僧徒莫不欣然学习，掀起了一个创作白体诗的小高潮。代表诗人有徐铉、李昉、李至、王禹偁等人，成就最高的是王禹偁。

王禹偁（954—1001），字元之，济州巨野（今山东菏泽巨野

---

[1] （清）蒋士铨著，邵海清校，李梦生笺：《忠雅堂诗集》卷一三《辨诗》，上海古籍出版社1993年版，第986页。
[2] （宋）蔡居厚著：《蔡宽夫诗话》，载郭绍虞辑《宋诗话辑佚》，第398页。

县）人，北宋初期代表性诗人，著有《小畜集》。王禹偁对白诗的学习是多方面的，既继承其讽谏精神，创作讽喻诗，成为宋初学习白居易讽喻诗用力最勤的诗人；又倾心于白居易知足委顺的人生态度和闲适诗，创作大量充满乐观态度的贬谪诗。王禹偁诗从创作主张、题旨、创作手法一直到句法、语言，都有借鉴白诗的痕迹。如其《春郊寓目》明显模仿了白居易的《钱塘湖春行》：

春郊寓目
王禹偁
百舌娇慵未苦啼，
雪随春水下松溪。
何人樵树和云斫，
几处山田带雨犁。
蜀柳半开鸲鹆眼，
海棠深结麝香脐。
东风似待闲人出，
一路青莎衬马蹄。[1]

钱塘湖春行
白居易
孤山寺北贾亭西，
水面初平云脚低。
几处早莺争暖树，
谁家新燕啄春泥？
乱花渐欲迷人眼，
浅草才能没马蹄。
最爱湖东行不足，
绿杨阴里白沙堤。[2]

两首诗都是描写春天出游的轻松愉悦心情，王诗在遣词造句、对仗手法等方面都与白诗何其肖似！

---

[1] （宋）王禹偁撰：《小畜集》卷九。
[2] 《白居易集》卷二十，第439页。

王禹偁在学习白居易的同时,也推崇陈子昂、李白、杜甫等人。他发现了杜诗的价值,有多首效仿杜诗之作,比如仿照杜甫《八哀诗》作《五哀诗》,仿照杜甫《槐叶冷淘》作《甘菊冷淘》,在题材、语言、诗体等方面都有受杜诗影响的痕迹。不过,由于受白居易影响更深,王禹偁有意模仿杜诗的作品仍带有白诗的韵味,如:

寒食
王禹偁

今年寒食在商山,山里风光亦可怜。
稚子就花拈蛱蝶,人家依树系秋千。
郊原晓绿初经雨,巷陌春阴乍禁烟。
副使官闲莫惆怅,酒资犹有撰碑钱。[1]

首联用今年暗点去年的繁华,映衬现在贬官的失落;颔联明显模拟杜甫《江村》"老妻画纸为棋局,稚子敲针作钓钩"一联,生活气息扑鼻而来;颈联则专意写景,"初"和"乍"字形容出一种新鲜的情状,郊原因初经雨而晓绿,巷陌因乍禁烟而春阴,先说事实后摆原因,增添几分顿挫之致。此诗情感凝重,笔法细腻曲折,是比较突出的学杜之作。但整首诗采用一一展开的描述方式,意脉流动、语言晓畅,缺乏杜诗大开大阖的结构、跳跃性的意象语

---

1 《小畜集》卷八。

言和深远的意境，所以清人认为王禹偁"学杜而未至"[1]。

宋初诗人在宗尚白居易的同时，一些僧人和隐逸之士选择取法晚唐贾岛、姚合诗，被称为"晚唐体"诗人。还有一部分馆阁文士在奉诏编撰《册府元龟》这部体量巨大的类书时，闲暇之余作诗唱酬，主要师法李商隐、唐彦谦之诗，他们被称作"西昆体"诗人。可以说，宋初诗人先后选择白居易、贾岛和李商隐作为师法的典范，但这种学习主要立足于模仿，缺乏自立精神，其所取得的成就无法令宋人满意。于是，北宋建国近百年时，欧阳修、梅尧臣等人开始倡导诗文革新。他们以韩愈、李白为新的诗学典范，学习韩愈诗歌的散文手法和以议论入诗，学习李白的豪放奔逸。不仅如此，欧阳修还对杜甫的诗学地位给了充分肯定，称赞杜诗"浑涵汪茫，千汇万状，兼古今而有之"[2]，肯定其"诗史"价值，甚至还说即使是杜诗的残脂余香，也能泽润后代诗人。作为一代文学宗师，欧阳修对杜甫的推崇，对宋代诗人产生了巨大影响。

到了北宋中叶，尊崇杜甫已成诗坛共识。王安石、苏轼、黄庭坚、陈师道等宋代代表性诗人都推崇杜甫。如，王安石编选杜甫、欧阳修、韩愈、李白四家诗，将杜甫置于首位。他称赞杜甫忧国爱民的仁者之心，推许杜诗的艺术成就空前绝后。苏轼则将杜甫视为古今诗人之首，提出杜诗是诗之"集大成者"[3]。黄庭坚倾

1　（清）吴之振、吕留良、吴自牧选，（清）管庭芬、蒋光煦补：《宋诗钞》卷一，中华书局1986年版，第13页。

2　（宋）欧阳修、宋祁撰：《新唐书》卷二百一，中华书局1975年版，第5798页。

3　（宋）陈师道著：《后山诗话》，载（清）何文焕辑《历代诗话》，第304页。

倒于晚期杜诗的艺术境界，赞扬杜甫夔州诗"简易而大巧出焉，平淡如山高水深"[1]。陈师道学习杜诗所达到的境界，连黄庭坚都表示钦佩。黄庭坚和陈师道的尊杜，又直接影响了江西派诗人。江西诗派从北宋末年一直延续到南宋，他们对杜甫的学习，也使杜甫成为对宋诗影响最大的一位诗人。

杜诗"尽得古今之体式，而兼文人之所独专"[2]，这种诗学上的"集大成"可以让宋人各取所需。宋人学习杜诗，并不是单一层面的，也不是一成不变的。王安石喜欢借鉴杜诗的语言艺术，不仅大量使用杜诗作集句诗，还用力学习杜诗的炼字、炼句、炼意和炼格。如其《题齐安壁》"日净山如染，风暄草欲薰。梅残数点雪，麦涨一溪云"[3]，即是有意学杜甫《绝句》(两个黄鹂鸣翠柳)一诗，一句一意，绘出春天之盎然景象。苏轼曾多次手书杜诗，今存《桤木卷帖》，即是苏轼书写杜甫《堂成》一诗，并在诗后附跋语103字，整部作品读杜诗而有所思，挥毫如有神助，笔法遒劲，墨韵生动。黄庭坚也是宋代著名书法家，其手书杜甫《西郊》《别李义》《秦州杂诗》《寄贺兰铦》等诗作，都是珍贵的书法名帖。黄庭坚一方面学习杜诗尤其是律诗的诗法，他曾告诫后学者，要认真研究杜诗包括命意、布局、格律、章法、句法、

---

1 (宋)黄庭坚著，刘琳、李勇先、王蓉贵点校：《黄庭坚全集》之正集卷十八《与王观复书》，第421页。
2 《杜诗详注》附录元稹《唐检校工部员外郎杜君墓系铭并序》，第2235—2236页。
3 (宋)王安石著，(宋)李壁笺注：《王荆文公诗笺注》卷四十，元大德五年王常刻本。

字法等在内的法度；另一方面，黄庭坚推崇杜甫晚年诗作"不烦绳削而自合"的艺术境界，倡导超越雕润绮丽进入精光内敛的老成境界。黄庭坚晚年的诗作也的确一改早期的生新瘦硬，达到了炉火纯青的平淡境界。如：

新喻道中寄元明用觞字韵

黄庭坚

中年畏病不举酒，孤负东来数百觞。
唤客煎茶山店远，看人获稻午风凉。
但知家里俱无恙，不用书来细作行。
一百八盘携手上，至今犹梦绕羊肠。[1]

这首七言律诗作于黄庭坚五十八岁时。元明为黄庭坚兄长。首联写他因病戒酒而不能畅饮；颔联写新喻道中经历；颈联写自己知道家中一切安好，嘱咐兄长无须再作长信告知；尾联追忆当年兄长不畏艰险送自己到贬所的情谊。诗人贬谪复职后的劫后余生感以及与兄长的纯挚感情，都通过质朴平易的语言一一抒写出来。整首诗如话家常，平淡老成。然而诗中看似平常话的语言其实也多有所本。如第六句"不用书来细作行"就可能化用自杜甫"来书细作行"诗句和《后汉书·循吏传序》："以手迹赐方国者，皆

---

[1] 《黄庭坚诗集注》，第593—594页。

一札十行，细书成文。"晚年黄庭坚对前人诗句的运化已如"水中着盐"，了无痕迹了。

图：苏轼《桤木卷帖》，又称《书杜工部桤木诗卷帖》（局部），墨迹本，澄心堂纸本，台北故宫博物院寄藏

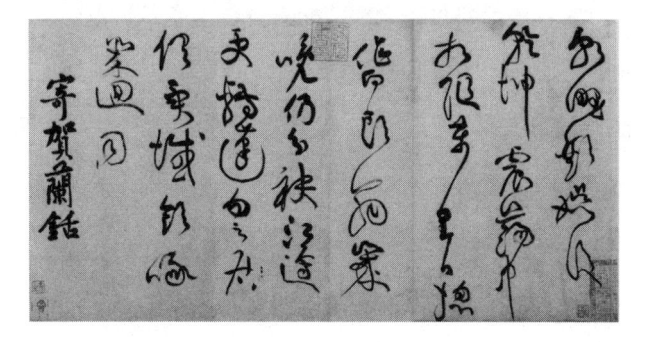

图：黄庭坚草书《杜甫寄贺兰铦诗》，纵34.7厘米，横69.6厘米，北京故宫博物院藏。释文：朝野欢娱后，乾坤震荡中。相随万里日，总作白头翁。岁晚仍分袂，江边更转蓬。勿云居（此字点去）俱异域，饮啄几回同。寄贺兰铦

陈师道学杜也多专注于学习杜诗的格调、思致、章法等技巧法度。陈师道的五七言律诗学杜比较成功，如：

春怀示邻里
陈师道

断墙著雨蜗成字，老屋无僧燕作家。
剩欲出门追语笑，却嫌归鬓逐尘沙。
风翻蛛网开三面，雷动蜂窠趁两衙。
屡失南邻春事约，只今容有未开花。[1]

此诗首联用"蜗成字"和"燕作家"形容自己寓所的破烂，新奇有趣；颔联写诗人倦于游玩；颈联着意描写蜘蛛和蜜蜂的忙碌，写出春天之勃勃生意；尾联写诗人遗憾未能同邻里一起去郊外赏花，呼应题目"示邻里"之意。杜甫曾作《遣兴》等诗，在诗中采用"随时适兴"的方式来独白内心、遣忧解闷。陈师道此诗有意学杜诗的遣兴体格。首联、颈联写景状物，颔联、尾联叙事抒情。诗中不以摹景为重点，而是主要呈现诗人意兴阑珊的"春怀"。全诗意象新奇，语言貌似白描，实际也暗含多个典故，体现出陈师道锻字炼句、点铁成金的艺术功力。

---

1 （宋）陈师道撰，任渊注，冒广生补笺，冒怀辛整理：《后山诗注补笺》卷十，中华书局1995年版，第358—359页。

黄庭坚、陈师道直接影响了江西诗派诗人对杜诗诗法的学习。然而，靖康之变发生后，徽宗、钦宗二帝被掳，士大夫仓皇南渡，饱尝国破家亡和颠沛流离之苦。陈与义在避寇南奔途中作诗云："但恨平生意，轻了少陵诗！"[1]南渡诗人从重视杜诗的诗法转向努力学习杜甫的爱国精神，学习杜诗沉郁、壮阔的艺术风格。如：

登岳阳楼二首（其一）

陈与义

洞庭之东江水西，帘旌不动夕阳迟。
登临吴蜀横分地，徙倚湖山欲暮时。
万里来游还望远，三年多难更凭危。
白头吊古风霜里，老木沧波无限悲。[2]

此诗作于陈与义流亡湖湘之时。首联写岳阳楼地理位置和楼边之近景与远景。颔联写诗人登楼观景，"吴蜀横分地"既是写空间，又代入浓重的历史感；"湖山欲暮"既是实景摹绘，又灌注诗人浓重的怅惘之情。颈联结合诗人个人身世经历抒发凭高望远之情。"万里"写空间之远，"三年"写时间之长，诗人以空间与时间对举，深沉道出颠沛流离的身世之感。尾联不说伤今，而言"吊

---

[1] 白敦仁校笺：《陈与义集校笺》卷十七《正月十二日自房州城遇金虏至奔入南山十五日抵回谷张家》，浙江古籍出版社2014年版，第488页。

[2] 《陈与义集校笺》卷十九，第538页。

古",以景语作结语,含蓄蕴藉,意味深长。诗人不仅在颈联中明显化用杜甫《登高》"万里悲秋常作客,百年多病独登台"的句法和意境,其所表现的家国之痛和身世之悲也如杜诗般沉郁。整首诗感情深沉,诗律精严,意境宏阔,有黄庭坚、陈师道等北宋诗人学杜所不能到的艺术优长。

南渡诗人对杜诗的这种学习,被陆游、范成大等诗人所承袭。陆游有杜甫般的忧国忧民情怀,其雄浑豪健的诗风中也有一部分肖似杜诗的沉郁顿挫,清人认为陆游学杜兼得皮骨和精神。[1] 南宋末年,文天祥在燕京狱中曾作《集杜诗》一卷,将杜诗诗句重新组合成诗,共作五言绝句二百首。如《思故乡第一百五十六》:"天地西江远,无家问死生。凉风起天末,万里故乡情。"[2] 四句分别取自杜甫的四首诗,经文天祥的精心排列,表达出怀念故乡的新意。整首诗情真意切,如出己手。文天祥集杜诗充分说明杜甫对宋代诗人的影响一直持续到宋末。

从北宋到南宋,宋人选择了白居易、李商隐、贾岛、李白、韩愈、杜甫、陶渊明、韦应物、柳宗元等多位诗人作为诗学典范,不同时期主要宗尚的对象不尽相同,但通常并没有局限于只学习某一个诗人。尤其是成就突出的大诗人,往往都以多个诗人为典范,兼收并蓄,博采众长。如苏轼推崇杜甫,也学习白居易、陶

---

[1] 《宋诗钞·剑南诗钞》,第1819页。
[2] (宋)文天祥撰,刘文源校笺:《文天祥诗集校笺》卷十五,中华书局2017年版,第1525页。

渊明、韦应物、柳宗元等人。陆游曾学习过杜甫、李白、陶渊明和岑参等人。宋人选择的这些典范，有的无法可学（如陶渊明、李白），有的格局狭小（如贾岛、姚合），有的昙花一现（如岑参），都难以如杜甫般对宋诗产生巨大影响。对宋诗影响时间最长、影响程度最深的诗学典范，非杜甫莫属。

2. 宋调的确立

前代诗学典范提供了可资借鉴的丰厚经验，但宋人并未对前人亦步亦趋，而是自出机杼，成功创造了新的一代诗风。

北宋初期，王禹偁已有了自觉追求与唐诗不同的自立精神。如作《琅邪山》一诗，他为自己填补唐人空白而沾沾自喜；作《中条山》一诗，他有意规避唐代诗人薛能同名诗，道出唐人所未道。王禹偁力求与唐诗不同、与唐诗并立的探索，成为欧阳修、苏轼、黄庭坚等人创造宋调的前奏。北宋中期，宋代诗人有了建设一代文学之意识，"随人作计终后人，自成一家始逼真"[1]。带着这种强烈的自立意识，宋人期冀在继承前人基础上有所拓展，求新求变，自成一家。

宋人对"诗"的开拓主要体现在题材、诗法和诗风三个方面。诗风方面，宋人以"平淡"为美，主要追求一种绚烂之极归于平淡的诗风。这在前文已有说明，不再详述。下面，我们分别看一下宋诗在题材和诗法方面是如何出新的。

---

1 《黄庭坚诗集注》，第1605页。

宋诗的题材进一步日常化和文人化。梅尧臣常常从日常生活琐事中取材，甚至还将一些凡庸丑陋的内容写入诗中。梅尧臣有宋诗"开山祖师"之誉，他对诗歌题材的选择影响了宋代诗人。苏轼、黄庭坚以后，诗人笔下几乎没有不能入诗的题材了。笔墨纸砚等文化用品，茶酒肴馔等日常饮食，石炭、灯烛等日常器具，水车秧马等农业用具以及亲友过往、坐卧行立等生活细节，这些前人不大注意的内容，都成为宋人取用的诗材。苏轼甚至以牛粪作诗材：

被酒独行，遍至子云、威、徽、先觉四黎之舍三首（其一）
苏　轼
半醒半醉问诸黎，竹刺藤梢步步迷。
但寻牛矢觅归路，家在牛栏西复西。[1]

这首诗作于苏轼贬谪海南儋州之时，当时诗人已经六十四岁。两鬓斑白的诗人带着酒意遍访四位黎姓友人，归来途中走入迷径，沿着"牛矢"（牛粪）找到归路，因为他的家就在牛栏之西。牛粪一般被归为粗俗污秽之物，以往少有人将其写入诗中。苏轼此诗不仅将其写入，而且写得充满趣味和情韵，丝毫不令人觉得粗鄙。这种"以俗为雅"的功夫正是宋诗题材让人感到诗美的关键所在。

---

[1]《苏轼诗集》卷四十二，第2322—2323页。

宋人在将日常生活纳入诗材的时候，还充分发掘其中的文化意味。主要表现是乐于在诗中使用与诗材相关的典故，由此使诗从眼前所咏之日常生活或物象延展至历史上之文化故实，增添无数文化趣味。如黄庭坚在《寄题荣州祖元大师此君轩》一诗中咏竹，却有意作"程婴杵臼立孤难，伯夷叔齐采薇瘦"两句，以古代的仁人志士来比喻形容竹之劲节和清瘦，令人叫绝。又如其咏猩猩毛笔：

戏咏猩猩毛笔二首
黄庭坚
其一

桄榔叶暗宾郎红，朋友相呼堕酒中。
政以多知巧言语，失身来作管城公。

其二

明窗脱帽见蒙茸，醉着青鞋在眼中。
束缚归来儃无辱，逢时犹作黑头公。[1]

好友钱勰出使高丽，带回猩猩毛笔，赠予黄庭坚。黄庭坚很珍爱此笔，用数首诗来咏写它。唐代裴炎《猩猩说》曾记载：封溪山中，猩猩众多。邑人在路边放置美酒，又织就草鞋连接成网，想

---

[1]《黄庭坚诗集注》，第150—151页。

抓捕猩猩。聪慧的猩猩见到酒和草鞋，知道是陷阱，将设置陷阱的人大骂一顿离去。后来猩猩们禁不住好奇心，品尝了美酒，饮后大醉，自己穿上草鞋玩耍，终被擒获。黄庭坚在第一首中用此猩猩的典故，巧妙言说毛笔由猩猩毛所制，充满机趣；第二首写毛笔脱去笔帽蘸墨书写，"醉着青鞋"继续用猩猩传说典故，脱帽、黑头公既是毛笔的直接描摹，又都采自前人诗文，后两句还暗合苏轼贬谪复职之意，寄寓诗人对苏轼的一片期冀。黄庭坚这种在咏物中使用文化典故、在自然物象中融入人文意象的手法，在宋人诗中颇为常见。宋诗中的日用器具和日常生活，与文人的高雅行为和高洁志趣相联系，表现出丰富的文化内蕴。宋人对诗的题材开拓之功不可小觑：一方面，他们将前人不屑入诗或较少表现的日常生活纳入诗中，让平凡琐屑的题材在宋诗中大放异彩，从广度上将诗的表现题材空前拓展；另一方面，他们又尽力开掘所吟咏题材的文化意味，从深度上拓展诗的表现空间。这些努力都让宋诗实现了题材上的"生新"。

在诗法上，宋人也是觑见唐人薄弱处用力。严羽《沧浪诗话》云：

> 盛唐诸人惟在兴趣，羚羊挂角，无迹可求。故其妙处透彻玲珑，不可凑泊，如空中之音，相中之色，水中之月，镜中之象，言有尽而意无穷。近代诸公乃作奇特

解会,遂以文字为诗,以才学为诗,以议论为诗。夫岂不工,终非古人之诗也。[1]

严羽将盛唐诗与宋诗进行比较,推崇盛唐诗之玲珑,批评宋诗非古人之诗。然而换个角度看,宋诗不似古人之诗,恰恰说明宋诗的别具一格和自为一体。宋诗以文字为诗、以才学为诗和以议论为诗,是其区别于唐诗的主要艺术特色。

(1)以文字为诗

宋诗十分讲求文字技巧,在声律和文字方面翻新出奇,游戏和娱乐色彩浓厚。以次韵唱酬为例。宋人次韵唱和不再限于近体律、绝,而是扩展到五、七古体,七古长篇甚至有押至数十韵者。次韵也不再限于二人酬唱,常常出现众人反复次韵的情况,如元祐元年(1086),苏轼作七古诗《武昌西山》,立刻引发苏辙、黄庭坚、晁无咎、张耒、孔武仲等三十余人次韵。元祐二年(1087),黄庭坚作《双井茶送子瞻》诗,苏轼作《黄鲁直以诗馈双井茶次韵为谢》答之,此后两人接连往返和韵四五次。苏轼不仅热衷于和同时代人次韵唱和,还喜欢次韵古人。他曾遍和陶渊明诗,作124首和陶诗。苏轼将中唐初具规模的次韵唱和发展到新的高度,在数量、难度、技艺等方面都大大超越了元稹、白居易等人。后人就此咏道:"两宋骚场一老魁,少陵工力谪仙才。更

---

[1] 《沧浪诗话校释》,第26页。

从和韵论心力，元白真成末座陪。"[1] 苏轼次韵诗，虽有部分逞才斗巧之作，但大多具有很高的艺术水准，其中还不乏脍炙人口的佳作。如：

和子由渑池怀旧
苏　轼

人生到处知何似？应似飞鸿踏雪泥。
泥上偶然留指爪，鸿飞那复计东西。
老僧已死成新塔，坏壁无由见旧题。
往日崎岖还记否，路长人困蹇驴嘶。[2]

此诗是苏轼对弟弟苏辙《怀渑池寄子瞻兄》一诗的次韵之作。诗为七言律体，首联以雪泥鸿爪比喻人生的行迹。颔联描写鸿爪印泥，鸿飞东西，一切纯属偶然，以此来比喻形容人生行迹的偶然，充满哲理。苏轼兄弟赴京应试路经渑池，留宿僧舍，同于壁上题诗。苏辙诗中"旧宿僧房壁共题"一句即是描写此事。苏轼诗中颈联却写僧死壁坏，故人不可见，旧题无处觅，在前面比喻基础上进一步具体言说人事的无常。尾联追述当年旅途艰辛，有兄弟情深之意。作为次韵和作，诗内容上要呼应原作，四个脚韵也需

---

[1]（清）黄维申：《病中读宋四家诗·苏东坡》，载曾枣庄主编《苏诗汇评》附录一，四川文艺出版社2000年版，第2208页。

[2]《苏轼诗集》卷三，第97页。

与原作一致,这些限制丝毫未影响诗人的纵笔挥洒。"雪泥鸿爪"的比喻也固化为成语,沿用至今。

宋人还喜欢作一些格式奇特的趣味诗,在文字、修辞和句式上斗智斗巧,消遣取乐。宋人不仅创作了一些前代偶尔为之的回文诗、联边诗、宝塔诗、藏头诗、叠字诗、复字诗、谐隐诗、八音诗、双声叠韵诗、人名诗、药名诗、离合诗、歇后诗、四声诗、集句诗等,还创立了禁体物诗、神智体诗、绕头诗、借字体连环诗、集字诗、禽言诗等新的异体诗。以禁体物诗来说,杜甫五古《火》、韩愈《咏雪赠张籍》等诗中咏物时已不再重视对物体外形的刻画,转而重视环境的铺叙、氛围的烘托,以此求新求奇。宋代时,欧阳修不满当时人作白兔诗都用嫦娥、月宫等语词和典故,模仿韩愈而作《雪》《江上值雪》等诗,规定不能用玉、月、梨、梅、练、絮、白、舞、鹅、鹤、银等事,正式创立"禁体物诗"。禁体物诗禁止使用直接形容、比喻客观事物外部特征及其动作的词语,有意规避重在巧似的表现手法。[1] 如苏轼晚年所作《聚星堂雪》一诗:

聚星堂雪　　并引

苏　轼

元祐六年十一月一日,祷雨张龙公,得小雪,与客会饮聚星堂。忽忆欧阳文忠公作守时,雪中约客赋诗,禁体

---

[1] 程千帆、张宏生:《火与雪:从体物到禁体物——论白战体及杜、韩对它的先导作用》,《中国社会科学》1987年第4期。

物语，于艰难中特出奇丽。尔来四十余年，莫有继者。仆以老门生继公后，虽不足追配先生，而宾客之美，殆不减当时，公之二子，又适在郡，故辄举前令，各赋一篇。

窗前暗响鸣枯叶，龙公试手初行雪。
映空先集疑有无，作态斜飞正愁绝。
众宾起舞风竹乱，老守先醉霜松折。
恨无翠袖点横斜，只有微灯照明灭。
归来尚喜更鼓永，晨起不待铃索掣。
未嫌长夜作衣棱，却怕初阳生眼缬。
欲浮大白追余赏，幸有回飙惊落屑。
模糊桧顶独多时，历乱瓦沟裁一瞥。
汝南先贤有故事，醉翁诗话谁续说。
当时号令君听取，白战不许持寸铁。[1]

苏东坡追忆欧阳修作禁体物诗旧事，特意作此诗。后人据此诗末句"当时号令君听取，白战不许持寸铁"，又将禁体物诗称为"白战体"。苏轼此诗从雪初下写起，细腻摹写飞雪的姿态和神韵，紧接着刻画宾客与主人雪中的醉态和喜悦心情。随后，诗人又紧扣宴饮归来的心理变化，依次写了夜间之雪、清晨之雪、风中之雪、树顶之雪和瓦沟之雪，最后回到欧阳修作禁体物诗的旧事上。全

---

1 《苏轼诗集》卷三十四，第1813—1814页。

诗咏雪没有用到皓、白、洁、素等惯常描述雪外部特征的语词,也没有用盐、玉、练、鹤、鹭、絮、蝶等常见比喻,却依然能将雪的不同样态描写得神采飞扬、淋漓尽致。这种用禁体物语将所咏之物生动再现出来的创造,语言和艺术视角都是生新的,难中作巧中创造了一种崭新的艺术审美,亦即苏轼所说"于艰难中特出奇丽"。

宋代桑世昌《回文类聚》记载了一件趣事:宋神宗熙宁年间,辽国使臣以擅长写诗而自鸣得意。神宗让苏轼做其馆伴,辽使久闻苏轼大名,想以诗与苏轼比试一番。苏轼说:"写诗很容易,但读诗有一定难度。"于是他提笔写下一首《晚眺》诗,该诗只有亭、景、画、老、拖、笻、首、云、暮、江、蘸、峰十二个字,有的字故意写得很长,有的写得很短,有的缺笔画,有的笔画弯曲,有的从中间断开,有的横着写,有的侧着写,有的写反了,有的写倒了。辽使看了,张口结舌,从此以后再也不敢说自己懂诗了。这个故事应该出自后人附会,但这种近乎谜语的游戏诗体流传下来后,被称为神智体。神智体诗公认由苏轼所创,充分利用汉字字形的巧妙变化,以意写图,巧妙留白,令人自悟。

完整读出苏轼此诗,需要在十二个字外再补充上字形变化所提示的形容

图:苏轼《晚眺》诗,出自(宋)桑世昌编《回文类聚》,文渊阁四库全书本

词,全诗为:"长亭短景无人画,老大横拖瘦竹筇。回首断云斜日暮,曲江倒蘸侧山峰。"此诗虽为游戏之作,写景却堪称成功,具有自然流畅、韵味悠长之妙。

(2)以才学为诗

以才学为诗,是指在诗中展现才学。其中一个主要表现是喜欢使用典故,前人将其比喻为"掉书袋"。宋诗中使事用典的广度、密度和深度都到了惊人程度。用典之广,举凡经诗、子史、小说笔记、佛经道书、古诗方言都可顺手拈入诗中;用典之密,如黄庭坚《和钱穆父咏猩猩毛笔》一诗五言八句四十个字中,用了十二个典故,有的五个字中就有两个典故;用典之深,非注家注出,读者或根本无法理解。

宋人还十分讲究使事用典的技巧。他们推崇用典而不见痕迹,最好能让人察觉不出。如苏轼《六月二十日夜渡海》"云散月明谁点缀,天容海色本澄清"两句,暗用《晋书·谢重传》中"微云点缀"之典故,语言自然天成,典故几乎无迹可求。宋人还故意增加用典之难度,如一首诗中用同一本书中典故,用同一朝代典故,用同一类典故等,以此展现诗人才学。如王安石《书湖阴先生壁》中"一水护田将绿绕,两山排闼送青来"两句,上句"护田"语出《汉书·西域传序》,下句"排闼"语出《汉书·樊哙传》,均为汉代典故;又如其《草堂怀古》中"周颛宅在阿兰若,娄约身随窣堵波","阿兰若"和"窣堵波"皆以梵语对梵语。

诗中典故若用得巧妙和精当,不仅能以最简约的语言表达无

比丰富的意思,有语约意丰之妙,还可能因所用之典让人多一层联想,产生意在言外之妙。如:

寄黄几复
黄庭坚

我居北海君南海,寄雁传书谢不能。
桃李春风一杯酒,江湖夜雨十年灯。
持家但有四立壁,治病不蕲三折肱。
想见读书头已白,隔溪猿哭瘴溪藤。[1]

首句"北海"与"南海"出自《左传·僖公四年》:"君处北海,寡人处南海,惟是风马牛不相及也。"黄庭坚写作此诗时正在山东德州任职,黄几复在广东四会县任县令,诗人用《左传》语典形容自己与友人分处南北两地,极言相隔之远。次句"寄雁传书"用《史记》中苏武鸿雁传书之典。唐代诗人王勃《秋日登洪府滕王阁饯别序》曾云:"雁阵惊寒,声断衡阳之浦。"大雁南飞,至衡阳而止,飞不到遥远的岭南。诗人用拟人手法写鸿雁婉拒传书,形象写出自己与友人书信不通的现实。三句中"桃李""春风""一杯酒"都曾多次出现在前代诗人笔下,黄庭坚用此三个常见意象写出过去与友人在京城短暂的相聚之乐。四句中"江

---

[1]《黄庭坚诗集注》,第90页。

湖"出自杜甫《梦李白》"江湖多风波，舟楫恐失坠"，道出诗人与友人的流转和漂泊之境，"夜雨"与"灯"出自李商隐《夜雨寄北》"君问归期未有期，巴山夜雨涨秋池。何当共剪西窗烛，共话巴山夜雨时"，写出与友人的相互思念。三、四两句一写相聚之乐，一写别离之哀，乐极短暂，哀极长久。诗人以常见语词写出了意味无穷之情意，对仗上又极为精工，为全诗点睛之笔。五句转入写友人。《史记·司马相如传》有："文君夜亡奔相如，相如乃与驰归成都，家居徒四壁立。"诗人有意将"四壁立"改为"四立壁"，以与下句对仗，也愈发形容出友人的清正廉洁。六句化用《左传·定公十三年》中所记古代成语："三折肱，知为良医。"这里并不是说友人行医，而是用《国语·晋语》"上医医国，其次救人"的说法，说明友人已积累了丰富的治理地方之经验，政绩卓然。七、八两句想象友人远在广东的生活，表达对友人的牵挂。诗中几乎句句用典，丝毫不令人觉得堆砌和繁复，反而有耳目一新、韵味无穷之妙。黄庭坚将前人惯用的字词和典故巧妙组合，以故为新，取得了新奇的艺术效果。这正是"点铁成金"的妙处。然而，事情通常过犹不及，如果诗人一味追求"善用事"，在诗中大量运用典故，又不免陷入堆砌典实、卖弄学问的歧途，容易让诗晦涩难懂，缺乏情韵。

（3）以议论为诗

诗中发议论，《诗经》中已有端倪。唐代杜甫、韩愈、白居易等人有意识突破情景交融的表现方式，在诗中用散文化语言直接说理，表达思想。宋人向他们学习，频频用诗表达政见、人生思考或理论主张，将诗的"言理"倾向推向极致。"以意为主"也成为宋诗的一个鲜明特色。

宋诗中出现了大量议论。或用以针砭现实、议论时政，如欧阳修《食糟民》将官民对照书写，一面批判官员不事耕种却能尽享其实，一面同情百姓辛苦种糯却只能食糟，最后用大段议论直接指斥："嗟彼官吏者，其职称长民。衣食不蚕耕，所学义与仁。仁当养人义适宜，言可闻达力可施。上不能宽国之利，下不能饱尔之饥。"[1] 舍弃含蓄、形象的抒写，全凭激愤的感情来驱遣语言，不加掩饰地谴责官吏渎职。

或用以表达对历史的思考，这在宋人的咏史诗中尤为常见。宋人喜欢作翻案诗。如：

明妃曲二首（其一）

王安石

明妃初出汉宫时，泪湿春风鬓角垂。
低徊顾影无颜色，尚得君王不自持。
归来却怪丹青手，入眼平生未曾有。
意态由来画不成，当时枉杀毛延寿。
一去心知更不归，可怜着尽汉宫衣。

---

1 《欧阳修全集》卷四，第72页。

寄声欲问塞南事,只有年年鸿雁飞。

家人万里传消息,好在毡城莫相忆。

君不见,咫尺长门闭阿娇,人生失意无南北。[1]

前人咏王昭君诗,或替王昭君抱不平,或写王昭君眷恋君恩。王安石此诗却大做翻案文章。前四句写昭君离开汉宫时的样貌,昭君"无颜色"却仍让君王心动不已,反面入手的写法让昭君之美更加深入人心;第五句至第八句写汉元帝怒杀毛延寿,咏史中兼有议论;第九句之后写昭君在塞外思家,家人给以安慰之词。诗中"意态由来画不成,当时枉杀毛延寿"两句指出王昭君的美貌本非画像所能传达,末句"人生失意无南北"认为王昭君的悲剧乃是所有宫嫔的命运,议论精警,见解独到。

图:(金)宫素然《明妃出塞图》(局部),纸本,水墨,整幅纵30.2厘米、横160.2厘米,日本大阪市立美术馆藏

---

1 《王荆文公诗笺注》卷六。

或用以表达哲理思考。宋代理学与禅宗盛行，宋代诗人明显比前代诗人更喜欢思考社会和人生，更擅于透过自然万物的表象去把握普遍规律。宋人的这些思考在诗中表达出来，出现了两个极端：一是将发人深省的哲理与耐人寻味的情景意象相融合，形成"理趣"。如：

图：（明）仇英《人物故事图》之《明妃出塞》，绢本，设色，纵41.4厘米，横33.8厘米，北京故宫博物院藏

画眉鸟

欧阳修

百啭千声随意移，山花红紫树高低。

始知锁向金笼听，不及人间自在啼。[1]

登飞来峰

王安石

飞来山上千寻塔，闻说鸡鸣见日升。

---

1 《欧阳修全集》卷十一，第184页。

不畏浮云遮望眼，自缘身在最高层。[1]

题西林壁
苏　轼

横看成岭侧成峰，远近高低总不同。

不识庐山真面目，只缘身在此山中。[2]

观书有感
朱　熹

半亩方塘一鉴开，天光云影共徘徊。

问渠那得清如许，为有源头活水来。[3]

过松源，晨炊漆公店六首（其五）
杨万里

莫言下岭便无难，赚得行人错喜欢。

政入万山围子里，一山放出一山拦。[4]

二是不加凭借地直接说理议论，将诗变成了押韵的理语与禅言，

---

[1]《王荆文公诗笺注》卷四十八。
[2]《苏轼诗集》卷二十三，第1219页。
[3]（宋）朱熹：《晦庵先生朱文公文集》卷二，四部丛刊景明嘉靖本。
[4]（宋）杨万里撰，辛更儒笺校：《杨万里集笺校》卷三十五，中华书局2007年版，第1784页。

质木无文,淡乎寡味。如:

仁者吟
邵 雍

仁者难寻思有常,平居慎勿恃无伤。

争先径路机关恶,近后语言滋味长。

爽口物多须作疾,快心事过必为殃。

与其病后能求药,不若病前能相防。[1]

宋人有意于唐诗外别开生面,创造不同于唐诗风神情韵的别样美感。因此,宋人更喜欢在诗中运用形式较为自由的散文笔法进行议论说理,亦即"以文为诗"。"以文为诗"在唐代杜甫、韩愈等人那里肇其端,到宋代时蔚为大观,成为时代风尚。宋人惯用的"以文为诗"手法或者以散文的章法、句法、字法入诗,打破诗歌惯有的句式工整和节奏和谐;或者将散文的谋篇、布局、结构,加之起承转合的气脉,运用于诗歌创作中。如:

书鄢陵王主簿所画折枝二首(其一)
苏 轼

论画以形似,见与儿童邻。

---

[1] (宋)邵雍著,郭彧整理:《邵雍集》之《伊川击壤集》卷六,中华书局2010年版,第261页。

> 赋诗必此诗，定非知诗人。
> 诗画本一律，天工与清新。
> 边鸾雀写生，赵昌花传神。
> 何如此两幅，疏淡含精匀。
> 谁言一点红，解寄无边春。[1]

这是一首题画诗，苏轼对王主簿画作进行评点，表达自己的诗画见解。"以""必""一律""见与""定知""何如"等属散文中常用语词，被诗人用于诗中，使整首诗诗意更加显豁，意脉更加流畅，但无疑也少了一些含蓄隽永之味。

前人批评宋诗以议论为诗，正是不满宋诗的这种质直、不够含蓄。但这些批评都是以唐诗作为诗学典范进行衡量比较的结果。宋人是有意要在唐诗之外有所拓展的。他们以议论为诗或以文为诗，使诗不再仅仅用于抒情，还可以用来充分表达人的思想和观点。以此，诗的表现功能得到了前所未有的拓展，诗也实现了从抒情向表意的演化。这恐怕是宋诗让人珍视的一个原因吧。

三、长短句之诗

宋人在唐诗之外别开生面，创造了新的诗歌范型。然而，有唐诗珠玉在前，宋诗可以开拓的空间已十分有限。真正让宋人大

---

[1] 《苏轼诗集》卷二十九，第 1525—1526 页。

展才力的,是词。如同唐人创造了诗的巅峰一样,宋人创造了词的巅峰。王国维先生曾经说"一代有一代之文学",代表唐代文学成就的是诗,代表宋代文学成就的是词。词在宋代蔚为大观,逐渐由小道末技发展为一种堪与诗相媲美的抒情文体。

1. 词为诗余

晚唐五代至北宋前期,词所表现的内容多为男女恋情和羁愁别恨,主要在宴乐场合供伶工歌女歌唱。文人士大夫多以消遣和游戏态度来填词。在当时人看来,诗如风雅,词则如郑卫之音,是不登大雅之堂的"小道末技"。如欧阳修在古文和诗歌方面都表现出极强的革新意识,但其依然固守词为"薄伎,聊佐清欢"[1]的观念,创作了众多缠绵悱恻的艳词。直到苏轼时,诗尊词卑观念才被打破。苏轼将"词"视为"古人长短句诗"[2]和"诗裔"[3]。在苏轼看来,词就是古代的杂言诗,词与诗在艺术本质和表现功能方面是完全一致的。苏轼这种词学观对宋人影响很大。到了南宋中叶,以"诗余"命名词集已非常普遍。如毛平仲《樵隐诗余》、王十朋《梅溪诗余》、廖行之《省斋诗余》、林淳《定斋诗余》等;除此以外,何士信编纂的一种词集选本,也题为《草堂诗余》。从"诗"的角度来看,词为"诗余",表明"诗"的大家族更加繁荣兴盛了。

以苏轼为代表的宋人对词体进行了大力改革,为词的发展"指出向上一路"。在宋人笔下,词的题材无限扩大,不再局限于

---

[1]《欧阳修全集》卷一三三《西湖念语》,第2057页。
[2]《与蔡景繁》,《苏东坡全集》,第2029页。
[3]《祭张子野文》,《苏东坡全集》,第3267页。

表现男女恋情和羁愁别恨，而是努力向诗看齐，全面表现文人士大夫的生活旨趣和情志思想。词变成无事不可写、无意不可入的抒情文体。思妇闺怨、离愁别恨、羁旅思乡、咏怀、咏史怀古、山水、田园、咏物、时事、边塞、悼亡、节令、游仙、题画、哲理等，举凡诗中的常见题材，在宋词中都有表现。

（1）思妇闺怨词

蝶恋花
欧阳修

庭院深深深几许。杨柳堆烟，帘幕无重数。玉勒雕鞍游冶处，楼高不见章台路。　　雨横风狂三月暮。门掩黄昏，无计留春住。泪眼问花花不语，乱红飞过秋千去。[1]

此词上片写暮春时节，女子幽居闺阁，意中人冶游不归，久无音讯。首句用"深深深"三个叠字，不仅有声律之美，更进一步凸显出女子所居庭院的幽深封闭以及其心情的郁郁寡欢，屡被前人称道；下片由暮春天气写到无力留春，最后以女子泪眼问花收束全篇。词人没有直接写女子对意中人的思念和幽怨之情，而是通过女子意欲留春却不能留、泪眼问花花却不语等描写，含蓄道出。明末清初毛先舒评说"泪眼问花花不语，乱红飞过秋千去"两句

---

[1]《欧阳修全集》卷一三一，第2006页。

"层深而浑成",女子因花而有泪,此一层意;因泪而问花,此一层意;花竟不语,此一层意;花不但不语,且又乱落,飞过秋千,此一层意。人愈伤心,花愈恼人,语愈浅,意愈入,又绝无刻画费力之迹。[1]整首词以女子口吻道出,将闺怨与春景绾合在一起道出,语浅情深,深婉动人。

(2)离别词

满庭芳

秦观

山抹微云,天连衰草,画角声断谯门。暂停征棹,聊共饮离尊。多少蓬莱旧事,空回首、烟霭纷纷。斜阳外,寒鸦万点,流水绕孤村。　销魂。当此际,香囊暗解,罗带轻分。谩赢得、青楼薄幸名存。此去何时见也,襟袖上、空惹啼痕。伤情处,高城望断,灯火已黄昏。[2]

此词写与一位相恋歌女的离别之情,是抒写离情别恨的宋词名篇,曾为秦观带来巨大声誉。上片先写景,引出别意;再写往事如烟,表现内心的伤感;然后转回景色描写,别意深蕴其中,被赞为"天生的好言语"[3]。"山抹微云,天连衰草"是秦观词中的写景

---

1 (清)王又华撰:《古今词论》,载唐圭璋编《词话丛编》,中华书局1986年版,第608页。

2 (宋)秦观撰:《宋本淮海集》,国家图书馆出版社2018年版,第126页。

3 (宋)吴曾撰:《能改斋漫录》卷一,载唐圭璋编《词话丛编》,第125页。

名句,"抹"与"连"用词极工,备受称道。下片用白描直抒伤心恨事,最后三句用景收住满怀情绪。全词选取离别的场景,表达了词人无限的不舍与伤感,同时又以凄清萧瑟的景致加以点染衬托,融情入景,情景交融,为原本凄艳的离别注入一种凄清深婉的感人力量。

(3)咏怀词

声声慢

李清照

寻寻觅觅,冷冷清清,凄凄惨惨戚戚。乍暖还寒时候,最难将息。三杯两盏淡酒,怎敌他、晚来风急。雁过也,正伤心,却是旧时相识。　满地黄花堆积,憔悴损,如今有谁忺摘。守著窗儿,独自怎生得黑。梧桐更兼细雨,到黄昏、点点滴滴。这次第,怎一个、愁字了得。[1]

这是李清照晚年流落江南时所作。词上片主要用清冷之景来衬托孤寂、凄凉心境,下片继续借眼前景物来倾诉忧愁。词中以铺叙的手法写景抒情,景景含愁,烘托渲染出一片凄凉悲苦的情绪。整首词似词人喃喃自道,语言平易,感情却无限哀婉凄苦。"寻寻觅觅"等十四个叠字,层层深化,无一愁字,却写得字字含愁,

---

[1] (宋)李清照著,王仲闻校注:《李清照集校注》,人民文学出版社1979年版,第64页。

声声是愁,具有一种如泣如诉的音韵效果,堪称词人的创格,历来备受好评。

(4)怀古词

桂枝香
王安石

登临送目,正故国晚秋,天气初肃。千里澄江似练,翠峰如簇。征帆去棹残阳里,背西风酒旗斜矗。彩舟云淡,星河鹭起,画图难足。　念往昔,豪华竞逐。叹门外楼头,悲恨相续。千古凭高、对此漫嗟荣辱。六朝旧事随流水,但寒烟衰草凝绿。至今商女,时时犹唱,《后庭》遗曲。[1]

此词又题作"金陵怀古"。沈雄《古今词话》记载当时同写此题者有三十余人,独王安石这首被推为"绝唱",连以豪放词著称的苏轼也对其赞叹不已,感叹王安石是"野狐精"。词上片写登高所见的金陵胜景,笔调清遒,境界朗健,显示出词人手笔的不同凡俗;下片回顾六朝的悲恨荣辱往事,表达安逸亡国的悼古讽今之情。全篇把壮丽景色和历史感慨有机融合在一起,语言苍劲,意境开阔,寄兴遥深。

---

[1] (宋)王安石撰:《宋本临川先生文集》卷三十七,国家图书馆出版社2018年版,第138页。

(5)羁旅思乡词

苏幕遮
周邦彦

燎沉香,消溽暑。鸟雀呼晴,侵晓窥檐语。叶上初阳干宿雨,水面清圆,一一风荷举。 故乡遥,何日去。家住吴门,久作长安旅。五月渔郎相忆否。小楫轻舟,梦入芙蓉浦。[1]

这首词写词人夏日思乡之情。上片写夏日雨后初晴的景色,由室内燎香消暑,到屋檐鸟雀啼叫,再到室外风荷摇摆,层次井然,词境清新活泼;下片写词人触景生情,引起羁旅之感,继而想象家乡的人情风物,最后以梦景结束全篇。词人以拟人手法写鸟雀,绘声绘色。"叶上初阳干宿雨"三句,刻画荷叶亭亭玉立、随风摆动的姿态,颇有画意,王国维《人间词话》赞道"真能得荷之神理"[2]。全词清新素雅,如出水芙蓉。

---

1 (宋)周邦彦著,孙虹校注,薛瑞生订补:《清真集校注》卷上,中华书局2002年版,第50页。
2 王国维著,徐调孚、周振甫注,王幼安校订:《人间词话》,人民文学出版社1960年版,第207页。

(6)山水词

西江月

苏 轼

春夜蕲水中过酒家饮,酒醉,乘月至一溪桥上,解鞍曲肱少休。及觉已晓,乱山葱茏,不谓尘世也。书此词桥柱。

照野弥弥浅浪,横空暧暧微霄。障泥未解玉骢骄,我欲醉眠芳草。 可惜一溪明月,莫教踏破琼瑶。解鞍欹枕绿杨桥,杜宇一声春晓。[1]

这首寄情山水的词,作于苏轼贬谪黄州期间。词的小序和正文相得益彰,详略不同,各有侧重。小序如同一篇短小的美文,写词人春夜醉酒而卧,及晓而醒,发现风景如画,有如仙境,概述此词的写作背景。正文上片写春夜月光下的水天景色,词人骑马而行,写出月色之佳和词人对美景的喜爱;下片写明月照耀下的溪水之美,进一步表现词人对月色的珍爱之情,最后用一声杜鹃啼叫收住全篇,余音袅袅,情思无限。整首词把自然风光和词人的感受融为一体,在诗情画意中表现词人心境的淡泊、快适,抒发了乐观、豁达、以顺处逆的襟怀。

---

[1] 曾枣庄主编:《苏东坡词全编(汇评本)》,四川文艺出版社2007年版,第63页。

（7）田园词

清平乐　村居
辛弃疾

茅檐低小，溪上青青草。醉里吴音相媚好，白发谁家翁媪？　　大儿锄豆溪东，中儿正织鸡笼。最喜小儿亡赖，溪头卧剥莲蓬。[1]

词上片从村居写到周边环境，再以未见其人先闻其声的手法，写出老夫妻的恩爱相伴；下片分写三个儿子的劳动生活，词人抓住小儿卧剥莲蓬的动作，形象摹写儿童的调皮淘气和惹人怜爱，也透露出农家人的温馨和睦。整首词宛如一幅栩栩如生的村居生活图，清新淳朴，富有情趣。

图：（宋）辛弃疾《去国帖》，纸本，册页，纵33.5厘米，横21.5厘米，行楷书，10行，110字，为辛弃疾仅见的墨迹珍品，北京故宫博物院藏

---

[1] 邓广铭笺注：《稼轩词编年笺注》卷二，上海古籍出版社1978年版，第190页。

（8）悼亡词

江城子　乙卯正月二十日夜记梦
苏　轼

十年生死两茫茫，不思量，自难忘。千里孤坟，无处话凄凉。纵使相逢应不识，尘满面，鬓如霜。　夜来幽梦忽还乡，小轩窗，正梳妆。相顾无言，惟有泪千行。料得年年肠断处，明月夜，短松冈。[1]

这是苏轼悼念妻子的词作，也是历代悼亡诗词中的佳作。词上片叙写对亡妻的深深思念；下片记述梦境栩栩如生，抒写生死相隔的伤心与不舍。全词在对亡妻的哀思中糅进词人的身世感慨，不仅将夫妻之间的情感表达得深婉真挚，还蕴含一种人生失意之苦。整首词情真意切，虚实结合，通篇采用白描手法，语言不饰雕琢，感情却极为真淳，使人读后无不为之动情。

（9）节令词

青玉案　元夕
辛弃疾

东风夜放花千树。更吹落、星如雨。宝马雕车香满路。

---

[1]《苏东坡词全编（汇评本）》，第140页。

凤箫声动,玉壶光转,一夜鱼龙舞。　蛾儿雪柳黄金缕,笑语盈盈暗香去。众里寻他千百度,蓦然回首,那人却在,灯火阑珊处。[1]

此词咏元宵节,是历代节令诗词中的佳品上作。词上片写景,词人用大量笔墨描写南宋灯月辉映、人影攒动、笑语喧哗的元宵节盛况。"凤箫声动"三句,连用"动""转""舞"等动词,极写元宵灯火之流光溢彩。下片写人,描写了一个不同流俗、孤高淡泊的美人形象,最后三句以阑珊对照繁盛,冷寂对照喧闹,一人对照众人,前后形成强烈对比,传达出耐人寻味的寄托与韵味。

(10)咏物词

踏莎行

贺　铸

杨柳回塘,鸳鸯别浦,绿萍涨断莲舟路。断无蜂蝶慕幽香,红衣脱尽芳心苦。　返照迎潮,行云带雨。依依似与骚人语。当年不肯嫁春风,无端却被秋风误![2]

词人咏荷,同时也是借物言情,寄寓自己的身世之感。词上片描写荷花所处环境及其孤独憔悴;下片写荷花幽怨情态。词中以拟

1　《稼轩词编年笺注》卷二,第188—189页。
2　(宋)贺铸著,钟振振校注:《东山词》卷一,上海古籍出版社1989年版,第78页。

人手法写荷花,写它红衣尽落,芳心含苦,迎潮带雨,依依人语,形象描绘出其美人迟暮般的孤独思怨之情。"当年不肯嫁春风,无端却被秋风误"既是代荷花悲语,也是词人的自嗟自叹。清代陈廷焯《白雨斋词话》赞道:"骚情雅意,哀怨无端,读者亦不自知何以心醉,何以泪堕。"[1]

(11) 隐逸词

好事近

朱敦儒

摇首出红尘,醒醉更无时节。活计绿蓑青笠,惯披霜冲雪。　晚来风定钓丝闲,上下是新月。千里水天一色,看孤鸿明灭。[2]

朱敦儒前后写了六首渔父词,歌咏其晚年隐居的闲适生活。这是其中一首,上片写词人离开官场,自在逍遥,过着垂钓隐居的生活;下片描绘词人夜晚垂钓画面,水天澄明,孤鸿飞过,以景语结束全篇。词中用简笔勾勒出词人闲适生活的一个断面,写实与象征手法结合,意境完整高远而又空灵。整首词写得情趣盎然,清雅俊朗,风致闲旷。

---

[1] (清)陈廷焯著,杜维沫校点:《白雨斋词话》,人民文学出版社1959年版,第15页。
[2] (宋)朱敦儒著,邓子勉校注:《樵歌》卷中,上海古籍出版社1998年版,第254页。

（12）时事词

六州歌头

张孝祥

长淮望断，关塞莽然平。征尘暗，霜风劲，悄边声。黯销凝。追想当年事，殆天数，非人力；洙泗上，弦歌地，亦膻腥。隔水毡乡，落日牛羊下，区脱纵横。看名王宵猎，骑火一川明。笳鼓悲鸣，遣人惊。　念腰间箭，匣中剑，空埃蠹，竟何成！时易失，心徒壮，岁将零。渺神京。干羽方怀远，静烽燧，且休兵。冠盖使，纷驰骛，若为情！闻道中原遗老，长南望、羽葆霓旌。使行人到此，忠愤气填膺，有泪如倾。[1]

这首词作于宋孝宗隆兴二年（1164）。元帅张浚率军北伐，在今安徽宿县符离集战败。朝廷主和派得势，主张将淮河前线边防撤尽，向金国遣使乞和。张浚召集抗金义士，拟上书孝宗，反对议和。张孝祥即席赋此词，张浚深受感动，罢席而起。此词上片描写江淮前线宋金对峙态势，遥想靖康之耻，再落笔于当前现实，概括了符离兵败前后二十余年的社会变化；下片抒写词人壮志难酬，当政者一心议和，中原百姓空望北伐，词意愈转愈深，感情

---

[1]（宋）张孝祥撰，宛敏灏校笺：《张孝祥词校笺》之《于湖先生长短句》卷一，中华书局2010年版，第1页。

愈来愈浓,最后以"有泪如倾"抒发强烈的悲痛与愤恨。词人运用今昔的时间变化,长淮、洙泗的空间切换,词人、遗老与朝廷的不同主张,多层次、多角度地展现了时代的宏观画面,强有力地表达出对南宋王朝不修边备、不用贤才、屈辱求和的极大愤慨。整首词不假雕饰,直抒胸臆,多用三言短句,音繁节促,声情激壮,格局壮大。

(13)边塞词

渔家傲　秋思

范仲淹

塞下秋来风景异,衡阳雁去无留意。四面边声连角起。千嶂里,长烟落日孤城闭。　浊酒一杯家万里,燕然未勒归无计。羌管悠悠霜满地,人不寐,将军白发征夫泪。[1]

这首词作于范仲淹任陕西经略副使兼知延州时。陕西处于北宋抗击西夏的边防前沿,是名副其实的"边塞"。据宋人笔记记载,范仲淹以《渔家傲》曲牌作了数首词,每首皆以"塞下秋来"为首句,欧阳修称其为"穷塞主之词"[2]。可惜这些词后来逐渐散佚,只保存下这一首。词的上片写景,词人从塞下秋景之"异"着眼,

---

1 (宋)范仲淹撰,李勇先、刘琳、王蓉贵点校:《范仲淹全集》之《范文正公集续补》卷一,中华书局2020年版,第648页。
2 (宋)魏泰撰,李裕民点校:《东轩笔录》,中华书局1983年版,第126页。

——摹写大雁、角声、长烟、落日、孤城等富有边塞特征的景象，渲染出边塞的广漠、萧瑟和肃杀之气。下片转入抒发戍边之情，词人因思念万里之外的家乡而置酒消愁，又因破敌无功而归期遥遥，愈发加重了思乡之愁。紧接着，词人转入写羌管之声和白霜满地，时间已由傍晚转入深夜，将军和征夫却都无法入眠。为何不寐？词人没有作说明，读者却完全了然。词中描写的壮阔萧条之景象、肃杀紧张之气氛与将军征夫之忧国思乡情怀，沉郁苍凉，为偏于柔美的宋初词注入了一股阳刚之气。

（14）游仙词

水调歌头

黄庭坚

瑶草一何碧，春入武陵溪。溪上桃花无数，枝上有黄鹂。我欲穿花寻路，直入白云深处，浩气展虹蜺。只恐花深里，红露湿人衣。　　坐玉石，欹玉枕，拂金徽。谪仙何处，无人伴我白螺杯。我为灵芝仙草，不为朱唇丹脸，长啸亦何为。醉舞下山去，明月逐人归。[1]

此篇描写词人神游"桃花源"，充满幻想和浪漫气息，抒发词人对现实的不满和不愿媚俗的志向情怀。上片写词人在桃花源中尽情

---

1 （宋）黄庭坚著，马兴荣、祝振玉校注：《山谷词校注》，上海古籍出版社2011年版，第27页。

欣赏美丽景致，所绘图景动静有致，色彩绚烂；下片写词人在仙境中的神仙生活，写没有知音的寂寞，表达不同凡俗的高洁品质，也写出了词人面对世俗的无奈与痛苦心理。全词情景交融，词人颇具想象力的描写，无一点尘俗气。

2. 以诗为词

宋人不满于词只表现男女情爱和离愁别恨，大力开拓词的题材，让词在表现功能上与诗逐渐趋同。同时，宋人将诗的表现手法移植到词中，努力丰富词的艺术手法，提升词的艺术境界。

苏轼的以诗为词最引人瞩目。陈师道《后山诗话》曾说："退之以文为诗，子瞻以诗为词，如教坊雷大使之舞，虽极天下之工，要非本色。"[1]虽然陈师道这里对韩愈、苏轼两人的创新不乏批评，但他指出苏轼"以诗为词"的改革，并将其与韩愈"以文为诗"相提并论，还是颇具慧眼的。苏轼认为词即"古人长短句诗"，为"诗裔"和"诗余"。既然诗与词在艺术本质上是相通的，那么以诗的手法来填词又有什么不可的呢？因此，苏轼将诗意、诗法、诗句等移植入词中，创造出崭新词风。

苏轼将词由代言体改变为自言体。晚唐五代词多以女子口吻道出，词人作词往往是代第三人抒情。苏轼用词抒写自我的真实性情和独特的人生感受，将词变成"我笔写我口"的文体。苏轼词中少了对闺阁环境与女性心态的想象性摹写，多了对文人士大夫生活的纪实描写和对文人感受的自由抒发；少了一些内心情思

---

[1]（宋）陈师道著：《后山诗话》，载（清）何文焕辑《历代诗话》，第309页。

的细腻与柔美，多了一份心系家国的壮志与激情。如：

江城子 密州出猎

苏 轼

老夫聊发少年狂，左牵黄，右擎苍。锦帽貂裘，千骑卷平冈。为报倾城随太守，亲射虎，看孙郎。　　酒酣胸胆尚开张，鬓微霜，又何妨。持节云中，何日遣冯唐？会挽雕弓如满月，西北望，射天狼。[1]

苏轼《与鲜于子骏书》中曾自道："近却颇作小词，虽无柳七郎（柳永）风味，亦自是一家。呵呵。数日前猎于郊外，所获颇多。作得一阕，令东州壮士抵掌顿足而歌之，吹笛击鼓以为节，颇壮观也。"[2]词上片写打猎观猎，场面壮阔，声势恢宏，表现出词人壮志踌躇的英雄气概；下片抒写词人由打猎激发起来的渴望杀敌报国、建功立业的豪情壮志。整首词完全以第一人称抒写，笔力雄健纵横，音调铿锵激越，情绪高昂奔放，一反"诗庄词媚"的传统，开辟了词的全新境界，影响深远。

苏轼在词中大量使用题序。词最初是"倚声制词"，仅有词牌名，用以标明其唱法而已。苏轼不仅大量使用词题，还常在词题后附以短小序文，用以交代词的创作动机和缘起。词题与词序的

---

[1]《苏东坡词全编（汇评本）》，第137页。
[2]《苏东坡全集》，第1940页。

使用，补充了词体叙事的不足，使词中所抒发情感有了更明确的指向。有的序文还与词本文在内容上形成互补，产生了一种叙事、写景、抒情于一体的丰富审美意蕴。如苏轼《水调歌头》（明月几时有）、《水调歌头》（昵昵儿女语）、《西江月》（照野弥弥浅浪）、《满江红》（忧喜相寻）、《定风波》（莫听穿林打叶声）等，都是使用题序极为成功的名篇。且看这首千古名篇：

水调歌头

苏 轼

丙辰中秋，欢饮达旦，大醉，作此篇，兼怀子由。

明月几时有，把酒问青天。不知天上宫阙，今夕是何年。我欲乘风归去，又恐琼楼玉宇，高处不胜寒。起舞弄清影，何似在人间！ 转朱阁，低绮户，照无眠。不应有恨，何事长向别时圆。人有悲欢离合，月有阴晴圆缺，此事古难全。但愿人长久，千里共婵娟。[1]

胡仔《苕溪渔隐丛话》曾云："中秋词自东坡《水调歌头》一出，余词尽废。"[2] 此词堪称中秋词的千古绝唱。小序交代写作过程和怀人主题。词的上片写中秋赏月，因月而引发出对天上仙境的奇思

---

1 《苏东坡词全编（汇评本）》，第25页。
2 《苏东坡词全编（汇评本）》，第26页。

妙想。起句奇崛异常，词人用一句追问把读者引入带入时空的广阔世界里。接下来描写词人的心理变化，从"我欲"到"又恐"到"何似"，词人从想象回到现实，在出世与入世的矛盾中最终仍然选择了入世。下片写望月怀人，感念人生的离合无常。词人由明月的圆缺引发对人生悲欢离合的感悟，最后发出"但愿人长久，千里共婵娟"的美好祝愿，把自己对亲人的思念上升到对普天下人的关切。全词设想奇特，意蕴丰厚，风格清旷，达到了诗情与哲理的高度统一。

苏轼在词中大量使用典故。宋人虽然习惯在诗中使事用典，逞才斗艺，但在苏轼以前，宋人却鲜有在词中使用典故。原因很简单，词是用来让伶工歌女歌唱的，词意畅达易于理解当然是其应有之义。苏轼大力改革词体，用词抒写文人士大夫的性情怀抱，词的表现内容空前扩展，自然需要更为丰富的表现方法。苏轼将诗中擅用的使事用典移入词中，丰富和拓展词的表现空间。前面所举《江城子·密州出猎》中就用孙权、冯唐的历史典故，含蓄道出词人内心情志。又如：

八声甘州　寄参寥子

苏　轼

有情风，万里卷潮来，无情送潮归。问钱塘江上，西兴浦口，几度斜晖。不用思量今古，俯仰昔人非。

谁似东坡老，白首忘机。　　记取西湖西畔，正暮山好处，空翠烟霏。算诗人相得，如我与君稀。约他年，东还海道，愿谢公，雅志莫相违。西州路，不应回首，为我沾衣。[1]

参寥子，是僧人道潜的号，苏轼在杭州时曾与其来往密切。这首词是苏轼离开杭州入京后所作，表达其对杭州山水和友人的想念，同时寄寓自己超然物外的人生态度。整首词用了多个典故，如："俯仰昔人非"化用自王羲之《兰亭集序》"俯仰之间，已为陈迹"；"忘机"来自《列子》中鸥鸟典故；谢公雅志用东晋谢安"东山之志"；"西州路"三句化用《晋书·谢安传》中谢安死后，外甥羊昙醉中过西州门，回忆往事悲从中来，恸哭而去。这首词使用的典故并不冷僻，语言也不古奥，并无晦涩之感，反倒多了几分文雅与含蓄美。这是苏轼在词中用典的优长。但即使如苏轼这样的天才词人，也并非每首词都能使事用典得如此晓畅明白。苏轼词中也有一些让人颇需要一番知识储备和学识修养才能理解的作品。显然，使用典故抬高了词的创作和欣赏门槛，使词日趋文人化和雅化。

苏轼还在词中频频化用前人诗句。如《采桑子》（多情多感仍多病）中"且听琵琶语，细捻轻拢"两句，显然来自白居易《琵琶行》"轻拢慢捻抹复挑，初为霓裳后六幺。大弦嘈嘈如急雨，小

---

[1]《苏东坡词全编（汇评本）》，第130页。

弦切切如私语"。又如《减字木兰花》（莺初解语）中"最是一年春好处。微雨如酥。草色遥看近却无",直接化用韩愈《早春呈水部张十八员外》"天街小雨润如酥,草色遥看近却无。最是一年春好处,绝胜烟柳满皇都"。苏轼甚至还将前人诗作改写成词,创造了另一种审美趣味。如：

水调歌头
苏 轼

欧阳文忠公尝问余："琴诗何者最善？"答以退之听颖师琴诗最善。公曰："此诗最奇丽,然非听琴,乃听琵琶也。"余深然之。建安章质夫家善琵琶者,乞为歌词。余久不作,特取退之词,稍加隐括,使就声律,以遗之云。

昵昵儿女语,灯火夜微明。恩冤尔汝来去,弹指泪和声。忽变轩昂勇士,一鼓填然作气,千里不留行。回首暮云远,飞絮搅青冥。 众禽里,真彩凤,独不鸣。跻攀寸步千险,一落百寻轻。烦子指间风雨,置我肠中冰炭,起坐不能平。推手从归去,无泪与君倾。[1]

如词序所言,此词由韩愈《听颖师弹琴》一诗改写而成。词中虽有"昵昵儿女语"等句照搬自韩诗语句,但大多数词句都根据词

---

[1]《苏东坡词全编（汇评本）》,第31—32页。

牌的格式和声律对韩诗语句进行了或删，或减，或添，或合并，或改头换面等方式的改写，如将韩愈诗中"划然变轩昂，勇士赴敌场"两句改写为"忽变轩昂勇士，一鼓填然作气，千里不留行"；将韩愈"浮云柳絮无根蒂，天地阔远随飞扬"改写为"回首暮云远，飞絮搅青冥"。整首词在内容、形式和艺术美感上与韩诗已有本质区别。苏词与韩诗可谓各有所长。苏轼这种将其他文体改写为词体的创造，形成了一种"隐括体"。黄庭坚、贺铸、米有仁、晁无咎、汪莘、朱熹、辛弃疾、刘克庄、吴潜、蒋捷等众多词人纷纷效仿，创作了大量隐括词。

南宋俞文豹《吹剑续录》中记载，苏轼幕僚认为柳永词适合十七八女子执红牙板，歌"杨柳岸晓风残月"，苏轼的词则须关西大汉用铜琵琶和铁绰板，唱"大江东去"。苏轼词与柳永词的不同，正是苏轼有意以诗为词的结果。自此，词逐渐摆脱"艳科"的局限，日趋雅化和文人化；进一步突破音律对词体的制约和束缚，从用于歌唱的歌词变为适合案上阅读的文本；于传统的婉约柔美词风之外，发展出另一种豪放壮美词风。词在宋代逐渐发展为一种可以与诗相比肩的抒情文体。

第七章

因与变——元明清之"诗"

明代许学夷《诗源辩体》曾云:"古今诗赋文章,代日益降,而识见议论,则代日益精。"[1]唐诗与宋诗给元明清人留下了无比丰富的诗作精品和创作经验。元明清尤其是明清两代人得以从理论上对"诗"进行充分研究与评述,诗学迎来了集大成时代。元明清三代的诗作整体上没有跳出唐诗与宋诗的范型,但也有一些诗人在总结前贤得失基础上,对诗进行了集大成式发展。同时,词在清代得以中兴;新诗体——散曲和民歌郁然勃兴,以更为活泼和自由的样式为诗注入一股自然真率之风。元明清三代诗灿若豹尾,为中国古典诗史画上了句号。

一、先立门户而后作诗

1. 宗唐与宗宋之争

元明清人论诗和学诗,自然要选择诗学典范。最优秀的诗出

---

[1] (明)许学夷著,杜维沫校点:《诗源辩体》卷三十五,人民文学出版社1987年版,第348页。

现在哪个朝代？是唐诗优，还是宋诗优？元明清人在以唐诗还是宋诗为宗问题上展开了反复论争。

元代至明代中期，人们论诗普遍推崇唐诗。元人虽受程朱理学影响较深，诗作中有不少道学气，其论诗却并未以宋诗为上，而是承袭宋末严羽之说，推重汉魏盛唐诗。明代中期，主导诗坛的前后七子高举文学复古大旗，提出"诗必盛唐"说。前七子包括李梦阳、何景明、徐祯卿、边贡、康海、王九思和王廷相七人，以李梦阳、何景明为代表，主要活动于明弘治、正德年间。后七子包括李攀龙、王世贞、谢榛、宗臣、梁有誉、徐中行和吴国伦，以李攀龙、王世贞为代表，主要活动于明嘉靖、隆庆年间。前后七子强调诗应以抒情为本色，重比兴寄托，而说理议论是文的当行本色。站在这一立场，他们大力推崇唐诗主吟咏、抒性情、有兴趣、婉而有味；批评宋诗多议论、作理语、直露不够含蓄。前后七子还以盛唐诗为典范总结了"诗"的众多法度，强调"格调"说。这些主张突出了"诗"的基本特性和独立审美性质，对深化"诗"的本体认识具有重要意义。

明晚期以后，随着心学影响的扩大，加之过度崇唐贬宋的流弊显现，诗学上的尊宋意识逐渐走强。明末清初时，钱谦益有意学习苏轼、黄庭坚、陆游、范成大等宋代诗人。黄宗羲直接宣称自己喜欢宋诗，尤其喜欢宋遗民诗，还和吕留良、吴之振等一同力倡宗宋，编纂《宋诗钞》。此后，陆续又有吴绮《宋金元诗永》，陈焯《宋元诗会》，周之麟、柴升《宋四名家诗》，顾贞观《宋诗删》，徐乾学《传是楼宋人小集》等宋诗选本被编撰出来。总集和选本的出现，助推了宋诗的传播。清初尊宋声势渐大，诗坛上出现了一个以浙江人为主干的"宋诗派"——浙派。他们反对独尊唐诗，力证宋诗价值，强调诗要表现学问，初步建立起宋诗学的基调。

不过，当时清人抬高宋诗的方式多是将唐宋诗并称，或是将宋诗视为唐诗的继承，还未能真正认识到宋诗独立的美学价值。如《宋诗钞·序》所道："宋人之诗，变化于唐，而出其所自得，皮毛落尽，精神独存。"[1]由此可见，清初人尊宋却并未贬唐，唐诗仍然是当仁不让的诗学典范。但是与明人的宗唐相比，清人的宗唐已较客观地不出极端之言，多折中之论。如提倡神韵说的王士禛对于强分唐宋进行反思，曾批评近人论诗好立门户，无论主张宗唐还是宗宋，宗李杜还是宗苏黄，都如蜗角之触、蛮两国相斗一样，虽然争得无比激烈，其实眼界颇狭，十分鄙陋。

秉持这种崇唐又尊宋的态度，一部分清人从门户之争中跳出来，提出了诸多公允之见。特别值得一提的是叶燮所撰《原诗》。这部诗论专著旨在探究诗之本源和本体，在理论的创造性和系统性方面向来为人所称道。书中，叶燮肯定"诗"的发展与变化，并以此为前提论述了诗的源流、正变、因革、熟新等问题。如，他提出诗有正有变，但不能简单地肯定"正"，否定"变"。因为

---

1 《宋诗钞》，第3页。

"变"不但不是对"正"的暌离,反而可能是后人踵事增华的结果,有除弊和救衰之效。唐诗自魏晋南北朝诗而"变",宋诗自唐诗而"变",唐诗与宋诗都属于诗因革变化的结果,难以说孰高孰低,孰优孰劣。他形容诗史发展:

> 譬诸地之生木然:《三百篇》,则其根;苏李诗,则其萌芽由蘖;建安诗,则生长至于拱把;六朝诗,则有枝叶;唐诗,则枝叶垂荫;宋诗则能开花,而木之能事方毕。自宋以后之诗,不过花开而谢,花谢而复开。[1]

树之自根而萌芽,由芽而长成小树,进而枝叶扶疏、繁密、开花,进而花开花落,是一个不断生长的过程。于树而言,根、芽、枝、叶、花朵只是生长阶段的不同,缺一不可;于诗而言,《诗经》、汉魏诗、南北朝诗、唐诗、宋诗、元诗、明诗各有贡献,也各有特色,不能断然否定。叶燮在理论上比较彻底地否定了崇唐与宗宋的偏执和鄙陋。

然而,叶燮的诗学观念在当时并未产生广泛影响。他的学生沈德潜明确主张宗尚唐诗,复倡"格调"说。他曾编选《古诗源》《唐诗别裁集》《明诗别裁集》《国朝诗别裁集》等诗歌选本,却没有编选宋诗选本,体现出明显的诗学偏爱。作为生前备受乾隆

---

[1] (清)叶燮著,霍松林校注:《原诗》内篇下,人民文学出版社1979年版,第34页。

皇帝恩宠的台阁重臣和文学侍从，沈德潜在诗坛地位显赫，助推了清代中期的崇唐风尚。因曾为涉文字狱的徐述夔写过传记，沈德潜去世九年后，被乾隆下令抄家鞭尸，其诗学主张也就此沉寂。此时，翁方纲成为京师馆阁诗群的领袖。他是著名的金石学家、考据家、经学家和书法家，读书多，学问好。深厚的学术根底使他体会到了宋诗"以学问为诗"的妙处。他高度评价宋诗，认为"诗则至宋而益加细密。盖刻抉入里，实非唐人所能囿也"[1]。与此同时，他以学衡诗，倡导"肌理"说；以学为诗，作了众多谈金石、校经史的"学问诗"，以至被袁枚讥讽为"误把抄书当作诗"[2]。翁方纲的诗学观呼应了清朝中期乾嘉学派重学问、重考据的习尚。随着乾嘉学派的风靡，清代中后期崇宋的诗学风气日渐兴盛。如厉鹗耗费二十多年时间，辑成《宋诗纪事》一百卷，辑录宋代诗人三千余家，各系以小传，几乎将宋代有影响的诗人网罗殆尽。在创作中，清人讲求以学问入诗、以考据入诗，将经史诸子驱之笔下，"学人之诗"大炽。晚清后，程恩泽、祁寯藻、郑珍等人代表的宋诗派和沈曾植、陈三立、陈衍等代表的同光体诗人先后登上诗坛。他们在宗宋的旗帜下，上溯至唐和魏晋，表现出熔铸前朝、创新求变的倾向。如陈衍提出学诗应该以盛唐开元、中唐元和、北宋元祐诗人为楷模的"三元"说；沈曾植主张学诗

---

1 （清）翁方纲著，陈迩冬校点：《石洲诗话》卷四，人民文学出版社1981年版，第119页。

2 王志英选注：《袁枚诗选》之《仿元遗山论诗》，人民文学出版社2009年版，第143页。

应该打通宋之元祐、唐之元和、晋之元嘉的"三关"说。他们的诗作也是学宋而兼学唐,实现了合学人之诗与诗人之诗为一体的突破。至此,持续数百年之久的唐宋诗之争落下了帷幕。

2. 格调・性灵・神韵・肌理

在宗唐与宗宋的论争中,明清两代诗学领袖并非仅仅喊出唐诗好或宋诗好,而是以一定的理论来论证唐宋诗之优劣,强调从某些特定的门径达到学唐或学宋的目的。宗唐与宗宋的选择背后是明清人对诗的本质属性和美学特征的不同认识。其中,影响最大的当数格调、性灵、神韵和肌理四种理论。

(1) 格调说

早在魏晋南北朝时,人们论诗时就曾提及"格"和"调"。唐代以后,"格""调"在诗学批评中已有广泛使用。但直到明代,"格调"说才真正成熟。明初李东阳首次提出"格调"术语:"试取所未见诗,即能识其时代格调。"[1] 明代中期,前后七子进一步丰富了诗的"格调"说。如王世贞提出格调由才思蕴生,才思是格调的基础,强调诗人主体的重要性。他讲究诗的篇法、句法和字法,追求臻于诗的"妙境",将"格调"说对格律和声调的片面强调提升到对审美境界的观照。比王世贞稍晚的胡应麟则将"格调"扩充为"体格声调"和"兴象风神"两个方面:"作诗大要不过二端,体格声调、兴象风神而已。体格声调有则可循,兴象风神无

---

1 (明)李东阳著:《麓堂诗话》,载丁福保辑《历代诗话续编》,第1371页。

方可执。"[1]他将"体格风调"比作水与镜,是可以触摸到的形式;将"兴象风神"比作水中之月与镜中之花,依托形式而存在,却又显然高于形式,是一种不可触摸到的艺术想象。胡应麟虽仍重视体格声调作为门径的重要性,但无疑更强调经由体格声调而达到兴象风神的审美境界。

前后七子等人提出的格调说在明末被公安派和钱谦益等人抨击后,一度沉寂。清代中期,沈德潜等人经过一番取长补短的修正改造,让格调说重新焕发了生命力。沈德潜重视诗的体制声律,但反对固守死法,主张使用活法。他认为古人的诗法可以学,但切不可陷入亦步亦趋式的模仿,而应按照诗的规律和内容需要灵活运用。由此,沈德潜将格调说从一味复古的泥潭中解放出来。

沈德潜还在王世贞等人重视"才思"的基础上,强调诗人主体的重要性。其《说诗晬语》云:

> 有第一等襟抱,第一等学识,斯有第一等真诗。如太空之中,不着一点;如星宿之海,万源涌出;如土膏既厚,春雷一动,万物发生。古来可语此者,屈大夫以下,数人而已。[2]

沈德潜连用多个比喻来形容诗人襟抱、学识的重要性。在他眼中,

---

1 (明)胡应麟撰:《诗薮》内编卷五,第100页。
2 (清)沈德潜著,霍松林校注:《说诗晬语》卷上,第187页。

诗人之才是根，是本，是源，诗作不过是诗人之才的外显。诗人的品格决定着诗的品格。因此，学诗虽需学体制、声律等格调内容，但更需加强自身修养和学识。沈德潜对诗人修养学识的强调，显然受到清代学术风气的影响，也有叶燮有关诗人"才胆识力"之论的影子，弥补了明代格调说讲格调而轻才学的弊病。

（2）性灵说

明代中后期，王阳明取南宋陆九渊"宇宙便是吾心，吾心便是宇宙"之说，主张"心即是理"，大兴"心学"。心学的流行，使人们从程朱理学"格物以穷理"的思维模式转向反求诸身，人的本体受到空前重视。影响所及，诗学领域逐渐兴起了一股重视情致和性灵的思潮，以公安派倡导的性灵说为代表。

公安派因出生于今湖北省公安县的袁宗道、袁宏道、袁中道三兄弟而得名。其中袁宏道的文学成就最大，诗学观点也最为突出。袁宏道称赏"独抒性灵，不拘格套"[1]，主张作诗要有"真我"，语言上要使用"真语"，不拾他人牙慧。为得"真语"，他甚至不忌直露，不避俚俗。袁宏道的诗学主张贯穿着强烈的独创革新精神。他严厉批评前后七子等人的复古习气，坚决反对蹈袭前人。他认为时代在变，诗体在变，诗法自然也应不同。"法"一旦成为既定之法，就会僵化，因此必须加以变革，才能使诗显示出不同时代的特征。

袁宏道倡导的性灵和独造，将诗从复古中解放出来。然而，

---

[1]（明）袁宏道著，钱伯城笺校：《袁宏道集笺校》卷四《叙小修诗》，上海古籍出版社1979年版，第187页。

这种执着于性灵、不避直露和俚俗的观点，违背了"哀而不伤，怨而不怒"的儒家诗教，也与含蓄蕴藉的传统诗学宗尚不同。明末，性灵说受到钱谦益等人的猛烈批判，影响力大减。

　　清代中期，袁枚等人为反对沈德潜的格调说，又复倡性灵说。袁枚（1716—1797），钱塘（今浙江杭州）人，字子才，号简斋，晚年自号仓山居士、随园主人、随园老人。袁枚提出："凡诗之传者，都是性灵，不关堆垛。"[1] 袁枚所说的"性灵"是"性情"与"灵机"两个方面的结合。一方面，他强调诗是人之性情的产物，诗应自然地、风趣地抒写诗人的真实感情；另一方面，他主张诗应有灵趣，要体现诗人个性，一味模仿剪裁古人语言，还不如以自己语言作出来的诗好。《遣兴》两诗颇能道出袁枚的诗学观：

遣兴

袁　枚

爱好由来下笔难，一诗千改始心安。
阿婆还是初笄女，头未梳成不许看。[2]

但肯寻诗便有诗，灵犀一点是吾师。
夕阳芳草寻常物，解用都为绝妙词。[3]

1　（清）袁枚著，顾学颉点校：《随园诗话》卷五，人民文学出版社1982年版，第146页。
2　3　《袁枚诗选》，第170页、第171页。

袁枚的诗学主张得到了赵翼、张问陶等人的响应，在当时产生了很大的影响。性灵说的提出，重新高扬了诗缘情的特质，凸显了诗人主体的创造力，对当时的复古风气有很强的纠偏补正之用。然而，此说中一部分主张又有些矫枉过正，比如只求生新而忽视本质的美丑，强调性情而否定学识，赞赏机趣而流于轻佻浮滑等，也颇受人诟病。

（3）神韵说

作为一个术语，"神韵"最先出现在魏晋南北朝的人物品评之中。南齐谢赫的《古画品录》将"神韵"引入艺术品评之中。唐代司空图提出"韵味"说，认为诗须具有"韵外之致"或"味外之旨"。以此为基础，南宋严羽认为"诗之有神韵者"，应该"如空中之音，相中之色，水中之月，镜中之象，言有尽而意无穷"。[1] 明代，"神韵"一词已常见于诗论家笔端。清代，王士禛在吸收前人理论基础上，结合具体的诗歌批评，将神韵从诗歌批评术语发展成完整而丰富的美学范畴，使神韵说成为一个可以指导创作的诗学理论。

王士禛（1634—1711），原名王士禛，字子真，一字贻上，号阮亭，又号渔洋山人，世称王渔洋，山东新城（今桓台县）人。他是继钱谦益之后主盟清初诗坛的著名诗人，与朱彝尊并称"南朱北王"。王士禛的诗学主张曾几经变化，由宗尚唐诗到推崇宋

---

[1]《沧浪诗话校释》，第26页。

诗,晚年又重举"唐贤三昧"的旗帜,大力倡导神韵说。他强调诗句既不能太过于写实又不能离题万里,不可显露雕刻痕迹;写景要选取有诗意的景物,写情要如镜花水月、空中之象般朦胧含蓄,不可说透,也不可说尽;最终要达于"羚羊挂角,无迹可求"的意境。

如何达到神韵？王士禛选录盛唐王维、储光羲、孟浩然、刘眘虚、常建等四十三人四百余首诗,编成《唐贤三昧集》,作为神韵诗的范本。他还主张灵感爆发、一气呵成式的创作,反对勉强拼凑和无病呻吟。"大抵古人诗画,只取兴会神到,若刻舟缘木求之,失其指矣。"[1] "兴会神到"指的是诗人因外物触发内心情思而产生灵感,精神处于高度自由状态。在此状态下,诗思已经不受时间和空间的局限,诗人用无限自由和想象力驱遣意象,剪裁文字,创造诗篇佳作。这种诗作无雕琢之迹,无堆砌之弊,宛若天成、浑融一体,所谓的神韵自然蕴于其中了。

王士禛把神韵视为诗歌创作的根本要求,并在前人基础上对神韵的内涵和价值进行了创造性发挥。格调说重诗的体制声律,性灵说重诗人性情,神韵说则强调诗的审美意境。神韵说进一步丰富了明清论诗的层次,在清代影响持续百年之久。然而,诚如清远只是诗之一品,神韵说也主要适用于山水一类诗。一旦将神韵说推广到一切诗中,或者以神韵作为最高审美要求而否定其他诗美,就走入偏狭了。

---

1 (清)王士禛撰,靳斯仁点校:《池北偶谈》卷一八,中华书局1982年版,第436页。

(4) 肌理说

格调、性灵、神韵诸说相继风靡明清诗坛，它们各有所长，却也各有所偏。清代中期，为了与袁枚的性灵说相抗衡，翁方纲在继承格调说、神韵说的同时又力图补救其偏失，大力标举"肌理"说。

翁方纲（1733—1818），字正三，号覃溪，又号苏斋，顺天大兴（今属北京）人，官至内阁学士，著有《复初斋诗文集》《石洲诗话》等。翁方纲并不否定格调，只是不满于格调说拘泥于一家一代的诗歌格调而机械模拟；他也并不否定神韵，但认为神韵说有流于空虚的弊端。他对格调和神韵的内涵进行了修正补充，将格调视为诗的基本格式音节，使神韵成为更具普遍意义的诗学范畴。在此基础上，他有感于格调说、神韵说大而无当，无从着手，从方便可学的角度提出了肌理说。

"肌理"二字来自杜甫《丽人行》"肌理细腻骨肉匀"，肌理就是肌肉的纹理。翁方纲论诗取譬于肌理，主张"为学必以考证为准，为诗必以肌理为准"[1]。翁方纲所言的"肌理"之"理"，包括道德规范、自然规律、知识掌故、音韵训诂修辞等内容，是义理和文理的统一。他对王士禛说诗否定言理不满，也批评邵雍、陈献章等理学家诗缺少艺术性。不过，翁方纲还是对长于言理的宋诗更为偏爱。他认为"宋诗妙境在实处"[2]，宋诗体现着宋人研理、

---

1 （清）翁方纲著：《复初斋文集》卷四《志言集序》，民国石印本。
2 《石洲诗话》卷四，第122页。

观书、论事的精密丰富，可以补史传之缺，以资考据。

与神韵说强调灵感触发、性灵说强调诗人性情机趣不同，肌理说特别强调诗人的学识。翁方纲认为宋人之所以能不蹈袭唐诗，主要在于有真才实学。而真才实学的获得要靠读书学古。肌理说在清代诗坛的影响要弱于格调、性灵、神韵诸说。但它的提出顺应了乾嘉时期重学问、考据的朴学风气，得到了一批学者的响应。清代中后期，宋诗派壮大，"学人之诗"风靡，都与肌理说有着密切关系。

3. 境界说

词在宋代繁盛之时，词论也逐渐兴起。这些理论或探讨词之源流演变，或论及词体特色，或评论词人词作，有力推动了词体发展。它们对诗学理论有所补益，却谈不上有多少创新和提升。至清代，清人围绕词之比兴寄托和境界展开的探讨，较之传统诗学有了颇多新意。尤其是晚清王国维的"境界说"融汇中外思想，兼论词与诗，不仅实现了诗学理论的大幅深化和升华，也肇启了古典向现代的转化，在诗学史上具有无可取代的重要地位。

受佛教思想的启发，唐人将"境"引入诗论。王昌龄的《诗格》主张"诗有三境"，即物境、情境和意境；皎然的《诗式》有缘境、取境和造境之说；刘禹锡则明确提出了"境在象外"说。宋代张子韶在《心传录》中已用"境界"一词来评价杜甫诗。明清时，以意境、境界论诗的也不乏其人。清末况周颐就曾论及

"词境","无词境,则无词心"[1]。但王国维第一次将"境界"作为核心命题,进行了多方面阐述。

王国维(1877—1927),初名国桢,字静安,亦字伯隅,初号礼堂,晚号观堂,又号永观,浙江省嘉兴市海宁人,著有《观堂集林》《人间词话》《宋元戏曲史》等。《人间词话》开宗明义标举"境界":"词以境界为最上。有境界则自成高格,自有名句。"[2]王国维明确将"境界"作为词的核心和根本。何谓"境界"?外物与内心互相触发,会电光石火般地生出一种灵感。具有敏锐艺术触觉的诗人,捕捉到这种稍纵即逝的灵感,并运用富有表现力的文字将其表现出来,即是境界。由此,境界的产生有两个基本条件:一是情与景触发,二是诗人的艺术表现力。关于前者,"境界"必须能反映真景物和真感情。王国维特别强调一种合乎天性的性情之真。"词人者,不失其赤子之心者也。"[3]诗人不仅要有一己之情,还要有对宇宙、人生本质、人类命运的终极关怀和体悟。关于后者,王国维主张诗人能有效"写"出此真景物和真感情,亦即诗人需有准确表达的艺术能力,才能真正创造出"境界"来。《人间词话》中称赞宋祁《玉楼春》中"红杏枝头春意闹"一句中的"闹"字,和张先《天仙子》中"云破月来花弄影"中的"弄"字,认为词中用此两字,境界全出。因此,诗词中的境界就是诗人运用高超的语言技巧如实再现真感情与真景物

---

1 (清)况周颐著,王幼安校订:《蕙风词话》卷一,人民文学出版社1960年版,第4页。
2 3 《人间词话》,第191页、第197页。

的结果。

王国维借用西方美学观念,从不同角度对"境界"做了分类。

其一,造境与写境。《人间词话》云:

> 有造境,有写境,此理想与写实二派之所由分。然二者颇难分别。因大诗人所造之境,必合乎自然,所写之境,亦必邻于理想故也。[1]

这是从自然与理想的关系区分出的两种境界。造境是理想派诗人创造的虚构境界,写境是写实派诗人创造的与自然现实相似的境界。王国维注意到了诗词中写实与虚构的区别,但他同时也指出高超的诗词作品都能做到虚中有实,实中有虚,其实又是难以截然而分的。

其二,有我之境与无我之境。《人间词话》云:

> 有有我之境,有无我之境。"泪眼问花花不语,乱红飞过秋千去。""可堪孤馆闭春寒,杜鹃声里斜阳暮。"有我之境也。"采菊东篱下,悠然见南山。""寒波澹澹起,白鸟悠悠下。"无我之境也。有我之境,以我观物,故物皆著我之色彩。无我之境,以物观物,故不知何者为我,何者为物。古人为词,写有我之境者为多,然未始不能

---

[1]《人间词话》,第191页。

写无我之境，此在豪杰之士能自树立耳。[1]

这是从"我"与物的关系进行区分的两种境界。有我之境中，人为主体，景为客体，主体对客体有着绝对的支配地位，景物中体现着"人"的强烈情感倾向。无我之境中，主体的人不再去支配客体的景物，而是似乎已与景物融为一体，物我两忘。任何诗词的创作，诗人都无法真正做到"无我"，即使貌似纯客观的描述，也是经由诗人之主体来实现的。因此，无我之境也不是真的"无我"。有我之境与无我之境中都有情，有景，只不过两者的抒情方式不同而已。有我之境中，情占主导地位，但情已外化为景；无我之境中，景占主导地位，但景后隐藏着情。王国维认为多数诗人只能创造有我之境，只有杰出的诗人才能创造无我之境。这表明他更推重无我之境。

其三，诗人之境界与常人之境界。《人间词话》附录：

境界有二：有诗人之境界，有常人之境界。诗人之境界，惟诗人能感之而能写之，故读其诗者，亦高举远慕，有遗世之意。而亦有得有不得，且得之者亦各有深浅焉。若夫悲欢离合，羁旅行役之感，常人皆能感之，而惟诗人能写之。[2]

---

1 《人间词话》，第191页。
2 《人间词话》附录第十六则，第252页。

这是根据境界表现内容的不同所做的区分。诗人之境界只有诗人能感之、能写之。常人之境是常人皆能感之，而唯有诗人能写之的境界。王国维深受德国美学家叔本华的影响。叔本华认为天才具有一种常人所没有的深邃观察力，诗歌和其他艺术一样都是天才的创造。王国维所讲的诗人其实正是叔本华所讲的天才。诗人具有高于常人的素质，能感常人所不能感，能写常人所不能写。在王国维看来，境界都是由诗人所写的。境界之有诗人与常人之分，并非是作者的不同，主要是境界呈现内容的区别。诗人之境界有常人之境界所不能呈现的内容，主要在于大诗人具有赤子之心和高尚伟大的人格。王国维最终将境界与诗人的天赋、素养等联系在一起。王国维的诗人与常人之分，有唯心主义倾向，曾备受非议，但其将创作主体视作境界产生的根源，却自有可取之处，不能一概抹杀。

王国维对自己的境界说颇为自得。他曾沾沾自喜地说，严羽的兴趣说和王士祯的神韵说都仅论及诗的面目，不如"境界"二字探入诗的本质。的确，兴趣说、神韵说都强调含蓄蕴藉和富有韵味，偏于论读者的审美感受，境界说探讨诗之韵味如何产生，偏于论作者的审美创造。王国维的境界说在承袭我国传统诗学意境说的基础上，又吸收借鉴西方哲学思想，论及境界的特征、境界的创造、情景统一、诗人修养等方面，为意境内涵注入了新鲜血液。至此，意境说的讨论得到前所未有的深入，传统诗学的意境理论得到进一步升华和成熟。

二、茫茫诗海，手辟新洲

叶燮曾言："自宋以后之诗，不过花开而谢，花谢而复开。"[1]元明清三代诗总体未能突破唐诗与宋诗两大诗歌范型，这并不意味着元明清诗毫无可观。元明清三代尤其清代的一些优秀诗人能够学古而不泥古，创作了诸多诗思与诗艺俱佳的传世佳作。清代的文化高压政策让清人热衷于以词曲写心迹，清词中兴，归于雅道。此外，元代散曲和明代民歌，异军突起，以自由活泼的形式为诗体注入新鲜血液。鸦片战争后，西学东渐，白话文兴起，梁启超等人的诗界革命拉开了古典诗的终结大幕。

1. 诗之深化

唐宋诗典范在前，宗唐抑或宗宋，成为元明清诗坛的主要选择。元明清三代涌现了大量似唐或似宋的诗篇。然而，自元至清，六七百年的时间里不可能完全因袭前人。每个时代都有强弱不同的创新声音和创新努力，有的旗帜鲜明地提出自成一家，有的打着复古旗号进行革新。元明清人在因与变中将诗进一步深化，诗思、诗情、诗体、诗艺、诗美在唐宋诗基础上都有了一些发展。

诗思与诗情方面。诗体形式有限，诗体表达的内容却可以常变常新。总体来说，元明清三代诗在题材类型方面并没有多少突破，但围绕每种题材，却也写出了诸多新意。有的填补前人空白，

---

[1]《原诗》内篇下，第34页。

有的在前人基础上表现得更为深细，有的角度新颖，有的思致深刻，极大丰富了诗的表现内容。

元明清诗中所展现的社会生活画卷更为广阔和生动，三教九流，风俗人情，都被纳入了诗材。如郑燮《道情十首》，以道情这一乐府变格形式，写老渔翁、老樵夫、老头陀、老农夫、老书生等各色人物。蒋士铨《京师乐府词十六首》，描写乞丐、缝穷妇、更夫、泼水卒、妓女、口技艺人、兔儿爷手艺人等众多底层人物形象，有些人物是首次进入诗材。

京师乐府词十六首（之一）

鸡毛房

蒋士铨

冰天雪地风如虎，裸而泣者无栖所。
黄昏万语乞三钱，鸡毛房中买一眠。
牛宫豕栅略相似，禾秆黍秸谁与致？
鸡毛作茵厚铺地，还用鸡毛织成被。
纵横枕藉鼾齁满，秽气熏蒸人气暖。
安神同梦比闺房，挟纩帷毡过燠馆。
腹背生羽不可翱，向风脱落肌粟高。
天明出街寒虫号，自恨不如鸡有毛。

吁嗟乎！今夜三钱乞不得，明日官来布恩德，柳木棺中长寝息！[1]

---

1 《忠雅堂诗集》卷八，第710页。

整首诗写无家可归的乞丐夜宿鸡毛店的惨景。冰天雪地里,衣不蔽体的乞丐在黄昏行乞,只为夜间能去鸡毛店里睡一晚。诗人颇费笔墨地形容鸡毛店的污秽,而乞丐在此环境中却能安眠入梦,可想而知他们白日里的艰辛困苦。诗的后半部分,诗人紧紧围绕鸡毛着笔,写乞丐以鸡毛作衣被,以腹背生羽形容乞丐浑身沾满鸡毛,刻画乞丐生不如鸡的心理,栩栩如生,如在目前。

又如,在前人所咏基础上翻新出奇,别出新见。自白居易《长恨歌》咏唐明皇与杨贵妃爱情后,后代以他们二人为题材的咏史诗层出不穷。清代袁枚的同类咏史诗却依然能翻出新意。

马嵬

袁 枚

莫唱当年《长恨歌》,人间亦自有银河。
石壕村里夫妻别,泪比长生殿上多。[1]

诗人从马嵬事件生发出去,咏写百姓的人间惨别,表达对百姓的深切同情。诗的题材和语言都是人所熟知的,立意却颇为新颖,丝毫没有步人后尘的感觉。

诗体方面,唐宋时诗体发展已臻完善,古近体的各种体式基本定型。元明清人仍能百尺竿头更进一步,对诗体又做了新的发展。他们最常采用的一种方式是拓展诗体容量,创作大型组

---

[1] 《袁枚诗选》,第66页。

诗。元明清尤其是清代，大型组诗成批涌现，有的体量已非常巨大，如钱谦益七律组诗《后秋兴》108首，朱彝尊《鸳鸯湖棹歌》100首，王士禛《仿元遗山论诗绝句》30首、《岁暮怀人绝句》60首，龚自珍七绝组诗《己亥杂诗》315首，等等。这些组诗虽不能首首堪称精品，但的确也有不少佳作。如钱谦益《后秋兴》，次韵杜甫《秋兴八首》，每叠8首，共十三叠104首，另附自题诗4首。杜甫此组诗已属七律组诗登峰造极之作。钱谦益的和作，反复次韵达13次，且没有斧凿凑韵痕迹，其规模之庞大，韵律之严密，在诗史上绝无仅有，令人叹为观止！钱谦益的组诗详细记录了明末清初的抗清活动以及遗民心态，有效弥补了诗不擅叙事的不足，已称得上一种创造性的史诗巨制。

　　诗艺方面，元明清人通过多方借鉴，进一步丰富诗的表现手法。如吴伟业在七言歌行体中融合明传奇曲折变化的戏剧性，创立了自成一格的"梅村体"。梅村体叙事诗大都以人物命运浮沉为线索，叙写实事，映照兴衰，组织结构，设计细节，极尽俯仰生姿之能事。如：

圆圆曲
吴伟业

鼎湖当日弃人间，破敌收京下玉关。
恸哭六军俱缟素，冲冠一怒为红颜。
红颜流落非吾恋，逆贼天亡自荒宴。

电扫黄巾定黑山,哭罢君亲再相见。
相见初经田窦家,侯门歌舞出如花。
许将戚里箜篌伎,等取将军油壁车。
家本姑苏浣花里,圆圆小字娇罗绮。
梦向夫差苑里游,宫娥拥入君王起。
前身合是采莲人,门前一片横塘水。
横塘双桨去如飞,何处豪家强载归。
此际岂知非薄命,此时只有泪沾衣。
薰天意气连宫掖,明眸皓齿无人惜。
夺归永巷闭良家,教就新声倾坐客。
坐客飞觞红日暮,一曲哀弦向谁诉?
白皙通侯最少年,拣取花枝屡回顾。
早携娇鸟出樊笼,待得银河几时渡。
恨杀军书底死催,苦留后约将人误。
相约恩深相见难,一朝蚁贼满长安。
可怜思妇楼头柳,认作天边粉絮看。
遍索绿珠围内第,强呼绛树出雕阑。
若非壮士全师胜,争得蛾眉匹马还?
蛾眉马上传呼进,云鬟不整惊魂定。
蜡炬迎来在战场,啼妆满面残红印。
专征萧鼓向秦川,金牛道上车千乘。
斜谷云深起画楼,散关月落开妆镜。

> 传来消息满江乡，乌桕红经十度霜。
> 教曲妓师怜尚在，浣纱女伴忆同行。
> 旧巢共是衔泥燕，飞上枝头变凤凰。
> 长向尊前悲老大，有人夫婿擅侯王。
> 当时只受声名累，贵戚名豪竞延致。
> 一斛明珠万斛愁，关山漂泊腰肢细。
> 错怨狂风飏落花，无边春色来天地。
> 尝闻倾国与倾城，翻使周郎受重名。
> 妻子岂应关大计，英雄无奈是多情。
> 全家白骨成灰土，一代红妆照汗青。
> 君不见馆娃初起鸳鸯宿，越女如花看不足。
> 香径尘生乌自啼，屟廊人去苔空绿。
> 换羽移宫万里愁，珠歌翠舞古梁州。
> 为君别唱吴宫曲，汉水东南日夜流。[1]

这首诗咏写明末名妓陈圆圆故事，以委婉的笔调讥刺吴三桂为一己之私情叛明降清的行为。前八句写明朝崇祯皇帝吊死景山，镇守山海关的吴三桂带领清兵攻占北京，虽然打着为崇祯皇帝报仇的旗号，其真实目的却是"冲冠一怒为红颜"。第九句至"争得蛾眉匹马还"，叙述吴三桂与陈圆圆悲欢离合的经历。其中有一波三

---

[1]（清）吴伟业撰，（清）程穆衡原笺，（清）杨学沆补注，张耕点校：《吴梅村诗集笺注》，中华书局 2020 年版，第 562—565 页。

折地直书其事,也有以戏剧手法虚拟陈圆圆是西施的后身,写得声情并茂,摇曳生姿。从"蛾眉马上传呼进"到"无边春色来天地",写陈圆圆到战场与吴三桂团圆,备受恩宠。诗人别出心裁地凿空设想陈圆圆旧日女伴对她的艳羡,反衬出陈圆圆所享之荣华富贵。"尝闻倾国与倾城"至结尾,委婉地对吴三桂为美人不为江山的选择进行批判,借用夫差西施故事,表达历史兴亡之叹。无论主题还是语言,此诗都有明显模仿白居易《长恨歌》的痕迹。与《长恨歌》单线平铺相比,吴伟业此诗的谋篇布局更为出色。诗题虽为咏陈圆圆,诗中却以吴三桂降清为主线,以陈圆圆的传奇经历为副线,双线交叉进行,既有历史的纵向起伏,也有人物命运的横向对照。诗人开篇直接写吴三桂冲冠一怒为红颜,为了美人投清叛明。紧接着又运用追叙、插叙、夹叙等结构手法,打破时空限制,重新组合纷繁的历史事件,使情节波澜曲折;中间还特意旁出一笔将陈圆圆与西施相联系,为诗增添了一份奇幻与朦胧色彩。诗人以吴、陈二人的故事绾合了明末清初的政治、军事大事,举重若轻,开阖自如,表现出高超的叙事技巧。吴伟业把古代叙事诗推到了新的高峰。

诗美方面,元明清人对前人的创造做了进一步深化。以王士祯的神韵诗为例。王士祯用五七言绝句创作了大量神韵诗,以含蓄语言营造清远意境,言尽意不尽,风靡一时。如:

真州绝句六首
王士禛

其三

晓上江楼最上层，去帆婀娜意难胜。
白沙亭下潮千尺，直送离心到秣陵。

其四

江干多是钓人居，柳陌菱塘一带疏。
好是日斜风定后，半江红树卖鲈鱼。[1]

清康熙元年（1662），王士禛任扬州推官，路过真州（今江苏省仪征市），写下此组诗。第三首写诗人登楼远眺，目送帆船远去，自己的一腔思念也随奔涌的江水追随离人抵达秣陵（南京）。后两句是全诗的精髓，诗人不直接写自己对友人的不舍之情如何浓烈，而是巧妙地以拟人手法写江水一路送去自己的思念，如此字面只见江水之奔涌流淌，字面之外江水之善解人意，诗人与友人的无限情意，诗人虽未言，读者却已然感受到了。第四首写江边渔村的景致，未有一字写到人，渔人捕鱼卖鱼的日常生活图景却已如在眼前。两首诗都舍弃对景物的形象刻画，仅用少许笔墨点染，大量留白，形成如文人山水画般的清旷疏远意境。这也是王士禛有意引画入诗的结果。

---

1 （清）王士禛著，袁世硕主编：《王士禛全集》，齐鲁书社2007年版，第353页。

2. 词之中兴

词鼎盛于宋代，元明时期一度衰落。清代，词出现了一番中兴气象，无论规模还是成就都不逊色于宋代。

清人在宋人基础上进一步推尊词体。如阳羡词派领袖陈维崧彻底否定了词为"小道"的传统观念，将词提高到与诗、经、史同样的地位。他认为词在功能上与经史是一致的，在审美上与诗是相似的。他还突破"诗庄词媚"的传统观念，倡导词的风格多样化。浙西词派领袖朱彝尊提出词与诗一样，源远流长，是独立的，不是附属于诗之后的"诗余"。常州词派领袖张惠言主张词与诗一样，应继承风骚比兴传统，强调寄托含蓄。可以说，词在清代，愈发摆脱"小道""诗余"的地位，成为与诗相比肩的抒情文体。

清代词人众多，几乎每一位著名诗人，同时也是著名词人。词人的增多，直接提升了词的数量。南京大学编纂的《全清词》（顺康卷）收录清代顺治、康熙时期的词人近2100家，词作5万余首。《全清词》（嘉道卷）收录清代嘉庆、道光时期词人近1990家，词作7万余首。可以想见全部清词数量之浩瀚。清代词体表现内容丰富和表现手法多样，清词佳作频现。

（1）时事词

贺新郎　纤夫词

陈维崧

战舰排江口。正天边、真王拜印，蛟螭蟠钮。征发棹船郎十万，列郡风驰雨骤。叹闾左、骚然鸡狗。里正前团催后保，尽累累、锁系空仓后。捽头去，敢摇手？　稻花恰趁霜天秀。有丁男、临歧诀绝，草间病妇。此去三江牵百丈，雪浪排樯夜吼。背耐得、土牛鞭否？好倚后园枫树下，向丛祠、亟倩巫浇酒。神祐我，归田亩。[1]

陈维崧（1625—1682），字其年，号迦陵，江苏宜兴人，著有《陈迦陵诗文词集》《湖海楼词集》。此词写康熙十三年（1674）征发纤夫之事。上片重点写官府抓丁时的暴行，下片则特写一个纤夫与病妇诀别时的对话，渲染出下层百姓生离死别的悲恸凄惨。词中纯为客观描述，没有一句议论，而词人的态度尽在不言中，有震撼人心的艺术魅力。词人显然借鉴了杜甫"三吏""三别"的写作手法，以诗为词，以词写时事，直书民生疾苦，反映社会现实，极大拓展了词的表现范围和功能。在此方面，清词超越了宋词。

1　（清）陈维崧著，陈振鹏标点，李学颖校补：《陈维崧集》之《迦陵词全集》卷二十七，上海古籍出版社2010年版，第1545页。

(2)农村词

金浮图
陈维崧

夜宿翁村,时方刈稻,苦雨不绝,词纪田家语。

为君诉。今年东作,满目西畴,尽成北渚。雨翻盆,势欲浮村去。香稻波飘,都作沉湘角黍。咽泪频呼儿女。瓮头剩粒,为君殷勤煮。　　话难住。茅檐点滴,短檠青荧,床上无干处。雨声乍续啼声断,又被啼声,剪了半村雨。摇手亟谢田翁,一曲《淋铃》,不抵卿言苦。[1]

比照宋词,清词表现社会生活的广度和深度都大大拓展,其中一个表现即是农村词。宋代的农村词大多为田园词,写田园自然风光和淳朴的田家生活,鲜有表现真实农村的困苦与艰辛。以陈维崧为代表的清人则突破宋词传统,在词中直录田家疾苦,抒写词人对百姓苦难的深切同情。如词序所言,这首词是记录田家老翁向词人哭诉遭逢涝灾后的无限苦楚。词的上片主要描写接连不断的秋雨让稻谷颗粒无收,老翁家里已经濒临断粮;下片写雨声和人的哭声相接续,让人不忍卒听。词人化用杜甫《茅屋为秋风所破歌》中诗句,同时又用"剪了半村雨"来形容啼声,手法巧妙,直击人心。

---

[1]《陈维崧集》之《迦陵词全集》卷十四,第1262页。

（3）咏怀词

满江红

秋　瑾

小住京华，早又是，中秋佳节。为篱下、黄花开遍，秋容如拭。四面歌残终破楚，八年风味徒思浙。苦将侬，强派作蛾眉，殊未屑！　　身不得，男儿列；心却比，男儿烈！算平生肝胆，不因人热。俗子胸襟谁识我？英雄末路当磨折。莽红尘，何处觅知音，青衫湿！[1]

秋瑾（1875—1907），原名秋闺瑾，字璇卿，号旦吾，东渡日本后改名瑾，字竞雄，自称鉴湖女侠，清末著名女诗人、民主革命志士，著有《秋瑾集》。1903年，秋瑾随夫入京复职，在中秋节时创作了此词。第二年，秋瑾即女扮男装，东渡日本，走上革命救国的道路。词上片写中秋睹景思乡，心情苦闷；下片自抒怀抱，写出女儿身却有男儿志，空有一番雄心壮志却难觅知音。秋瑾有意仿效岳飞《满江红》，整首词直抒胸臆，语言豪壮，气势如虹，字字用得干脆利落，却有千钧力量，显示出巾帼英雄不同于一般女子的大丈夫气概。"身不得，男儿列；心却比，男儿烈"，语浅情深，对比强烈，一向被视为秋瑾的自我写照。这首《满江红》

---

[1] 秋瑾著，郭长海、郭君兮辑校：《秋瑾诗文集》卷三，上海古籍出版社2017年版，第80页。

也成为与岳飞《满江红》相媲美的壮词之一。不仅秋瑾以女词人身份写壮词,清代男性词人咏怀也大多摒弃了宋词中擅用的以女子口吻代言的笔法,而是以我笔写我口的笔法直接抒怀。词在清代,已经承担起与诗一样的抒怀功能。

(4)山水词

满江红　钱塘观潮

曹　溶

浪涌蓬莱,高飞撼、宋家宫阙。谁荡激,灵胥一怒,惹冠冲发。点点征帆都卸了,海门急鼓声初发。似万群、风马骤银鞍,争超越。　　江妃笑,堆成雪;鲛人舞,圆如月。正危楼湍转,晚来愁绝。城上吴山遮不住,乱涛穿到严滩歇。是英雄、未死报仇心,秋时节。[1]

曹溶(1613—1685),字秋岳,一字洁躬,亦作鉴躬,号倦圃、锄菜翁,秀水(今浙江嘉兴)人,明末清初词人。传说中,吴王夫差杀了伍子胥,并将其尸体投入江中。吴人敬仰伍子胥的忠烈,尊其为潮神,历代祭祀。此词即从此传说立意,开篇将大潮想象为伍子胥的冲冠一怒;结尾又点出伍子胥报仇心未死,前后呼应。因此,整首词已不仅为写景而写景,而是寄寓了词人经历朝代更

---

[1] 冯统一、赵秀亭选注:《中国古典诗词曲选粹·元明清词卷》,黄山书社2018年版,第144页。

迭的复杂情怀。词中的写景非常成功,词人运用比拟、夸张、铺排、设问、比喻修辞手法,形象描绘涨潮的整个过程,将钱塘潮的宏伟气势传神状出。

(5)怀古词

卖花声　雨花台

朱彝尊

衰柳白门湾,潮打城还。小长干接大长干。歌板酒旗零落尽,剩有渔竿。　秋草六朝寒,花雨空坛。更无人处一凭阑。燕子斜阳来又去,如此江山。[1]

朱彝尊(1629—1709),字锡鬯,号竹垞,秀水(今浙江嘉兴)人,博通经史,诗方面与王士禛称"南朱北王",词方面与陈维崧并称"朱陈",为浙西词派前期的代表词人。词上片描写雨花台今日的衰败零落;下片化用刘禹锡《乌衣巷》、王安石《桂枝香·金陵怀古》、李煜《浪淘沙》中的句子,吊古伤今,抒发历史兴亡之慨。整首词语言清丽蕴藉,情调哀婉,意境清空淡远,置于宋词也属佳作。

---

[1] 叶元章、钟夏选注:《朱彝尊选集》,上海古籍出版社1991年版,第259页。

（6）咏物词

长亭怨慢　雁
朱彝尊

结多少、悲秋俦侣，特地年年，北风吹度。紫塞门孤，金河月冷，恨谁诉？回汀枉渚，也只恋、江南住。随意落平沙，巧排作、参差筝柱。　　别浦，惯惊移莫定，应怯败荷疏雨。一绳云杪，看字字、悬针垂露。渐欹斜、无力低飘，正目送、碧罗天暮。写不了相思，又蘸凉波飞去。[1]

这是一首著名的咏物词。全词扣住北雁南飞来摹写，写的是群雁，而非孤雁。上片写北风吹起，大雁成群结队，别恨满怀，由塞北飞往江南，中间落于平沙憩息；下片写雁群略作休息后又疲倦地继续南飞，一路担惊受怕，甚至已无心传达词人的相思之意。词人成功描绘了一幅大雁凄惶南飞图，诸如"随意落平沙，巧排作、参差筝柱"描述群雁憩息，"一绳云杪，看字字、悬针垂露"勾勒雁阵飞行，"惯惊移莫定，应怯败荷疏雨"拟写大雁心理，都极为形象，显示出词人高超的语言刻画能力。然而，词人更深层的用意是以雁喻人，借咏雁来表现自己的身世之悲。大雁被迫南

---

[1]《朱彝尊选集》，第407页。

飞,一路凄凄惶惶,恰如词人抗清失败后四处飘零;大雁的恨、惊、怯、疲等心理状态,正是词人身历改朝换代后的真实感受。陈廷焯赞道:"感慨身世,以凄切之情,发哀婉之调,既悲凉,又忠厚。"[1]

(7)爱情词

桂殿秋　思往事

朱彝尊

思往事,渡江干,青蛾低映越山看。共眠一舸听秋雨,小簟轻衾各自寒。[2]

朱彝尊与妻妹冯寿常有过一段刻骨铭心的恋情。他曾作《风怀二百韵》排律记叙他们的爱情故事。别人劝他将此诗从诗集中删去,他表示宁做名教罪人,也决不删此诗。他还以冯寿常的字"静志"作为自己诗话和词集之名。这首词即是追忆两人刚开始相恋时的往事。整首词只有27个字,却将词人对意中人的痴恋、两人心意相通却不能在一起的痛苦一并写出。青蛾指美人的眉毛,山也常被用来形容眉毛,"青蛾"一句即以此巧妙写出词人借看山来看意中人,时时似在看山,实则时时在看意中人。末两句的共听秋雨写出两人距离之近与心相默契,"各自寒"似写身体感受实

---

[1] 陈廷焯著,杜维沫校点:《白雨斋词话》,人民文学出版社1959年版,第69页。
[2] 《朱彝尊选集》,第252页。

则是写心理感受,将两人咫尺天涯的痛苦传神道出。语言十分清浅和精炼,感情却无限深沉而炽烈,动人心弦。

(8)悼亡词

金缕曲　亡妇忌日有感

纳兰性德

  此恨何时已。滴空阶、寒更雨歇,葬花天气。三载悠悠魂梦杳,是梦久应醒矣。料也觉、人间无味。不及夜台尘土隔,冷清清、一片埋愁地。钗钿约,竟抛弃。　重泉若有双鱼寄。好知他、年来苦乐,与谁相倚。我自终宵成转侧,忍听湘弦重理。待结个、他生知己。还怕两人俱薄命,再缘悭、剩月零风里。清泪尽,纸灰起。[1]

纳兰性德(1655—1685),原名成德,字容若,号楞伽山人,满洲正黄旗人,与陈维崧、朱彝尊并称"清词三大家",著有《饮水词》,词作情真意切,哀感顽艳,有南唐李后主遗风。王国维曾称其为"北宋以来,一人而已"[2],可见其在清代以至整个中国词坛的重要地位。纳兰性德与原配卢氏伉俪情深,可惜结婚仅三年卢氏就因难产而死。纳兰性德悲痛之余,写下大量悼亡词,词题中明

---

[1] (清)纳兰性德撰,赵秀亭、冯统一校笺:《饮水词校笺》卷二,中华书局2015年版,第153页。

[2] 《人间词话》,第217页。

确标明悼亡的有七首，未标题目而抒写追思亡妇、怀念旧情的则有三四十首之多。这首词正是其中一篇代表作，作于卢氏去世三周年的忌日。上片写暮春雨天，词人思念亡妻。词人采用婉曲的表达手法，写妻死已三年，仿佛大梦一场，却又紧接着说如果真是梦也早该醒了；妻子应该也和自己一样感到人间无味，埋于地下虽然冷清，却能无忧无虑，然而紧接着却又埋怨妻子抛弃两人的白首誓言。以此笔法写出词人对妻子早逝的复杂心理。下片写与亡妻阴阳两隔，音信不通，今生无缘只有寄想来生再结知己，却又担心来生再无缘。词人以"此恨何时已"的直接发问开篇，以"清泪尽，纸灰起"作结，中间以暮春之景作背景，正面、反面，多角度、多层次地抒写复杂心理，表达出对亡妻的不舍、牵念与一往情深。整首词凄婉哀绝，令人不忍卒读。

图：（清）禹之鼎绘《纳兰容若像》轴，纸本，设色，纵59.5厘米，横36.4厘米，北京故宫博物院藏

（9）边塞词

蝶恋花　出塞
纳兰性德

今古河山无定据。画角声中，牧马频来去。满目荒凉谁可语？西风吹老丹枫树。　　从前幽怨应无数。铁马金戈，青冢黄昏路。一往情深深几许？深山夕照深秋雨。[1]

纳兰性德曾在康熙皇帝身边担任一等侍卫，多次随其南巡北狩，还曾奉旨出使梭龙等边境地区，因此有机会写下一些边塞、羁旅词。这首词一说作于康熙二十一年（1682）八月赴梭龙途中，一说作于康熙二十二年（1683）九月扈驾至五台山、龙泉关时。词的上片着重描写词人所见的塞外荒凉景象，所写景色中饱含词人深深的历史变迁之感。下片则从历史人物的情感角度议论，高度概写历史上的战争与和平，最后以景结情，将一腔深情含而不露。整首词没有宋代范仲淹等人边塞词的阳刚与健爽，却深具宋代欧阳修《蝶恋花》（庭院深深深几许）等词的婉约含蓄，这也是词人多愁善感的天性和未经战事的人生经历所决定的。

---

[1]《饮水词校笺》卷一，第122页。

(10) 羁旅词

长相思
纳兰性德

山一程,水一程,身向榆关那畔行,夜深千帐灯。　风一更,雪一更,聒碎乡心梦不成,故园无此声。[1]

康熙二十一年(1682),康熙出山海关赴盛京(沈阳)告祭祖陵,词人以侍卫随行。从词意来看,这首小令是在还未出山海关时的途中所写。词上片写愈行愈远的行程,末句景象壮观,却蕴含无限愁苦,仍是以景写情的手法;下片写风雪交加搅乱了词人的思绪,让其不能入梦,最后写故园的美好,以此抒发浓郁的思乡之情。词人以一程又一程、一更又一更的重叠复沓,写出路途的遥远和旅途的艰苦,更从空间维度上强化了离乡之远,从时间维度上强化了思乡之深。整首词音节浏亮,语浅情深,意境壮阔深沉。

3. 散曲与民歌

元代,诗词成就相对黯淡,散曲异军突起,放出了耀眼的光芒。金元之际,随着契丹、女真、蒙古等北方少数民族相继入主中原,北方的胡曲番乐也逐渐传播到中原。它们与汉族地区的音

---

[1] 《饮水词校笺》卷二,第184页。

乐相结合，孕育出一种新的乐曲。依照此乐曲填写的歌词，即是散曲。因为是依乐而作的歌词，每首散曲都有曲牌，且属于一定的宫调。散曲有小令、套数和带过曲三种基本类型。小令又叫"叶儿"，为单片只曲，调短字少。套数又称"套曲""散套"或"大令"，由同宫调的两个以上的只曲连缀而成的若干曲子组成，有【尾】。带过曲是小令与套数之间的特殊形式，通常由两三个只曲组成，比套数容量要小很多，且没有【尾】。如果说词比诗的句式灵活，则散曲比词的句式还要灵活多变。散曲作者可以根据内容和旋律的需要，运用"衬字"方式突破规定曲牌的句数，进行增句。因此，散曲句式短的可以只有一两个字，长的可达几十字，伸缩变化极大。与诗词的雅化相比，散曲的语言更加口语化和通俗化，表现出浓郁的生活气息；与诗词的含蓄蕴藉相比，散曲表情达意更明快显豁，自由活泼。

散曲大盛于元，在明代逐渐趋于文人化。明代，一种来自民间的更为活泼的民歌繁荣起来。明代文人也对民歌十分喜欢。前七子领袖李梦阳与何景明一起赞赏《锁南枝》等民间时调，主张学诗者应向民歌学习。明末卓人月认为明代在诗、词、曲方面都不比前代，而《吴歌》《挂枝儿》《罗江怨》《打枣竿》《银绞丝》之类山歌差不多可以视为明代一绝。冯梦龙则投入巨大精力搜集整理了《童痴一弄·挂枝儿》和《童痴二弄·山歌》两种民歌专集。在明代诗词一味复古时，明代民歌表现出了活泼泼的生命力。

(1) 元代散曲

咏怀

【南吕】一枝花
不伏老
关汉卿

【尾】我是个蒸不烂、煮不熟、捶不匾、炒不爆、响珰珰一粒铜豌豆，恁子弟每谁教你钻入他锄不断、斫不下、解不开、顿不脱、慢腾腾千层锦套头。我玩的是梁园月，饮的是东京酒，赏的是洛阳花，攀的是章台柳。我也会围棋，会蹴鞠，会打围，会插科，会歌舞，会吹弹，会咽作，会吟诗，会双陆。你便是落了我牙、歪了我嘴、瘸了我腿、折了我手，天赐与我这几般儿歹症候，尚兀自不肯休。则除是阎王亲自唤，神鬼自来勾；三魂归地府，七魄丧冥幽。天那，那其间才不向烟花路儿上走！[1]

关汉卿，字汉卿，号已斋叟，大都（今北京）人，元代著名杂剧、散曲作家，与白朴、马致远、郑光祖并称为"元曲四大家"，现存小令57首，套数13曲及残曲。他所作套数【南吕】一枝花（不

---

[1] 隋树森选编：《全元散曲简编》，上海古籍出版社1995年版，第75页。

伏老）用第一人称记叙书会才人的经历和感慨，常被视为他的一幅自画像、一首自白曲。这只【尾】曲大胆抒发了一个"铜豌豆"不死不休的抗争精神。须知"铜豌豆"是元代行院、勾栏中对老嫖客的一个专门称谓。关汉卿敢于如此直白且不乏自豪地为"铜豌豆"代言，与元代特殊的社会环境直接相关。此曲在句式上极为自由，衬字运用非常成功。如首两句，曲子本格为七、七句式，作者特意增加了39个衬字，使之成为散曲中少见的长句。在用衬字拉长句子之外，曲中穿插一系列短促有力的排句，形成了变化多姿又节奏铿锵的艺术美感。

【越调】天净沙

秋思

马致远

枯藤老树昏鸦，小桥流水人家，古道西风瘦马。夕阳西下，断肠人在天涯！[1]

马致远，字千里，号东篱，大都（今北京）人，元曲四大家之一，被誉为"曲状元"，现存小令115首，套数22曲及残曲。与关汉卿散曲浓厚的世俗情趣相比，马致远的散曲更富有文人气息。在这首仅28字的小令中，作者巧妙运用诗词意象，勾勒出一幅深秋

---

1 《全元散曲简编》，第101页。

夕照图,意境苍凉萧瑟,而游子羁旅天涯、思念故乡的愁苦心情自然显现出来。全曲景中含情,情自景生,情景交融,隽永含蕴。周德清《中原音韵》赞其为"秋思之祖"[1],王国维《人间词话》说它"寥寥数语,深得唐人绝句妙境"[2]。

恋情

【双调】沉醉东风

关汉卿

咫尺的天南地北,霎时间月缺花飞。手执着饯行杯,眼阁着别离泪。刚道得声保重将息,痛煞煞教人舍不得!好去者望前程万里。[3]

男女恋情是散曲最常抒写的题材之一。关汉卿创作了多首此类散曲。这首小令着重描写女子与情人饯行时的依依不舍。关汉卿以女子的口吻道出虽然万般舍不得分别,却又强作欢颜送上祝福的痛苦复杂心情,含蓄中不乏真率直白,别有新意。

---

1 (元)周德清撰:《中原音韵》,载中国戏曲研究院编《中国古典戏曲论著集成》第一集,中国戏剧出版社1959年版,第247页。
2 《人间词话》,第221页。
3 《全元散曲简编》,第70页。

隐逸

【双调】沉醉东风
渔夫
白　朴

黄芦岸白苹渡口，绿杨堤红蓼滩头。虽无刎颈交，却有忘机友。点秋江白鹭沙鸥。傲杀人间万户侯，不识字烟波钓叟。[1]

白朴（1226—约1306），字太素，一字仁甫，号兰谷，元曲四大家之一，散曲有《天籁集摭遗》一卷，存世小令36首，套数4曲。这首小令咏写和鸥鹭相与忘机的渔夫，与传统诗词同类题材一脉相承。结尾处，作者特意强调渔夫"不识字"，透露出元代文人不受重用的悲愤。在语言上，此曲也并无市井气，典雅中又不乏清丽，在当时就赢得了人们的喜爱。

怀古

【中吕】山坡羊
潼关怀古
张养浩

峰峦如聚，波涛如怒。山河表里潼关路。望西都，

---

[1]《全元散曲简编》，第83页。

意踟蹰,伤心秦汉经行处。宫阙万间都做了土。兴,百姓苦;亡,百姓苦![1]

张养浩(1269—1329),字希孟,号云庄,济南(今山东济南)人,元代著名散曲作家,存世小令162首,套数2曲,有散曲别集《云庄休居自适小乐府》(简称《云庄乐府》)。此曲是张养浩晚年在陕西赈饥时所作,是其最为人称道的作品。作者为潼关险要地势触发一腔怀古情思,最后发出"兴,百姓苦;亡,百姓苦"的历史喟叹,鞭辟入里,振聋发聩。全曲气势恢弘,感情沉郁,寓意深远,体现了散曲毫不逊于诗词的艺术表现力。

山水

【南吕】一枝花

湖上归

张可久

长天落彩霞,远水涵秋镜。花如人面红,山似佛头青。生色围屏,翠冷松云径,嫣然眉黛横。但携将旖旎浓香,何必赋横斜瘦影。

【梁州】挽玉手留连锦英,据胡床指点银瓶。素娥不嫁伤孤零。想当年小小,问何处卿卿?东坡才调,西子

---

[1] 《全元散曲简编》,第176页。

娉婷，总相宜千古留名。吾二人此地私行。六一泉亭上诗成，三五夜花前月明，十四弦指下风生。可憎，有情。捧红牙合和《伊州令》。万籁寂，四山静，幽咽泉流水下声。鹤怨猿惊。

【尾】岩阿禅窟鸣金磬，波底龙宫漾水精。夜气清，酒力醒。宝篆销，玉漏鸣。笑归来仿佛二更，煞强似踏雪寻梅灞桥冷。[1]

张可久（约1270—约1350），字小山，元代著名散曲家、杂剧家，与乔吉并称"乔张"，与张养浩合为"二张"，现存小令853首，套数9曲，属最多产的元代散曲家。张可久是元散曲由自然真率转向清丽雅正的关键人物，擅于吸收诗词的声律、句法及辞藻到散曲中，使散曲进一步雅化。明朱权《太和正音谱》誉之为"词林之宗匠"[2]。【南吕】一枝花（湖上归）这一套数是张可久的写景名作。曲中记述作者与知己携手游湖的所见所感，重点勾勒黄昏至夜间的西湖美景。作者大量化用前人诗句和典故，如起首四句、"横斜瘦影"、"据胡床指点银瓶"、"幽咽泉流水下声"等句，分别化用王勃、崔护、林逋、杜甫、白居易等人诗句，又别出新意；嵌用欧阳修、苏轼、孟浩然以及嫦娥、苏小小等人典故，这

---

1 《全元散曲简编》，第345页。
2 （明）朱权著：《太和正音谱》，载中国戏曲研究院编《中国古典戏曲论著集成》第三集，第16页。

使全曲呈现出典雅蕴藉的艺术特色。此曲也体现出张可久在炼字炼句上的深厚功夫，如"长天落彩霞"之"落"字，"远水涵秋镜"之"涵"字，"翠冷松云径"之"冷"字，"何必赋横斜瘦影"之"瘦"字，"波底龙宫漾水精"之"漾"字，都用得精妙无比。

咏物

【双调】水仙子
咏雪
乔　吉

冷无香柳絮扑将来，冻成片梨花拂不开，大灰泥漫了三千界，银棱了东大海，探梅的心嗓难挨。面瓮儿里袁安舍，盐堆儿里党尉宅，粉缸儿里舞榭歌台。[1]

乔吉（？—约1345），一作乔吉甫，字梦符，号笙鹤翁，又号惺惺道人，元代著名散曲家、杂剧家。现存小令210首，套数11曲，后人编成《乔梦符小令》《文湖州集词》。在散曲创作上，乔吉与张可久齐名，明人李开先曾将两人比作诗中李、杜。这首小令咏写大雪，乔吉连用比喻、夸张等手法，极力渲染大雪纷飞景象。东晋才女谢道韫曾以柳絮来形容雪，唐代岑参则以梨花开来

---

[1] 《全元散曲简编》，第239页。

形容大雪。乔吉借用古人典故，却又特意强调柳絮的冷无香，梨花的冻成片，以此形容出大雪的颜色白之外，还道出大雪的味和形以及天气之寒冷。紧接着，乔吉又以"大灰泥漫了三千界""银棱了东大海"等奇特想象，进一步形容出飞雪之广。最后，乔吉以"面瓮儿""盐堆儿""粉缸儿"三个俗语配以三个典故，描摹大雪让人怯寒止步，以此凸显出大雪之大。此曲比喻新奇，充满奇思妙想，生动形象，其中用典与俗语巧妙地融合于一起，别具艺术魅力。

（2）明代民歌

恋情

明代民歌绝大多数是情歌，其中有相爱的甜蜜，有忠贞不渝的誓言，有短暂分离的相思，有情到浓时的猜疑与嗔怪，有情不自禁的偷情，有对礼教的反抗，等等，咏写出男欢女爱的丰富情感，写得大胆泼辣，真率自然。

分离

要分离，除非是天做了地；要分离，除非是东做了西；要分离，除非是官做了吏。你要分时分不得我，我要离时离不得你。就死在黄泉也，做不得分离鬼。[1]

---

[1] （明）冯梦龙编纂，关德栋选注：《挂枝儿 山歌》，济南出版社1992年版，第12页。

开篇三个排比句表达了不分离的决心,紧接着用互文的手法强调两人结合的紧密,最后再用誓言表示至死不屈的意志,淋漓尽致地达出对爱情的至死不渝。

心口相问

前日瘦,今日瘦,看看越瘦。朝也睡,暮也睡,懒去梳头。说黄昏,怕黄昏,(又是)黄昏时候。待想(又)不该想,待丢(时又)怎好丢!把口问问心来也,(又把)心儿问问口。[1]

歌中使用排比手法层层递进地写女子身形日渐消瘦,懒于梳洗,怕见天黑,一切皆由相思引起。紧接着,歌中又写女子有意不去思念却又不得不想的矛盾心理,最后强烈的思念无法排解,无人倾诉,只有心口相问,至此,一个备受相思折磨的痴情女子形象跃然而出。

春

孤人儿最怕是春滋味,桃儿红,柳儿绿,红绿(他做)甚的?怪东风吹不散人愁气,紫燕双双语,黄鹂对对飞。百鸟的调情也,人还不如你。[2]

---

[1] [2] 《挂枝儿 山歌》,第23页、第56—57页。

这首民歌写的是春天里的闺中春思春愁。桃红柳绿,莺燕双飞,东风袅袅,如此美的春光春景却没有让女主人公开心起来,反而逗引起她的满腔情思。歌中巧妙地写女子对春景的埋怨,写女子将意中人与鸟儿相比,新奇自然、富有生气,极具艺术表现力。

市井百态

在大量情歌之外,明代民歌中也有少量作品描写社会生活和市井百态,涵盖农民、樵夫、渔翁、猎户、货郎、银匠、老鸨、妓女、山人、门子、僧人等社会多个行当中的人物。口吻有同情,也有讽刺,展现了明代社会底层生活的一角。

银匠

倾银的分明是活强盗,(他)恨不得一火筒夺去了你的银包,你如何不识机落他圈套?(他把)炭火儿簇一会,瓦盖儿揭几遭,撒上(一把)硝儿也,贼,把银子儿偷去了。[1]

这首民歌咒骂了不地道的银匠。歌中直接将银匠比作活强盗,骂作贼,语言泼辣直白。其中对银匠偷银的过程描写具体而形象,寥寥数笔,就将银匠的鬼把戏揭露了出来。

---

[1]《挂枝儿 山歌》,第93页。

假纱帽

真纱帽戴来胆气壮,你戴着只觉得脸上无光,整年间也没升也没个降。死了好传影,打醮好行香。若坐席尊地,放屁也不响。[1]

明代浮白斋主人《雅谑》中曾记载一个笑话,有一个人没有官职,却戴着个假纱帽去赴新亲家的宴席,并毫不客气地坐在了首席。席间恰好演《玉簪记》,演丑角的就以嘲笑的腔调唱道:"若田鸡戴了圆帽,蛤蟆也戴得纱帽了。"这首民歌讽刺的也是一个戴着假纱帽冒充官员的人,语言辛辣直白,毫不留情。

---

[1] 《挂枝儿 山歌》,第91页。

结语

上古时期的诗、乐、舞密不可分。先秦时,一部分诗与乐、舞剥离开来,成为纯语言艺术,一部分诗则继续可以配乐演唱。诗逐渐形成了诵诗(徒诗)与歌诗两个发展方向。一部中国诗史,不断有歌诗因音乐失传等复杂原因而成为诵诗,诵诗的队伍逐渐壮大,成为主流;然而从先秦《诗经》篇章、汉魏乐府民歌,再到唐诗、宋词、元明清散曲和民歌,歌诗的脉络也一直未曾中断。我们今天习惯将诗与歌并称为"诗歌",实也渊源有自。

"诗"字后于其所指——具有一定节奏和韵律的语言艺术样式——诗的产生。"诗"字的产生与志紧密相关,诗言志也成为我国诗创作的主要旨趣。魏晋以后,诗缘情得以高扬,诗的抒情特质被日益强化。宋代以后,以诗表意与言理也得以开掘。然而,自始至终,以诗记事,并未受到充分重视。我国的叙事诗发展一直较为薄弱,优秀的叙事诗屈指可数。相反,抒情诗却浩如烟海,优秀的抒情诗数不胜数。我国形成了源远流长的抒情诗传统,这与西方抒情诗、叙事诗均衡发展又以叙事诗影响显著的传统形成了鲜明比照。

"诗"的所指有一个不断丰富的过程。这也是我国诗体不断发展的结果。最初,诗仅用以指《诗经》之诗,后又逐渐将骚体诗、乐府以及不合乐的五言体、七言体与杂言体纳入。唐宋时期的词与金元时期的散曲一度被诗所排斥,经过雅化后,终也被纳入诗中。诗的队伍日渐庞大,恰如一条涓涓细流,随着支流的不断汇入,河道渐宽,声势愈大,终于发展成为滚滚巨流。这条诗的长河随着封建社会的解体而结束了其古典形态,却并未断流,而是吸纳新的营养后继续奔涌,展现出崭新的面貌。而古典形态的诗流则潜入河底,给新水体以丰富的营养。诗以开放的怀抱,吐故纳新,诗体常变常新,诗思与诗情却绵延千年,持续滋润着一代代中国人的心灵与耳朵。

　　最后,让我们从当代诗人流沙河的《就是那一只蟋蟀》诗中感受我国诗跨越古今、地域的这种传统吧。

就是那一只蟋蟀
流沙河

　　台湾诗人Y先生说:"在海外,夜间听到蟋蟀叫,就会以为那是在四川乡下听到的那一只。"

就是那一只蟋蟀
钢翅拍响着金风
一跳跳过海峡
从台北上空悄悄降落

落在你的院子里
夜夜唱歌

就是那一只蟋蟀
在《豳风·七月》里唱过
在《唐风·蟋蟀》里唱过
在《古诗十九首》里唱过
在花木兰的织机旁唱过
在姜夔的词里唱过
劳人听过
思妇听过

就是那一只蟋蟀
在深山的驿道边唱过
在长城的烽台上唱过
在旅馆的天井中唱过
在战场的野草间唱过
孤客听过
伤兵听过

就是那一只蟋蟀
在你的记忆里唱歌

在我的记忆里唱歌

唱童年的惊喜

唱中年的寂寞

想起雕竹做笼

想起呼灯篱落

想起月饼

想起桂花

想起满腹珍珠的石榴果

想起故园飞黄叶

想起野塘剩残荷

想起雁南飞

想起田间一堆堆的草垛

想起妈妈唤我们回去加衣裳

想起岁月偷偷流去许多许多

就是那一只蟋蟀

在海峡这边唱歌

在海峡那边唱歌

在台北的一条巷子里唱歌

在四川的一个乡村里唱歌

在每个中国人脚迹所到之处

处处唱歌

比最单调的乐曲更单调

比最谐和的音响更谐和

凝成水

是露珠

燃成光

是萤火

变成鸟

是鹧鸪

啼叫在乡愁者的心窝

就是那一只蟋蟀

在你的窗外唱歌

在我的窗外唱歌

你在倾听

你在想念

我在倾听

我在吟哦

你该猜到我在吟些什么

我会猜到你在想些什么

中国人有中国人的心态

中国人有中国人的耳朵[1]

1　流沙河著:《流沙河诗存》,四川人民出版社2019年版,第132—134页。

参考文献

[1] 十三经注疏 [M]. 北京：中华书局，1980.

[2] 范文澜. 文心雕龙注 [M]. 北京：人民文学出版社，1958.

[3] 陈延杰. 诗品注 [M]. 北京：人民文学出版社，1980.

[4] 郭绍虞. 沧浪诗话校释 [M]. 北京：人民文学出版社，1961.

[5] 叶燮. 原诗 [M]. 北京：人民文学出版社，1979.

[6] 王国维. 人间词话 [M]. 北京：人民文学出版社，1960.

[7] 何文焕. 历代诗话 [M]. 北京：中华书局，1981.

[8] 丁福保. 历代诗话续编 [M]. 北京：中华书局，1983.

[9] 郭绍虞. 宋诗话辑佚 [M]. 北京：中华书局，1980.

[10] 郭绍虞. 清诗话续编 [M]. 上海：上海古籍出版社，1983.

[11] 张伯伟. 全唐五代诗格汇考 [M]. 南京：江苏古籍出版社，2002.

[12] 闻一多. 古诗神韵 [M]. 北京：中国青年出版社，2008.

[13] 萧涤非. 汉魏六朝乐府文学史 [M]. 北京：人民文学出版社，1984.

[14] 赵敏俐，吴思敬.中国诗歌通史[M].北京：人民文学出版社，2012.

[15] 陈良运.中国诗学体系[M].北京：中国社会科学出版社，1992.

[16] 陈良运.中国诗学批评史[M].南昌：江西人民出版社，2007.

[17] 莫砺锋.莫砺锋文集[M].南京：凤凰出版社，2019.

[18] 严迪昌.清诗史[M].北京：人民文学出版社，2011.

[20] 袁行霈.中国诗歌艺术研究[M].济南：山东人民出版社，2020.